D1698461

Harry Keaton

Wie der Minister die Jungfrau zersägte

Harry Keaton

Wie der Minister die Jungfrau zersägte

Die heimlichen Parallelen zwischen Politik und Zauberei

Frankfurter Allgemeine Buch

Bibliografische Information der Deutschen Nationalbibliothek
Die Deutsche Nationalbibliothek verzeichnet diese Publikation
in der Deutschen Nationalbibliografie; detaillierte bibliografische
Daten sind im Internet über http://dnb.d-nb.de abrufbar.

Harry Keaton
Wie der Minister die Jungfrau zersägte
Die heimlichen Parallelen zwischen Politik und Zauberei

Frankfurter Societäts-Medien GmbH
Frankenallee 71–81
60327 Frankfurt am Main
Geschäftsführung: Oliver Rohloff

1. Auflage
Frankfurt am Main 2016

ISBN 978-3-95601-160-3

Frankfurter Allgemeine Buch

Umschlag & Satz Julia Desch, Frankfurt am Main
Druck CPI books GmbH, Leck

Meinen Eltern gewidmet

Sie schenkten mir Gene und eine Erziehung, die sich zu einer unergründlichen Mischung aus Chaos und Disziplin entfalteten. Ohne beides würde es dieses Buch nicht geben.

Inhalt

Die Show beginnt in wenigen Minuten

Endlich sind wir unter uns, liebe Leserin und lieber Leser, nur Sie und ich. Haben Sie es sich gemütlich gemacht?

Falls wir uns noch nicht kennen: Ich bin männlich, 1,76 cm groß, habe Locken und blau-graue Augen. Aber deshalb haben Sie das Buch wohl kaum gekauft. Eher wegen des Themas und meiner professionellen Tätigkeit: Von Beruf bin ich Magier und Entertainer. Als Jugendlicher hatte ich unterschiedliche Berufswünsche: Zauberer wollte ich werden, vielleicht auch Journalist oder Lehrer. Und ja, auch die Laufbahn eines Politikers stand zeitweilig auf der Wunschliste. Aber mein größter Traum war doch die Arbeit als Zauberkünstler. Und so bin ich Magier geworden.

Bei meinen Auftritten lernte ich die außergewöhnlichsten Menschen kennen. Auch viele Politiker. Im Laufe der Jahre durfte ich vor verschiedenen Volksvertretern auftreten, darunter zwei Bundeskanzler, fünf Ministerpräsidenten und auch ein Prinz (Prince of Wales, hierzulande Prinz Charles genannt). Die Begegnung mit diesen Menschen hat meine Neugierde auf Politik beflügelt und ich entdeckte zu meinem Erstaunen erste Parallelen zwischen Politik und Zauberei. Mit diesem Wissen wagte ich mich schließlich vor einer Bundestagswahl an die Vorhersage des Wählervotums – vor laufender TV-Kamera in Berlin. Solche mentalen Experimente sind riskant, aber es gelang dennoch: Meine Voraussage eine Woche vor der Wahl war am Ende nicht nur korrekt, sie stimmte sogar exakt auf die Stelle hinter dem Komma für alle Parteien. Ich war überglücklich.

Das hat mich ermutigt, mich intensiver mit Politik zu beschäftigen und meine Entdeckungen in einem Buch festzuhalten. Nun liegt es vor Ihnen und ich freue mich, dass ich mich dazu durchgerungen habe, Ihnen auch einige gut gehütete Geheimnisse der Zauberkunst zu verraten. Normalerweise gibt ein Zauberer sein Wissen nicht preis. Das widerspricht unserem Ehrenkodex. Aber für dieses Buch mache ich eine Ausnahme. Ich bin über meinen Schatten gesprungen, damit ich Ihnen zeigen kann, worin die Gemeinsamkeiten von Zauberei und Politik bestehen. Ein Politiker würde diese Analogie nie zugeben, denn mit Illusionen oder Tricks hat er nichts am Hut. Natürlich nicht! Also muss ich es tun, damit Sie, liebe Leser und Leserinnen, nicht arglos vor der politischen Bühne stehen. Die Parallelen zwischen dem magischen und politischen Parkett sind aus meiner Sicht so offensichtlich, dass es verwundert, warum es noch niemand aufgeschrieben hat: Es gibt beispielsweise in der Zauberei das Konzept der „gezwungenen Wahl": Der Zuschauer glaubt, er hätte die freie Wahl, aber tatsächlich lenkt ihn der Zauberer unbemerkt zu einer ganz bestimmten Entscheidung. Das finden wir auch in der Politik. Wohlgemerkt, in einer Demokratie!

Und noch ein Beispiel: Der Zauberer lenkt die Aufmerksamkeit der Zuschauer wie eine Filmkamera: Er zeigt dem Publikum nur die Dinge, die ihm und seiner Täuschung nutzen. Alles andere blendet er aus.
Im Buch werden Sie erstaunlich viele Politiker finden, die mit dieser Strategie arbeiten.

Die Auswahl der Themen und analysierten Politiker folgt keinem festen Schema, sondern allein meiner Neugierde. Gehen Sie mit mir auf eine magische Erkundungsreise. Die Lektüre wird Ihnen Spaß machen und einige Geheimnisse – da bin ich mir ganz sicher – werden für Sie von Nutzen sein. Also Vorhang auf; Ihr Minister und Magier, Ihr Kanzler und Präsidenten, Ihr Abgeordneten und Hochstapler, Ihr Blender, Arbeitstiere und Teufelskerle, seid Ihr bereit? Bereit, um uns zu erstaunen, zu unterhalten und zu täuschen? Dann bitte auf die Bühne; wir warten …

* Liebe Wähler und liebe Wählerinnen, liebe Politiker und liebe Politikerinnen, liebe Bücherwürmer und liebe Bücherwürmerinnen ... diese Anrede ist vielleicht politisch korrekt, verunstaltet aber die Sprache und ermüdet auf Dauer. „Bücherwürmerinnen“ hört sich auch ziemlich schräg an. Deshalb verwende ich in diesem Buch immer die Form, die den Lesefluss erleichtert. Ich gebe Ihnen aber mein Ehrenwort: Die Käufer dieses Buches – ob weiblich oder männlich – ich achte Sie alle gleich hoch.

1. Sage nie vorher, was Du tun wirst!

Das Reden ist ein wichtiges Instrument eines Zauberers. Die gesprochene Sprache selbst kann eine durchschlagende, geradezu magische Kraft entwickeln. An die Stelle der Zaubersprüche „Abrakadabra", „Hokuspokus Fidibus" oder „Simsalabim" rücken Formeln mit beschwörender Kraft. Sie brennen sich in das kollektive Bewusstsein ein. Beispiele gibt es in Hülle und Fülle; jede Zeit hat ihre eigenen Helden: der Wahlkampf-Slogan des US-Präsidenten Barack Obama – „Yes We Can" –, „Ich bin ein Berliner" von John F. Kennedy 1963 oder – schon etwas länger her – die Rede von Kaiser Wilhelm II., 1914: „Ich kenne keine Parteien mehr, ich kenne nur noch Deutsche". Selbst wenn eine Formulierung nur lautmalerisch einem Zauberspruch gleicht – wie beispielsweise „Hätte, hätte, Fahrradkette" *(SPD-Kanzlerkandidat Peer Steinbrück 2013)* –, bleibt sie lange in den Köpfen haften. Als Titel verwendet lassen sich damit sogar Bücher verkaufen, wie der Kabarettist Florian Schröder beweist.

Politik und Zauberkunst treffen sich beim Werkzeug „Sprache" in einer goldenen Regel. Diese Grundregel klingt banal. Ja, die Empfehlung findet sich sogar in Zauberkästen für Kinder. Das macht sie nicht weniger wichtig:

Sage nie vorher, was Du tun wirst!

Sie gehört zum kleinen Einmaleins der Zauberkunst. Natürlich gibt es Ausnahmen, aber gemeinhin kündigt der Zauberer nicht an, was gleich passieren wird. Sonst wäre die Gefahr viel zu groß, dass die Zuschauer seine Trickhandlungen durchschauen. Sie wüssten ja, worauf sie zu achten hätten. In der Politik gilt diese Regel erst recht: Zwar erwartet der Wähler eine Aussage darüber, was der Politiker nach der Wahl zu tun gedenkt. Aber solche Aussagen können nur vage bleiben, denn hier beginnt für den Politiker der Balanceakt: Sagt er zu wenig, wird er vielleicht nicht gewählt. Sagt er zu viel, fliegt es ihm womöglich eines Tages als unwahr um die Ohren.

George H. W. Bush Senior hat einmal dramatisch gegen die magische Grundregel verstoßen: Lange hatte sich der Vizepräsident von Ronald Reagan nicht konkret zum Thema „Steuern" festlegen lassen wollen. Dabei galt er als aussichtsreicher Kandidat bei der anstehenden Präsidentenwahl. Seine Berater drängten ihn, sich eindeutig zu äußern, was er dann auch schlagkräftig tat: „Read my lips. No new taxes" („Lest es von meinen Lippen ab: keine neuen Steuern"). Nach seiner Wahl zum 41. Präsidenten der USA kam es, wie es kommen musste: Er konnte sein Versprechen nicht einhalten. Die Wirtschaftsflaute und der von den Demokraten dominierte Kongress zwangen ihn dazu. Bush erhöhte die Steuern und verlor nach nur vier Amtsjahren die nächste Wahl gegen seinen demokratischen Herausforderer Bill Clinton.

„Ich will nicht alles anders machen, nur vieles besser", sagte Gerhard Schröder nebulös im Wahlkampf 1998. Das klang gut, obwohl er – natürlich – nicht konkret wurde. Anstelle von klaren Aussagen lullte der Kanzlerkandidat sein Publikum ein: „Ich bin aus Prinzip für ein vernünftiges Sozialsystem. Das Prinzip heißt Gerechtigkeit." Wer kann dagegen schon etwas einwenden. Schröder gewann schnell das Ansehen eines „smarten Politikers", und doch macht auch ein solch gewitzter Polit-Profi einmal Fehler. In seiner ersten Amtszeit bringt er einen folgenschweren Satz: „Wenn wir die Arbeitslosenquote nicht spürbar senken, dann haben wir es nicht verdient, wiedergewählt zu werden." Die Arbeitslosenzahl stieg und seine großsprecherische Aussage wurde zum gefundenen Fressen für den politischen Gegner.

Es ist also nicht verwunderlich, wenn Politiker eindeutige Aussagen vermeiden. Als Naturwissenschaftlerin hat Angela Merkel eine große Affinität zur Mathematik – sie war Einser-Abiturientin, schätzt präzise Formeln und klare Ansagen. Aber in der Öffentlichkeit verlässt sie sich lieber auf Allgemeinplätze:

„Wir brauchen endlich wieder eine Politik, die die Kräfte der Menschen in diesem Lande ernst nimmt, denn es ist doch kein Zweifel, dass es ein großes Potential an Begabungen gibt, die sich entfalten wollen, dass es starke Kräfte gibt, die wir mobilisieren können in diesem Land, dass es so viel gesunden Menschenverstand gibt, der mit den Realitäten richtig umgehen kann. Und genau das heißt, die Prioritäten richtig zu setzen."[1]

Das klingt ja gut und richtig, aber was genau sind nun diese Prioritäten?

Merkel habe sich, so ihre Biografin Evelyn Roll, bei Kohl abgeguckt, dass sie darüber, was sie politisch will, nicht rede.[2] Denn es würde an dem gemessen werden, was sie hinterher tatsächlich durchsetzt. Man solle keine Versprechen machen, meinte die Kanzlerin einmal im vertrauten Kreis, weil man so erpressbar werde. Auch bei Hans-Dietrich Genscher (zuweilen „Genschman" genannt) konnte Merkel beobachten, wie wichtig es ist,

Festlegungen zu vermeiden: Der „Meister des Ungefähren" gehörte nicht umsonst von 1969 bis 1992 ohne größere Unterbrechungen der Bundesregierung an – mal als Innenminister, später als Außenminister und Vize der Kanzler Brandt, Schmidt und Kohl.

„Nur Trödel ist Dein Taschenspielerkram,
wenn Deine Zunge keinen Zauber übt."
(F. W. Conradi-Horster, deutscher Zauberkünstler, Fachschriftsteller und Schöpfer von Zauberapparaten, 1870–1944)

Politiker und Zauberer (besonders Mentalmagier) machen sich also das Ungefähre, das Schwebende in ihrer eigenen Sprache zunutze, um sich mehrere Optionen offenzuhalten. Die Sprache kann den Zuhörer fesseln, ohne eindeutig zu sein. Nehmen wir einmal Uri Geller, den israelischen Mentalisten. Er inszeniert sich als Psi-Begabter, verbiegt am liebsten Besteck und gehört zu den ganz wenigen Künstlern, die es auf die Titelseite des Magazins *Der Spiegel* geschafft haben. Mein Kollege Thomas Fröschle alias Topas fragte ihn einmal ganz direkt: „Nervt es nicht manchmal, wenn man dauernd so tun muss, als hätte man übersinnliche Fähigkeiten?" Selbst erfolgreicher Zauberer, kennt er natürlich die Methoden des israelischen Showstars. Topas war gespannt auf die Antwort. Würde Geller zugeben, dass er mit Tricks arbeitet? Oder würde er darauf bestehen, übersinnliche Kräfte zu haben? Weder noch: „Uri sprach lange und ausführlich, aber völlig uneindeutig zu mir, wie mit einem Journalisten. Er legte Fährten in beide Richtungen. Er habe wirklich nie ein Zauberbuch gelesen. Viele Zauberer könnten besser Löffel verbiegen als er. Er habe nie Grenzen der Verantwortung überschritten, oder jedenfalls sehr selten etc. etc. Ein rhetorisches Tänzchen in perfekter Balance." Der Künstler als Musterbeispiel eines Politikers. Mit seinen vagen Formulierungen verscherzt es sich Uri Geller weder mit den Zauberern noch mit den PSI-Anhängern.

In der Politik gibt es noch weitere Gründe, sich in einer sehr vagen Sprache auszudrücken:

Franz Müntefering erinnert sich in bemerkenswerter Offenheit in der *Frankfurter Allgemeinen Zeitung* daran, wie es ihm als Parlamentarischer Geschäftsführer seiner Bundestagsfraktion erging:

„Ich musste nun über Dinge reden, öffentlich, vor zahlreichen Menschen und Kameras, die ich nicht hinreichend durchdrungen hatte (…). Ich habe mich durchgebissen, aber das Problem dieser Situation nie vergessen."[3]

Politiker müssen permanent suggerieren, sie wüssten Bescheid. Als hätten sie alle Probleme verstanden und auch die entsprechenden Lösungen für jede Krise parat. Ist das nicht eine permanente Überforderung? Welcher Politiker kennt sich schon allen Ernstes in allen Fachbereichen gleichermaßen gut aus? Ein bisschen ist das wie in der Schule: Wie täuscht man darüber hinweg, wenn man keine Ahnung hat? Die ehrliche Antwort eines Politikers müsste also oftmals lauten: „Das weiß ich nicht." Aber entspricht diese Antwort wirklich der Erwartungshaltung der Wähler? Und der der Medien? Mit einer Ansammlung von Allgemeinplätzen setzt man sich zumindest nicht in die Nesseln.

Wenn wir als Zauberer die Grundregel „Sage nie vorher, was Du tun wirst" beherzigen, tun wir es auch, um unsere Zuschauer überraschen zu können. Willy Brandt beispielsweise nannte die „Überrumpelung" eines der wichtigsten Mittel der Politik.[4] Die Überraschung sprengt den Rahmen, verlässt die üblichen Parameter. Eine vorherige Ankündigung würde den Effekt verderben: Der Magier gibt die Waffen aus der Hand, mit denen er das Publikum erobern möchte. Der Zuschauer ist perplex, wenn sich ein Luftballon blitzartig in eine Taube verwandelt oder die schwebende Frau inmitten der Luft verschwindet.

Am 28. November 1989 gelang Helmut Kohl solch ein Überraschungseffekt so gut wie nie zuvor: Er trägt im Deutschen Bundestag seinen Zehn-Punkte-Plan zur deutschen Einheit vor. Eine Sensation! Noch nicht einmal seinen Koalitionspartner, die FDP, hatte er eingeweiht. Die Abgeordneten des Deutschen Bundestags sind so verblüfft, dass selbst die SPD-Politiker spontan dem Plan zustimmen.

Sie lernen jetzt einen Trick, bei dem es vor allem darauf ankommt, die Sprache geschickt einzusetzen.

Anleitungen für Zaubertricks sind tödlich. Tödlich einschläfernd. Sie lesen sich wie ein Ritt durch die Sahara: sehr trocken. Der Unterhaltungswert solcher Texte ist gering, aber die Mühe lohnt sich: Sie lernen, wie Sie Ihre Freunde verblüffen können.

ZAUBERTRICK 1

Die „Magician's Choice" – Wie Sie mit der Sprache den Zuschauer lenken

Der Effekt: Ein Zuschauer wählt aus fünf Gegenständen einen Gegenstand aus. Er glaubt, die Wahl sei seine freie Entscheidung. Er irrt sich! Der Magier lenkt ihn unauffällig zu einem ganz bestimmten Gegenstand hin.

Das Geheimnis: Die nachfolgend beschriebene Methode, damit jemand etwas tut, das Sie möchten, lässt sich auf die unterschiedlichsten Gegenstände anwenden. Die sogenannte „Magician's Choice" beruht – wie viele mentale Effekte – auf einem geschickten Umgang mit der Sprache. Richtig ausgeführt kommt die Technik spielerisch leicht daher und dann verfügen Sie über eine starke Waffe. Wenn der britische Mentalist David Berglas die „Magician's Choice" verwendet, wird daraus geradezu eine Sensation.

Am schnellsten lässt sich die Technik erlernen, indem wir einen möglichen Ablauf durchspielen. Auf dem Tisch liegen beispielsweise fünf Gegenstände: eine Nuss, ein Bleistift, ein Löffel, eine Uhr und ein Schlüssel. Ihr (heimliches) Ziel ist es, dass der Zuschauer die Nuss „wählt" (vielleicht weil Sie in der Nuss etwas versteckt haben oder die Nuss Teil Ihrer Vorhersage ist ... wie auch immer). Sie sitzen neben dem Zuschauer am Tisch.

Bitten Sie den Zuschauer, die Gegenstände in eine Reihe zu legen. Nun darf er sie mehrmals vertauschen, es ist seine Entscheidung. Betonen Sie das ruhig:

„Sie entscheiden, in welcher Reihenfolge die Gegenstände liegen sollen, ganz wie Sie wollen. Gut, nehmen Sie bitte zwei Gegenstände auf, einen mit der rechten Hand, einen mit der linken."

Nehmen wir an, Ihr Kandidat hält nun die Nuss in der einen und den Bleistift in der anderen Hand. Reden Sie weiter:

„Sie treffen jetzt eine wichtige Entscheidung. Bitte geben Sie mir einen Gegenstand – welchen auch immer Sie wollen."

Nun gibt er Ihnen den Bleistift.

„Okay, die Nuss wollen Sie behalten – es ist Ihre Entscheidung!" Er hat die Nuss „gewählt". Bingo!

Wenn er Ihnen aber die Nuss gibt, halten Sie diese hoch und sagen:

„Die Nuss – also gut, wie Sie wollen. Legen Sie den Bleistift beiseite." Bingo! In beiden Fällen endet der Zuschauer bei der Nuss.

Was aber ist, wenn der Zuschauer die Nuss nicht genommen hat, sondern stattdessen den Bleistift und den Löffel. Kein Problem, Sie machen einfach ohne zu zögern weiter:

„Gut, legen Sie die beiden Gegenstände (Bleistift und Löffel) beiseite und vertauschen Sie die restlichen Objekte vor sich. Die Reihenfolge liegt ganz allein bei Ihnen."

Auf dem Tisch liegen also der Schlüssel, die Uhr und die Nuss. Sollte die Nuss in der Mitte liegen, fragen Sie Ihren Mitspieler beiläufig:

„Mitte oder außen?"

Sagt er nun „Mitte", bitten Sie ihn, den Gegenstand in der Mitte zu nehmen. Bingo, wieder die Nuss!

Sagt er „außen", sagen Sie:

„Okay, legen Sie beide äußeren Gegenstände zur Seite. Und übrig bleibt die Nuss – Ihre Entscheidung!" Und wieder: Bingo!

Hier noch einige Tipps:

+ Sagen Sie nicht vorher, was passieren wird.
+ Denken Sie voraus und passen Sie die Wörter der Situation an.
+ Vermeiden Sie das Wort „wählen".
+ Wählen Sie Ihren Spielpartner sorgfältig aus. Bevorzugen Sie spontane Personen, die sich auf einen Spaß freuen. Wenn Sie ein Mann sind, nehmen Sie am besten eine Frau. Und umgekehrt.
+ Vermeiden Sie einen Text nach einem festen Schema, bleiben Sie flexibel.
+ Schenken Sie den Aktionen Ihres Mitspielers (scheinbar) keine Aufmerksamkeit.
+ Tragen Sie Ihre Anweisungen selbstsicher und zügig vor.

Ist Ihnen das Prinzip klar geworden? Es ist müßig, alle möglichen Spielzüge der Mitspieler hier zu beschreiben, aber: Was immer Ihr Mitspieler auch tut, es ist alles gut und richtig. Das Publikum denkt, Sie hätten einen Plan. Tatsächlich halten Sie sich alle Optionen offen und passen Ihre Worte geschmeidig der Situation an. Eben wie ein echter Politiker.

Erste intensive Beschäftigung mit Politik (Vorhersage der Bundestagswahl auf dem Potsdamer Platz in Berlin: Die Linke hieß damals noch PDS)

2. Der trickreiche Dr. Wladimir Putin

Wladimir Wladimirowitsch Putin, Präsident der Russischen Föderation. Sohn einer Putzfrau und eines Arbeiters. Beherrscht Kampfsportarten wie zum Beispiel Judo. War sieben Jahre KGB-Offizier (sowjetischer Geheimdienst, heute FSB). Spricht fließend Deutsch, seine Frau Ljudmila – mittlerweile von ihm geschieden – arbeitete einst als Deutschlehrerin. Putin war von 1985 bis 1990 in der DDR stationiert, hauptsächlich in Dresden. Fühlte sich von Moskau beim Zusammenbruch der DDR verraten, namentlich von Gorbatschow, und empfindet den Zerfall der Sowjetunion als die „größte geopolitische Katastrophe des 20. Jahrhunderts".

Mitarbeit im Wahlkampfstab von Boris Jelzin, später wird Putin zum Präsidenten gewählt. Der neue Staatschef ist ganz anders als seine Vorgänger. Er trinkt keinen Alkohol, spricht Fremdsprachen (was kaum ein Machthaber in Moskau zuvor vermochte), trägt gut sitzende Anzüge, treibt viel Sport. Das russische Volk schätzt sein hartes Vorgehen im Tschetschenien-Krieg. Macho-Sprüche. Putins System wird auch „gelenkte Demokratie" genannt; Kennzeichen hierfür ist die „Vertikale der Macht", also die lückenlose Umsetzung der Befehlskette. Barack Obama nannte Putin einmal ein „gelangweiltes Kind in der letzten Reihe der Klasse".

Der Präsident will, dass Russland wieder eine Großmacht wird. Nach der Annexion der Krim ist der Kremlchef in seinem Land so populär wie noch nie. Während Putins Amtszeit sind viele seiner Freunde zu großen Reichtümern gekommen.

„Boris Jelzin", so schrieb 1999 die Zeitung *Moskowskije nowosti* nach Putins Ernennung, „zog aus seinem vom häufigen Benutzen klebrig gewordenen Kader-Kartenspiel den kleinen unscheinbaren Direktor des FSB hervor und ernannte ihn zu seinem Nachfolger. Was wird dieser müde, farblose Mann, ohne eine Spur von Anziehungskraft geschweige denn Charisma, dieser wenig einprägsame Mensch schon können?"

Jelzins Nachfolger wurde nicht lediglich unterschätzt, nein: Eine journalistische Befragung der politischen und wirtschaftlichen Elite Russlands beim Weltwirtschaftsgipfel in Davos ergab, dass niemand Genaueres über ihn zu sagen wusste. Da hat also das größte Land der Welt – ein Land mit riesigen Öl- und Gasvorräten sowie Nuklearwaffen – einen neuen Präsidenten und offenbar ist allen ein Rätsel, wer der Mann ist.

Putin, schreibt Masha Gessen[1], trete bewusst als undurchschaubarer, emotionsloser Mann auf, der sich nicht in die Karten sehen lasse. In ihrem gleichnamigen Buch nennt die Autorin den Präsidenten einen „Mann ohne Gesicht". Er ist wie ein gerissener Pokerspieler oder Zauberer, der seine Geheimnisse nicht preisgeben will. Jelzins Nachfolger will sich unter keinen Umständen ausrechnen lassen. Er weiß pragmatisch Positionen zu wechseln und seinen Handlungsspielraum zu erweitern: Mal vergleicht sich der Staatschef mit dem Pazifisten Ghandi (ja, das tut er![2]), dann wieder – durchaus selbstironisch – mit Kaa, der Schlange aus dem *Dschungelbuch*.[3] Die Riesenschlange versteht sich auf die Kunst des Hypnotisierens und ist gefährlich, weil sie so schlau ist (von Rudyard Kiplings *Dschungelbuch* waren auch andere fasziniert: Der große Nachkriegszauberer Helmut Schreiber gab sich den Künstlernamen Kalanag – in Anlehnung an den Elefanten Kala Nag).

Nach den Anschlägen vom 11. September 2001 stimmt Putin zu, dass die Amerikaner im Kampf gegen den Terror Militärbasen der ehemaligen Sowjetrepubliken nutzen dürfen. Selbst der russische Verteidigungsminister ist von dieser Entscheidung überrascht, von der westlichen Welt ganz zu schweigen. Während des Ukraine-Konflikts hatte im Westen zudem niemand ernstlich mit der Annexion der Halbinsel Krim gerechnet (listig vergleicht Putin seinen Überraschungscoup mit der deutschen Wiedervereinigung[4]). Und ebenso geheim – und überraschend – waren die militärische Intervention in Syrien September 2015 und dann der schnelle, konsequente Rückzug im März 2016.

Vielleicht rührt Putins Faible für Geheimes aus seinen Kindheitstagen. Als kleiner Junge träumte er von einer geheimen Macht. Angeregt wurde er durch einen Roman mit dem Titel *Der Schild und das Schwert* – ein Bestseller in der damaligen Sowjetunion. Seine Hauptfigur war ein sowjetischer Geheimagent, der in Deutschland arbeitete. Das Buch wurde auch fürs Fernsehen bearbeitet und die Serie erfreute sich großer Beliebtheit. „Über eine Art geheimer Macht zu verfügen", das ist laut Gessen, was Putin sich wünscht: „Es beeindruckte mich stark, dass eine kleine Einheit, eine Einzelperson tatsächlich etwas erreichen konnte, das einer ganzen Armee nicht gelang (...). Ein einziger Geheimagent konnte das Schicksal Tausender Menschen bestimmen. Zumindest sah ich es so."[5] Putins familiäres Umfeld begünstigt derartige Phantasien. Seine Kindheit sei nicht sehr emotional gewesen, verrät der Russe irgendwann dem deutschen Journalisten Hubert Seipel. Man habe sich in der Familie gegenseitig nichts erzählt: „Jeder lebte irgendwie in sich selbst."[6]

Wunschträume von einer geheimen Macht kennen wir Zauberer nur zu gut. Die Kindheit war eine ohnmächtige Zeit, so war es auch für mich.

Doch die Zauberei gewährte nur mir allein Zugang zu einem Geheimwissen und ermöglichte kleine Fluchten. Denn zur Welt der Magie hatten die Erwachsenen keinen Zugang. Sie, die sonst alles wussten und bestimmten, hatten keine Erklärung für meine Kunststücke. In diesen Momenten fühlte sich der Keaton Junior stark und mächtig und alles schien möglich zu sein.

Irgendeine geheime Macht zu besitzen, danach sehnen sich ja die meisten Kinder: Sich unsichtbar zu machen. Superstark zu sein. Fliegen zu können. Gemessen an den vielen Kindern mit diesen Sehnsüchten sind es vergleichsweise wenige Menschen, bei denen dieser Traum zur Blaupause des gesamten Lebens wird. Bei Putin manifestiert sich die Sehnsucht nach einer geheimen Macht im festen Wunsch, ein Geheimagent zu werden. Energisch arbeitet er an seinem Ziel. Mit zwölf Jahren fragt er beim KGB an, was es denn brauche, um beim Komitee zu arbeiten. Ein juristisches Studium wäre nicht schlecht, heißt es da. Und Erfahrung im Nahkampf – Mann gegen Mann – wäre auch von Vorteil. Gegen den Willen der Eltern widmet Putin sich also einer russischen Kampfkunst namens Sambo, eine Mischung aus Judo, Karate und Ringkampf. Später konzentriert er sich auf die olympische Kampfsportart Judo. Und er beginnt Jura zu studieren und beendet das Studium mit der Promotion.

Mit 32 Jahren wird sein großer Traum wahr – endlich; er wird an der Spionageschule in Moskau ausgebildet. Wie sein Romanheld aus der Kindheit wird auch er nach Deutschland abkommandiert, als KGB-Major. Über seinen Beruf pflegte Putin zu sagen: „Ich bin Experte für zwischenmenschliche Beziehungen.“[7] Seine anfängliche Freude bekommt jedoch einen empfindlichen Dämpfer. Er wird „nur“ in die DDR versetzt und nicht ins feindliche Westdeutschland. Die Agenten werden in der jeweiligen Landeswährung bezahlt. In Westdeutschland wäre sein Verdienst höher gewesen.

Dem jungen Geheimdienst-Offizier wird ein spezielles Weltbild eingetrichtert: Er sieht sich von Feinden umzingelt, wittert Intrigen und wähnt sich im permanenten Krieg. In diesem Kampf sind alle Mittel der Gegenwehr erlaubt. Da nimmt es nicht Wunder, dass Putins später große, innenpolitischen Erfolge auf Kampf und Kriegshandlungen beruhen werden – wie im Zweiten Tschetschenienkrieg und im Ukraine-Konflikt.

Vor seiner Wahl im Jahr 2000 hält sich Putin eisern an die magische Grundregel: *Sage niemals vorher, was Du tun wirst.* Entsprechend macht er keinerlei politische oder ideologische Andeutungen. Putin nutzt den Umstand, dass sich sein bisheriges Wirken auf die engen Grenzen des Geheimdienstes beschränkte. So kann er die Informationen über seine Person besser steuern als jeder andere moderne Politiker. Er stampft eine neue politische Partei aus dem Boden, „Eintracht" genannt oder auch „Medwed", der Bär (finanziell unterstützt von dem engen Vertrauten Jelzins, Boris Beresowskij). Diese Gruppierung war im Dezember 1999 ohne Programm angetreten. Das muss man sich einmal vor Augen halten: Eine neue Partei ohne Wahlprogramm kämpft für den Wahlerfolg von Putin und dieser holt aus dem Stand 52 Prozent der Stimmen. Der Wahlkampf richtete sich in erster Linie nach einem Buch über Putin, in dem er sich als Schläger mit Hang zum Jähzorn darstellt: „Damals habe ich gelernt: Wenn ein Kampf schon unvermeidlich ist, dann musst du wenigstens der Erste sein, der zuschlägt."[8]

Das russische Volk hat eine Schwäche für starke Anführer. Im Gegensatz zu Boris Jelzin wirkt Putin jung, dynamisch, „nicht abhängig von Alkohol und dunklen Drahtziehern, entschieden im Kampf gegen Korruption, Verbrechen und ‚die Mafia'"[9]. Für Putin passt zu diesem Zeitpunkt alles: Seine Biografie als unberechenbarer Schläger, die Begeisterung für unterschiedliche Formen des Kampfes, die Kraftmeier-Sprüche und eben der Beginn des Krieges gegen das Volk im Nordkaukasus. „Ich muss so sein, wie mein Volk will", sagt Putin.[10] Ein Feindbild hat noch jedem Machthaber geholfen, die Aufmerksamkeit seiner Bürger von eigenen Fehlern abzulenken. Schuld haben immer die anderen (siehe auch das Kapitel *Vorsicht Feind! Groß, böse, mächtig!*). Die Rivalität mit den USA wird für den russischen Staatschef im Verlauf seiner Präsidentschaft systemerhaltend. Amerika tue alles, so der Kreml-Chef, um „Russland in seiner Entwicklung einzudämmen"[11].

Die verdeckte Ermittlung war eine der Lehren, die Putin aus dem Geheimdienst mitbrachte; neben dem offenen Agieren gibt es – wie in der Zauberkunst – auch eine verborgene Ebene. In seinen ersten Amtshandlungen als Staatspräsident kommt dies auch prompt zum Ausdruck: Einige Tage nach Amtseinführung räumt er den 40 Regierungsministern und anderen hohen Amtsträgern das Recht ein, Informationen als geheim einzustufen.[12]

Wie Putin Dinge verschwinden lässt

Im Jahr 2005 besuchte Putin als Ehrengast das New Yorker Solomon R. Guggenheim Museum. Die Gastgeber zeigen dem Gast im Zuge eines Rundgangs ein Ausstellungsstück: eine mit Wodka gefüllte Glaskopie eines Kalaschnikow-Sturmgewehrs. Putin nickt einem seiner Leibwächter zu, der nimmt das Glasgewehr und trägt es wortlos hinaus.

Den Gastgebern verschlägt es angesichts dieser Unverfrorenheit die Sprache.

Das nachfolgende Ereignis im gleichen Jahr hatte in den USA eine Flut von Artikeln zur Folge. Sogar das Weiße Haus schaltete sich ein, um einen Eklat zu verhindern. Der amerikanische Geschäftsmann Robert Kraft (Eigentümer der *New England Patriots*) zeigte Putin bei einem Besuch in Sankt Petersburg einen besonders wertvollen Ring. Den hatte er nach dem Super-Bowl-Sieg seiner Mannschaft erhalten. Putin bittet darum, den Ring mit der Gravur des Unternehmers einmal ansehen zu dürfen: „Damit könnte ich jemanden umbringen", sagt er, steckt den Ring in seine Hosentasche und verlässt – umringt von drei KGB-Männern – rasch den Raum.[13] Der Ring war mit 124 Diamanten besetzt. Tja, möchte man fast sagen, Putin ist eben ein *lupenreiner* Demokrat. Er selbst jedenfalls sagt das über sich.[14] Und sein Duzfreund Gerhard Schröder sagt das auch.

Putin weiß, was Menschen wollen: 38 Millionen Rentner sind eine große Wählergruppe, die er nicht an die Kommunisten verlieren will. Unmittelbar vor den Parlamentswahlen verordnet er eine für russische Verhältnisse deutliche Erhöhung der Renten von rund acht Euro monatlich – sein Dekret tritt genau einen Tag vor der Wahl in Kraft. Das ist gelungenes Timing! Mich erinnert es an den österreichischen Zauberer Ludwig Döbler, der einst unzählige Blumensträußchen aus seinem Hut zog und sie jeweils mit einem Kompliment an die Damen im Publikum verschenkte. Auch das russische Staatsoberhaupt weiß natürlich, dass Frauen Komplimente lieben: „Ich mag alle russischen Frauen", erklärt er auf einem Kalenderblatt. „Ich halte russische Frauen für die talentiertesten und schönsten Frauen, die es gibt." Ach und es ist doch schön, wenn so große Zuneigung nicht unerwidert bleibt. Dem Präsidenten strömt sehr viel Liebe aus dem Volk entgegen. So singt eine Mädchenband:

„Ich will so einen Mann wie Putin. Einen wie Putin, der so stark ist. Einen wie Putin, der niemals trinkt. Einen wie Putin, der mich nie verletzt. Einen wie Putin, der mich nie versetzt."

Selbstredend gibt es auf dem russischen Markt ein entsprechendes Ratgeber-Buch: *Heirate Putin.* Auf einem weiteren Kalenderblatt kuschelt Putin mit einem Bernhardiner-Welpen: „Hunde und ich haben warme Gefühle füreinander", (sagt er tatsächlich!). Ja, auch die russischen Hunde lieben ihren Staatschef. Sein Arzt bescheinigt Putin, der fitteste Mann in ganz Russland zu sein. Von derartiger Kraft und Potenz kann der normale Bürger nur träumen. Vielleicht haben diese Politiker ja wirklich Zugang zu geheimen Kräften oder magischen Elixieren.

Das Marketing für Putin läuft auf Hochtouren. Das präsidiale Merchandising macht es jetzt klar: Putin ist ein großer Star. Putin auf Kalendern, Putin auf Stickern, Putin auf Taschen, Putin auf T-Shirts, Putin im Mini-U-Boot, Putin im Rennwagen, Putin beim Schwimmen mit Delfinen, Putin im Fitness-Studio, Putin auf der Harley, Putin an der Kletterwand, Putin erlegt einen Sibirischen Tiger, Putin lenkt ein Löschflugzeug zur Brandbekämpfung, Putin geht tauchen – und fördert sogleich antike Amphoren zutage! Putin angelt – und fängt mal eben schnell einen kapitalen Hecht! Putin reitet ganz cool mit nacktem Oberkörper – und, hast du nicht gesehen, es gibt ein Foto davon!

Putin, Putin über alles. Ist schon ein ganzer Kerl, dieser Putin, ein Mann mit besonderen und erstaunlich vielen Fähigkeiten und Kompetenzen. Fast glaube ich, er hat geheime Kräfte.

Bei den erwähnten Fotos mit Putin war eines dabei, das Putin in einem Löschflugzeug zeigt. Das Foto entstand während der extremen russischen Hitzewelle bei den großen Wald- und Torfbränden im Jahr 2010. Kennen Sie das wichtigste Gewürz im Menü eines Zauberers? Es heißt „Als ob". Wir Zauberer tun ja so, als ob wir zaubern könnten. Der Präsident betreibt im Löschflugzeug Als-ob-Politik. Während der Brände übernahm der Staatschef medienwirksam die Rolle des Kopiloten und drückte auf den Knopf der Wasserkanonen. Warum auch nicht, ein bisschen Symbol-Politik gehört dazu. Allerdings hatte die Putin-Partei „Einiges Russland"[15] eher die Rolle einer Brandstifterin inne als die der Waldhüterin. Mit ihrer Zweidrittelmehrheit im Parlament winkte die Kreml-Partei drei Jahre zuvor ein neues Forstgesetz durch, durch das der Posten des Waldhüters sowie der des Waldläufers ersatzlos gestrichen und die zentrale Einsatzbrigade zur Bekämpfung von Flächenbränden dezentralisiert wurde.[16]

Wie man mit Putin-Bashing schrecklich berühmt wird

Die Punkrock-Band Pussy Riot hatte 2012 in der größten Kirche Russlands einen spektakulären Auftritt. Die Rockmusikerinnen betraten – als Gläubige getarnt – unauffällig die Kirche und zogen sich dann farbige Sturmhauben über den Kopf. Sie schrien ein Punkgebet gegen Putin und den ersten Kirchenmann im Staat, den Patriarchen Kyrill. Im Lied finden sich Zeilen wie „Mutter Gottes, Jungfrau Maria, vertreibe Putin" und „Scheiße, Scheiße, Gottesscheiße" sowie die Beschimpfung des Patriarchen als „Schweinehund". In Russland stieß die Aktion auf massive Ablehnung. Auch der bekannteste Putin-Gegner, Alexej Nawalny, zeigte sich verärgert über die Aktion. Wegen „Rowdytums" wurden die Gruppenmitglieder zu einem Freiheitsentzug von zwei Jahren verurteilt (drei Monate vor Ende der Haftstrafe wurden sie begnadigt). Die Menschenrechts-Organisation Amnesty International kritisierte die Festnahme.

Ihren Auftritt hat die Gruppe schlau gefilmt, geschnitten und medienwirksam im Internet veröffentlicht. Das machte die Musikerinnen auf einen Schlag weltweit berühmt. Musiker wie Madonna oder Paul McCartney sympathisierten mit den jungen Frauen. Westliche Politiker wie Obama, Merkel und viele andere kritisierten das unverhältnismäßig harte Urteil gegen die Band.

Wir haben gesehen: Putin gibt sich gerne geheimnisvoll, ist fasziniert von geheimer Macht und er beherrscht die Als-ob-Methode – eben wie ein Zauberkünstler. Ganz konkret versteht er sich auf das Out-To-Lunch-Prinzip, kurz OTL genannt. Das ist eine spezielle Technik in der Kartenzauberei. Und genau diese Strategie wendet Putin an, um seine Amtsdauer zu verlängern. Zunächst beschreibe ich den „Machtwechsel" in Russland, dann die Parallele zu dem Zauberprinzip OTL.

Wir schreiben das Jahr 2008: Nach zwei Amtszeiten von jeweils vier Jahren muss Putin sein Amt als russischer Präsident abgeben. So will es die Verfassung. Im ganzen Land wird gerätselt, wer sein Nachfolger wird. Was wird das Staatsoberhaupt tun? Wird Putin sich zur Ruhe setzen und darauf hoffen, dass man auch ihm, als Rentner, acht Euro monatlich mehr auszahlt?

Auf dem Parteitag der Kreml-Partei sagte Putin, es sei egal, wer welche Aufgaben übernehme. Das klang, als ob er die Lenkstange anderen übergeben wolle. „Als ob", denn eigentlich will er von der Macht nicht lassen. Schließlich steht er gerade auf dem Zenit seiner Popularität. Andererseits ist er aber klug genug, die Verfassung nicht zu seinen Gunsten für eine dritte Amtszeit zu ändern. Er weiß, welche Empörung ein solcher Schritt im Westen auslösen würde. Seine internationale Ächtung als Diktator wäre besiegelt. Das wiederum könnte potentielle Investoren abschrecken. Also inszeniert er fürs Fernsehen die Kür eines neuen Kandidaten.

10. Dezember 2007: Vier Parteichefs kommen zu Putin, sie vertreten die Kreml-Partei „Einiges Russland“, die „Agrarpartei“, „Gerechtes Russland“ und die liberale „Bürgerkraft“. „Wir würden Ihnen gerne eine Kandidatur vorschlagen, die wir alle unterstützen“, sagen sie. Sie nennen den Namen Dmitri Anatoljewitsch Medwedew. Putin hört angespannt zu. Dann macht er ein bedächtiges Gesicht: Putin denkt nach. Schließlich kommt er zu einem Entschluss, sagt, dass er diese Kandidatur voll und ganz befürworte. Prompt wird der Nachfolger mit deutlicher Mehrheit gewählt.

Medwedew! Mit dieser Wahl wurde eine Karte ausgespielt, die im Kreml in der Tat etwas völlig Neues war. Ein junger, moderner Mann, der gerade mal knapp über 40 Jahre alt ist. Eine echte Überraschung! Auch gehörte der westlich wirkende Jurist aus Sankt Petersburg nicht zu den „Silowiki“ – der Fraktion der ehemaligen Geheimdienst-, Polizei-, und Armeeangehörigen.

Der Nachfolger ist ganz anders als Putin. Fast wirkt er etwas schüchtern. Er spricht leise und bedächtig. Dennoch ist er mutig: Als Erstes verspricht er, Russland zu einem Rechtsstaat zu machen. Sein Wahlkampf steht unter dem Motto „Freiheit ist besser als Nicht-Freiheit“. Sein erklärtes Ziel ist, dass Russland seinen Bürgern die weltweit besten Lebensbedingungen bietet. Er prangert die Umweltverschmutzung in Russland an. Immer wieder betont er die Bedeutung von Freiheit, Demokratie und Rechtsstaatlichkeit. Dem eigenen Volk verspricht er Modernisierung – und er lebt sie vor. Er ist Russlands erster Präsident mit eigener Website und eigenem Twitter-Account.

Putin selbst begnügt sich mit dem Posten des Ministerpräsidenten unter Medwedew. Als solcher wird er im Weißen Haus an der Moskwa arbeiten (ja, auch in Moskau gibt es ein Weißes Haus!). Überspitzt gesagt ist der Ministerpräsident – jetzt also Putin – der technische Handlanger des russischen Präsidenten. Das neue Staatsoberhaupt kann ihn jederzeit entlassen.

Putin ist freiwillig als mächtiges Staatsoberhaupt abgetreten, um mit Medwedew ein völlig neues Kapitel für Russland aufzuschlagen. Er zeigt wahre Größe. Beeindruckend. Oder sagen wir besser: Es hat den Anschein, als wären wir beeindruckt!

Ein völlig neues Kapitel für Russland? Tatsächlich ist es eine gelungene Illusion. Putin hat nichts dem Zufall überlassen und den Wechsel an der Spitze sorgfältig vorbereitet. Er nimmt einflussreiche Mitarbeiter mit ins

Weiße Haus und integriert die mächtigsten Politiker in seinen neuen Regierungsapparat. Natürlich ist die Szene in den TV-Nachrichten inszeniert. Die loyalen Parteichefs präsentieren den Namen Medwedew, als wäre es für Putin etwas Neues.

Mit Medwedew hat Putin sehr geschickt einen Mann als Nachfolger ausgewählt, der ihm treu ergeben ist. Es existieren viele Bilder vom gemeinsamen Sporteln, im Restaurant, auf dem Boot etc. Beide kennen sich seit Jahren, beide sind sie Juristen und beide sind in etwa gleich groß. Medwedew bewundert den 13 Jahre älteren Putin. Sein Intimus hatte sich bereits bei Gazprom bewährt. Dort, in dem größten Unternehmen des Landes, machte Putin Medwedew zum Vorstandsvorsitzenden. Das will etwas heißen: Gazprom als russischer Monopolist besitzt Banken und andere Unternehmen. Das Unternehmen erwirtschaftet den größten Teil der russischen Haushaltseinnahmen und finanziert darüber hinaus Wahlkampagnen.

Aber Putin wäre nicht der wendige, strategisch denkende Politiker, wenn er sich allein darauf verließe, dass der Freund in seiner Schuld steht. Er übernimmt also nicht nur den Posten des Ministerpräsidenten, sondern er führt auch für die nächsten vier Jahre die Kreml-Partei „Geeintes Russland". Die wiederum kann mit ihrer Zweidrittelmehrheit in der Duma den Präsidenten absetzen. Sicher ist sicher!

Besser könnte ein Zauberer seine Manipulation auch nicht durchziehen. Das trickreiche Vorgehen des Putin-Medwedew-Gespanns erinnert an das Out-To-Lunch-Prinzip. Stellen Sie sich dazu ein Kartenspiel mit Bildern von Politikern vor. Die Karten werden von einem Gummiband zusammengehalten. Das Gummi repräsentiert die Verfassung. Bei ihrer Täuschung bewegen sich Medwedew und Putin ja durchaus auf legalem Boden. Ganz oben auf dem Kartenspiel liegt Präsident Putin, natürlich.

Nach Ablauf seiner Amtszeit kommt eine völlig andere Karte nach oben (Medwedew) – scheinbar. Denn oben liegt nämlich keine neue Karte, sondern lediglich eine halbe. Das fällt nicht auf, weil das Gummiband die verräterische Kante abdeckt. Oberhalb des Gummibands liegt also die halbe Karte mit Medwedews Oberkörper und unten schauen die Beine von Putin hervor. Putin regiert hinter einer Art „Maske" weiter. Das zeigt sich im Fortgang der Geschichte: Medwedew wird seine acht möglichen Jahre als Präsident nicht ausschöpfen, da er nach vier Jahren auf eine zweite Amtszeit zugunsten von Putin verzichtet.

Die halbe Karte im OTL ist die Maske im Putin-Medwedew-Gespann: Zunächst wird alles getan, um von Medwedews einziger („halber") Amtszeit und Putins Wirken im Hintergrund abzulenken. Medwedew hält – ganz anders als Putin – schöne Reden über Demokratie, Freiheit und Rechtsstaatlichkeit. Unabhängige Beobachter beklagen nach gut zwei Jahren unter Medwedew mangelnde demokratische Fortschritte. Die Sprecherin von Medwedew lenkt aber geschickt von der halben Karte ab und befeuert Illusionen, er könne 2012 erneut als Präsident kandidieren. Dem englischsprachigen Fernsehsender *Russia Today* sagte sie, die Ziele auf der Agenda des Präsidenten könnten eben nicht innerhalb von vier Jahren erreicht werden. Sein Modernisierungskurs sei nicht auf eine Legislaturperiode angelegt. Ein guter Grund, die Präsidentschaft auf sechs Jahre zu verlängern, was Medwedew schließlich mit einer Verfassungsänderung auch umsetzt. Ein Schelm, der dabei Böses denkt. Das russische Volk schien sich nicht daran zu stören.

„Das Medwedew-Projekt war ein klarer Deal zwischen Putin und Medwedew, wenn auch so mancher vielleicht romantische Hoffnungen hatte. Medwedew wusste, auf was er sich einlässt. Er hat mitgespielt bei dieser Gaukelei. Es konnte doch niemals wirklich um Liberalisierung oder Modernisierung des Staates gehen." *(Lilija Schewtsowa, Politologin)*

Der Westen und viele Oppositionsgruppen lassen sich blenden. Das, frohlocken sie, sei nun ein „Putinismus mit menschlichem Antlitz"[17]. Alle, die auf Medwedew hoffen, sitzen einer großen Täuschung auf. Nichts ändert sich. Auf dem Korruptionsindex von Transparency International rutscht Russland immer weiter ab. Die Zusammenarbeit zwischen Putin und Medwedew verläuft zwischen 2008 und 2011 reibungslos, „bez schuma!", wie man in Russland sagt – ohne Geräusche zu machen. Am 24. September 2011, kurz vor dem Ende seiner ersten Amtszeit, beendet Medwedew die Maskierung und damit alle Illusionen. Auf dem Parteikongress hat er gerade seinen Vorgänger Putin als seinen Nachfolger vorgeschlagen. Diesen Vorschlag kommentiert er mit folgendem Satz: „Das ist eine tief durchdachte Entscheidung, die wir seit dem Beginn unserer Kameradschaft besprochen haben. Dass wir das nicht früher bekanntgegeben haben, ist eine Frage der politischen Zweckmäßigkeit."[18]

Am Ende der vier Jahre kann Putin wieder ganz offiziell seine Schlüsselrolle einnehmen, jetzt für eine Amtszeit von zweimal sechs Jahren. Wenn für ihn alles günstig läuft, bleibt Putin also bis zum Jahr 2024 im Amt.

ZAUBERTRICK 2

Das Out-To-Lunch-Prinzip – Eine verblüffende Verwandlung

Der Effekt: In der Hand halten Sie ein Päckchen mit einigen Karten. Auf den Karten sind gemalte Männchen zu sehen. Sie stellen russische Politiker dar (die Karten sind alle identisch). Mit einem breiten Gummiband sorgen Sie dafür, dass die Karten nicht verrutschen. Lassen Sie die oberste Karte mit der Unterschrift eines Zuschauers kennzeichnen – so kann man sie jederzeit identifizieren. Obwohl jetzt keine Verwechslung der Karten möglich erscheint, verwandelt sich der abgebildete Politiker in den modernen Zar, gemeint ist natürlich Putin. Auf der verwandelten Karte befindet sich nach wie vor die Unterschrift des Zuschauers.

Das Geheimnis (Stufe 1): Hinten im Buch finden Sie eine Kopiervorlage für den Effekt. Kopieren Sie die Politiker fünfzehn Mal auf einen festen Karton. Schneiden Sie die Karten aus (Postkartengröße). Die Putin-Karte benötigen Sie einmal. Eine der anderen Politikerkarten schneiden Sie in der Mitte durch; Sie benötigen nur die obere Hälfte. Diese halbe Karte ist Ihr Geheimnis. Schieben Sie alle Karten zu einem Päckchen zusammen und legen Sie die Putin-Karte obenauf. Umspannen Sie die Karten mit einem breiten Gummiband. Schieben Sie nun die halbe Karte unter das Gummiband. Das Bild des russischen Präsidenten ist nun „maskiert", es ist nicht mehr zu sehen; sein Oberkörper wird durch die halbe Karte verdeckt. Stecken Sie einen Kugelschreiber ein und los geht's.

„Liebes Publikum, das Gummiband um dieses Päckchen hier soll die russische Verfassung darstellen und hält ganz Russland zusammen. Auf den Karten sind die Bilder von russischen Politikern zu sehen. Bei uns kennt sie kein Mensch. Sie sollen uns auch nicht interessieren – bis auf einen Mann. Er liegt ganz oben. Das ist Dmitri Medwedew. Für vier Jahre war er russischer Präsident. Die Karte ist aber aus einem weiteren Grund etwas Besonderes. Wissen Sie warum? Sie trägt Ihre Unterschrift. Noch nicht, aber gleich. Bitte unterschreiben Sie hier."

Mit dem Finger deuten Sie beiläufig auf den unteren Bereich – klar; denn der Zuschauer muss unterhalb des Gummirings unterschreiben.

„Egal was gleich passiert, Sie werden Ihre Karte immer wiedererkennen. Denn nur sie trägt Ihre Unterschrift."

Nun drehen Sie das Päckchen mit dem Gesicht nach unten und ziehen die unterschriebene Karte aus dem Gummiband (Achten Sie darauf, dass Sie die Karte unten anfassen, denn oben befindet sich ja die Trickkarte). Werfen Sie die Karte auf den Tisch.

An der gestrichelten Linie durchschneiden. Sie benötigen nur den oberen Teil

„Wollen Sie wissen, wer in Russland wirklich das Sagen hat? Bitte drehen Sie die Karte um."

Wenn der Zuschauer die Karte jetzt umdreht, hat sie sich in Wladimir Putin verwandelt. Der eine oder andere Zuschauer wird Sie bereits hier – auf Stufe 1 – für Ihre Cleverness bewundern. Aber wirklich verzaubert haben Sie ihr Publikum noch nicht. Es bleibt ein ungutes

Gefühl: Sie haben die Karten im Päckchen nicht vorgezeigt. Die Skeptiker fragen sich, ob sich das Geheimnis in diesem Päckchen verbirgt. Und so ist es ja auch. Wegen des Gummibands und der heimlichen halben Karte ist es nicht möglich, die Karten einzeln zu zeigen. Es sei denn ...

Das Geheimnis (Stufe 2): Sie kleben ein Gummiband auf die halbe Karte. Und wenn wir schon einmal dabei sind, die Illusion zu optimieren: Das Gummiband muss nicht breit sein. Je unscheinbarer und dünner das Gummi ist, umso besser. Das ist möglich, weil Sie Superkleber verwenden, um das elastische Band direkt an die Kante zu kleben.

Finden Sie also zunächst ein Gummiband mit dem richtigen Durchmesser für Ihre Postkarten: Das Band spannen Sie über eine Karte. Das Gummi darf weder zu klein sein (sonst verbiegt sich Ihre Karte) noch zu groß: Schließlich soll die geheime halbe Karte sicher in Position gehalten werden. Nach einigen Versuchen finden Sie schon die richtige Größe.

Kleben Sie jetzt das Gummiband auf der Kante der Karte mit Superkleber fest und zwar auf der Seite, die die Zeichnung zeigt. Wenn Sie präzise arbeiten, hinterlassen Sie keine verräterischen Klebstoffspuren. Sobald der Kleber getrocknet ist, schneiden Sie sauber am Gummi entlang die untere Hälfte der Karte weg. Fertig ist Ihr geheimes Hilfsmittel, die neue Trickkarte. Spannen Sie das Gummi mit der Trickkarte über die Putin-Karte und rücken Sie alles in Position. Stecken Sie die Karten wie folgt in die Innentasche Ihres Jacketts: Die Trickkarte und die Putin-Karte schauen in Ihre Richtung. Alle anderen Karten schauen in Richtung des Publikums. So vorbereitet treten Sie vor Ihr Publikum.

Holen Sie die Karten aus der Jacke – die verräterische Karte mit dem Gummiband ist für die Zuschauer nicht zu sehen. Schieben Sie eine kleine Gruppe Karten (mit der Trickkarte) nach rechts – so bleibt das Geheimnis weiterhin schön verborgen. Jetzt können Sie weitere Karten einzeln vorzeigen. Dieses Vorzeigen der Karten sieht sehr fair und offen aus. Wo sollte da etwas versteckt sein?! Nun schieben Sie die Karten zusammen. Dabei drehen Sie das Päckchen so, dass die „Gummikarte" Richtung Fußboden zeigt. Wieder ist nichts Verdächtiges zu sehen. Nun wickeln Sie ein zweites Gummiband zweimal um das Päckchen und rücken das Gummi auf Höhe Ihres geheimen Gummis.

Wenn Sie nun das Päckchen umdrehen, zeigt sich den Zuschauern ein ganz unverdächtiges Bild: Mehrere Karten sind mit einem Gummiband

zusammengehalten (zwar laufen auf der einen Seite zwei und auf der anderen Seite drei Gummistränge, aber das fällt niemandem auf).

Nun geht es weiter wie in Stufe 1 beschrieben.

Das Geheimnis (Stufe 3): Es gibt noch einen kritischen Moment im Ablauf. Das ist der, wenn Sie das Päckchen umdrehen und die unterschriebene Karte aus dem Päckchen ziehen. Denn theoretisch könnten Sie in diesem Moment auch eine andere Karte genommen haben – als Zauberer traut man Ihnen diese Geschicklichkeit ohne Weiteres zu.

Hier ist eine Lösung für diesen kritischen Moment. Vor dem Unterschreiben sagen Sie (als ob Sie laut nachdenken würden) „Wie machen wir daraus eine besondere Karte? Wir könnten sie etwas verbiegen. Oder wir machen ein Eselsohr rein. Oder nein, noch besser: Unterschreiben Sie hier!" (Während Ihrer Rede verbiegen Sie die Karte und knicken auch eine Ecke um, dann kommt Ihnen „spontan" der Einfall mit der Unterschrift). Der Zuschauer unterschreibt.

„Bitte strecken Sie die Hand aus." (Sobald Sie einem Zuschauer eine Aufgabe geben oder eine Frage stellen, ist seine Aufmerksamkeit abgelenkt). Deuten Sie mit der rechten Hand an, was der Zuschauer tun soll – das hilft dem Mitwirkenden.

„Ein bisschen tiefer. Sehr gut." Dann sehen Sie den Zuschauer an und lachen (Wenn Sie den Zuschauer ansehen, kommt er nicht umhin, Ihren Blick zu erwidern – mehr dazu im nächsten Kapitel).

Loben Sie ihn: „Sehr gut!" In diesem Moment drehen Sie das Päckchen um und ziehen beiläufig die Karte aus dem Päckchen. Das geht leicht, weil sie schon gebogen ist und Sie sie gut greifen können. Während Sie Entspannung signalisieren, lachen und den Zuschauer ansehen, drehen Sie das Päckchen mit der Trickkarte zum Fußboden und ziehen die unterschriebene Karte heraus.

Die linke Hand mit dem Päckchen lassen Sie nach unten fallen. Jetzt ist das Päckchen aus dem Sichtfeld der Zuschauer und Sie legen den ganzen Fokus wieder auf die Karte: „Sie haben die Karte unterschrieben."

Der Zuschauer sieht, dass die Karte auf seiner Hand nach wie vor verbogen ist und schöpft keinen Verdacht. Warum sollte er auch?

„Legen Sie Ihre zweite Hand auf die Karte. In Ihren Händen wird gleich etwas sehr Magisches passieren" .... natürlich ist alles schon längst passiert, aber wir formen die Realität zu unseren Gunsten oder besser: zugunsten des magischen Moments.

Sagen Sie „Jetzt“ und machen Sie eine magische Geste (zum Beispiel, indem Sie mit den Fingern schnipsen). Bitten Sie den Zuschauer die Karte umzudrehen. Und genießen Sie den Moment.

Vor allem bei der Nahzauberei *(Close-up-magic)* ist es immer besser, wenn das Wunder in den Händen der Zuschauer geschieht. Warum die verwandelte Karte also auf den Tisch werfen, wenn Sie mit Ihrer Magie Nähe schaffen können?! So bleibt der magische Moment bei Ihren Zuschauern noch lange in Erinnerung.

Tipps:

+ Kopieren Sie auch die Putin-Karten mehrmals. So haben Sie genug Reserve und sind immer vorführbereit, wenn Sie ihre Freunde verblüffen wollen.
+ Um die Verwandlung auch farblich herauszustellen, können Sie die Fahne rot und Putins Krone gelb ausmalen.
+ Während der Zuschauer die Karte umdreht, stecken Sie das Päckchen in die Tasche – so ist alles, samt verräterischer Trickkarte, aus dem Blickfeld der Zuschauer verschwunden.

Die ersten Varianten des raffinierten Out-To-Lunch-Prinzips lassen sich übrigens bis zum Ende des 19. Jahrhunderts zurückverfolgen; ein Name wurde erst später gefunden. Woher rührt nun der eigenartige Name? Das Trickprinzip wurde im Jahr 1947 als sogenannter Päckchentrick in großem Stil vermarktet. Viele Zauberer konnten ein Päckchen mit den eigens gefertigten Karten bei speziellen Zauberhändlern kaufen: Auf der oberen Karte war ein gezeichnetes Bild des berühmten indischen Seiltricks zu sehen: Ein Seil steht senkrecht in der Luft und ein Hindu-Junge klettert an dem Seil gen Himmel nach oben. Der Junge verschwindet auf der Karte, übrig bleibt nur noch das Seil. Seinen Namen verdankt OTL einem Gag der Illustratoren. Denn diese ließen den Jungen nicht nur verschwinden. Er hinterließ noch einen Gruß: „Out To Lunch“ („Habe Mittagspause“).

Die Kopiervorlagen für den Kartentrick befinden sich ganz hinten im Buch.

3. „Ich danke für Ihre Aufmerksamkeit" – Ach je!

Ich danke für die Aufmerksamkeit? Wenn dem nur so wäre. Die Aufmerksamkeit ist ein kostbares Gut, heute mehr denn je: Die meisten Menschen lassen sich leichter ablenken als in früheren Zeiten. Fachleute nennen dieses weltweite Phänomen „Mind Wandering". Im Bundestag ist das auf erschreckende Weise zu beobachten: Aus einer Reihe von Gründen schenken sich die Abgeordneten während der Redebeiträge kaum Beachtung. Roger Willemsen beobachtete kurz vor seinem Tod ein Jahr lang das Geschehen im Parlament. In seinem letzten Buch *Das Hohe Haus* beschreibt er sehr anschaulich das Verhalten der Abgeordneten:

„Ich habe lange Phasen erlebt, in denen kein einziger Abgeordneter bei dem war, was vorne gesprochen wurde. Da beugten sich Männer lachend über Displays, feixten mit dem Rücken zum Podium, ballten sich in Grüppchen. Nicht nachlässig war das, sondern offensiv vorgetragene und durch Rufe ins Plenum unterstützte Missachtung. Die Schulklasse, die hier auch nach 22 Uhr noch sitzt, hat auch schon bemerkt, dass man Schülern weit mehr Disziplin abverlangt als Volksvertretern."[1]

Das Parlament fordert mehr Aufmerksamkeit für sich ein, als es sich selbst zu geben bereit ist. Dabei ist die Aufmerksamkeit eine Grundvoraussetzung für große Zauberkunst. Für viele Menschen besteht diese vor allem aus Ablenkung. Ganz nach dem Muster „Schau, da fliegt Superman" und – schwupps – schon ist der nervende Ball des Sohns in der Tasche verschwunden. Das stimmt nicht! Oder genauer: Es stimmt nur zum Teil.

Ja, wir Täuschungskünstler steuern gezielt die Aufmerksamkeit unseres Publikums. Aber wir lenken nicht von etwas ab, wir lenken auf etwas hin. Das macht einen erheblichen Unterschied. Der holländische Magier Tommy Wonder legt überzeugend dar, wie sich diese vermeintliche Kleinigkeit auf die Qualität der Täuschung auswirkt.[2] Auf etwas hinzulenken (englisch: *direction*) ist positiv. Hier richtet er das Augenmerk auf all die schönen Höhepunkte, die das Publikum erleben wird. Von etwas abzulenken *(misdirection)* ist negativ. Der Zauberkünstler fühlt sich bei seinen geheimen Manövern automatisch schuldig. Und das merkt man.

Bei einer Bühnenshow kann zum Beispiel die Assistentin eine Waffe sein, täuschungspsychologisch gesehen. Ihr Auftritt im perfekten Moment zieht für einen kurzen Augenblick die volle Aufmerksamkeit auf sich (und lenkt so automatisch vom Zauberer ab). Bewegungen ziehen zwangsläufig die Blicke auf sich. Das ist in uns verankert und hängt mit archaischen Verhaltensmustern zusammen. Wir können eben nicht anders. Ein Lebewesen in Bewegung bedeutete für unsere frühen Vorfahren entweder Nahrung oder Todfeind. In jedem Fall galt es schnell zu handeln, um zu überleben.

Wenn wir unseren Zuschauern immer wieder etwas Neues, etwas Spannendes bieten, sind wir ihnen immer voraus und können ihre Wahrnehmung lenken. Wenn wir keine neuen Impulse setzen, beginnt sich das Publikum zu langweilen. Dann beginnen die Gedanken der Zuschauer zu wandern, und sie sind kaum noch zu lenken.

Natürlich, nicht nur der Zauberer lenkt die Wahrnehmung anderer. Alle Menschen tun das, mehr oder weniger bewusst. Schon kleine Kinder werfen sich schreiend auf den Boden, um auf sich und ihre Bedürfnisse aufmerksam zu machen. Frauen ziehen Pumps an, um ihre schönen Beine zu betonen. Männer tragen Jacketts mit großen Schulterpolstern, um mächtiger zu wirken und, und, und ... In der Täuschungskunst ist aber das bewusste Lenken der Aufmerksamkeit elementar wichtig, damit die Täuschung überhaupt erst zustande kommt. Ohne Management der Aufmerksamkeit ist keine Täuschung möglich. Weder in der Zauberkunst noch in der Politik.

Ein Steuerrad für die Aufmerksamkeit

Im Chinesischen gibt es ein schönes Sprichwort: „Lenke deine Aufmerksamkeit wie ein Schiff". Ein waches Bewusstsein für die heimlichen Fluchten, Spaziergänge und Eskapaden unserer Aufmerksamkeit ist im Privat- und Berufsleben sehr hilfreich. Mal treiben unsere Gedanken hier- mal dorthin. Wie oft passiert es, dass andere mit unserer Aufmerksamkeit Pingpong spielen. Mails, WhatsApp, Facebook ... Muss ich immer gleich antworten? Muss ich permanent erreichbar sein?

Und: Lenke ich meine Aufmerksamkeit lieber auf positive oder negative Gedanken? Hier kann ein Mann als Vorbild gelten, der als Politiker zu einer Ikone geworden ist: Nelson Mandela. Während seiner Haftstrafe halfen ihm die Zeilen eines Gedichts von William Ernest Henley (deutscher Titel: „Unbezwungen"): „Ich bin der Meister meines Schicksals. Ich bin der Kapitän meiner Seele". Daraus schöpfte Mandela im Gefängnis Kraft – 27 Jahre lang.

Lenke die Aufmerksamkeit – auf Deine Themen

Siegfried & Roy ohne Tiger? Uri Geller ohne Löffel? Houdini ohne Fesseln? Undenkbar!

Zauberkünstler definieren sich oft über bestimmte Themen. Bei Zauberei mit Masken denken Magie-Experten in aller Welt an Jeff McBride. Derren Brown steht für Mentalmagie mit einem psychologischen Dreh. Der deutsche Zauberkünstler Thorsten Havener hat das Thema „Körpersprache“ für sich besetzt. Simon Pierro hat sich mit iPad-Magie einen Namen gemacht. Der Autor konzentriert sich auf Magie rund um die Aspekte „Gehirn“ und „Bildung“. Die Themen schärfen das Profil des jeweiligen Künstlers, machen ihn unverwechselbar.

Für Parteien gilt dasselbe: Sie benötigen ein erkennbares Profil. Einerseits! Andererseits müssen sie viele Themen besetzen, um möglichst viele Menschen anzusprechen. Das ist ein Widerspruch in sich, den es sorgfältig auszutarieren gilt. In ihrer bisherigen Kanzlerschaft hat Angela Merkel geschickt Themen von SPD und Grünen übernommen. „Frau Merkel“, so befand Altkanzler Helmut Schmidt, „macht sozialdemokratische Politik“[3]. Und ja, unter Merkel wird die Wehrpflicht abgeschafft, nach der Reaktorkatastrophe von Fukushima der Atomausstieg verkündet, der Mindestlohn beschlossen – das sind „linke“ Themen, die die Kanzlerin geschickt gekapert und sich zu eigen gemacht hat.

So gesehen ist die CDU die erfolgreichste Piratenpartei der Nachkriegszeit und Angela Merkel der weibliche Gegenpart zu Jack Sparrow. Sobald ein Thema erfolgreich besetzt ist, steht es dem politischen Gegner als Trumpf nicht mehr bzw. nur noch teilweise zur Verfügung. Damit entzieht man dem Gegner Aufmerksamkeit und platziert wichtige Kernthemen bei sich. Der frühere SPD-Kanzlerkandidat Peer Steinbrück blickt sorgenvoll auf die nächste Bundestagswahl: Die SPD habe sich in der Vergangenheit zu sehr auf den Punkt „soziale Gerechtigkeit“ fixiert. Auch andere Parteien hätten das Thema für sich entdeckt. Die SPD müsse sich auch wirtschaftliche und kulturelle Kompetenz erarbeiten.[4]

Ein Thema zu besetzen und dann die Früchte zu ernten, das ist in einer großen Koalition überlebensnotwendig. Der Mindestlohn – ein typisches SPD-Thema – soll in der öffentlichen Wahrnehmung selbstverständlich der SPD zugehören. Der SPD-Vorsitzende Sigmar Gabriel wird beim verabschiedeten Mindestlohngesetz von 8,50 Euro ganz euphorisch: Die Entscheidung für den Mindestlohn sei ein „historischer Tag für Deutschland“

und ein „großer sozialer Fortschritt"[5]. Gabriel hatte für den Erfolg dieser Forderung lange gekämpft.

Wie wichtig es ist, die Aufmerksamkeit auf die eigenen Themen zu lenken, zeigt sich besonders am Wahlkampf für eine zweite Amtszeit von Bundeskanzler Gerhard Schröder. Der ehemalige Vorsitzende der SPD-Bundestagsfraktion, Franz Müntefering, erklärt den knappen Wahlsieg von Rot-Grün so:

„Die Zeichen für die Wahl 2002 standen nicht gut für uns. (...) Aber wir machten auch ein sogenanntes weiches Thema zu einem zentralen. Verstärkten und forcierten es: Familie, Kinder, alles, was mit Vereinbarkeit von Familie und Beruf zu tun hat. Im April 2002 gab Gerhard Schröder als erster Bundeskanzler eine Regierungserklärung vor dem Bundestag zum Thema Familie ab: Familie ist, wo Kinder sind. (...) Koalition und Regierung förderten massiv den Ausbau von Ganztagsschulen, setzten auf Vereinbarkeit, auf Chancengleichheit der Kinder, auf Berufsperspektiven für Frauen. Als Stoiber was merkte und reagierte, hatten wir das Thema schon bei uns, war es für ihn zu spät. Der Vorsprung am Wahlabend für Rot-Grün war sehr schmal, aber er reichte (...) Wetterjacke und Gummistiefel mit Hochwasser halfen dann auch noch."[6]

Lenke die Aufmerksamkeit – auf Dich und Deine Erfolge

Politiker sind laut Dirk Kurbjuweit Experten für „Gier nach Aufmerksamkeit".[7] Aber kann man ihnen das wirklich vorwerfen? Ohne Aufmerksamkeit für eine Person oder eine Sache ist öffentliches Wirken nicht möglich. Die Aufmerksamkeit des Publikums ist ein unverzichtbarer Bestandteil der Illusionskunst. Je bekannter der Akteur ist, desto mehr Aufmerksamkeit ist ihm sicher.

Gerne verweisen Politiker und Zauber stolz auf ihre eigenen Erfolge. „Ich bin am Ziel meiner Politik", sagte Bundeskanzler Kohl im Zuge der Wiedervereinigung.[8] „Ich habe die Freiheitsstatue verschwinden lassen und bin durch die chinesische Mauer gelaufen", betonte der amerikanische Illusionist David Copperfield gerne. Getreu dem Motto: Du musst nicht nur gut sein, Du musst es auch sagen.

Manche Darsteller beherzigen die Regel allerdings ohne Fingerspitzengefühl. Bei dem folgenden Eigenlob müssen meine Ohren weinen:

„Ich bin kein Politiker, ich bin ein Macher, ein ungeheuer erfolgreicher Unternehmer, und kein anderer Kandidat könnte in der Privatwirtschaft leisten, was ich geleistet habe. Das werde ich auch als bester Präsident aller Zeiten machen“[9], sagt der Super-Egomane Donald Trump von sich. Das erinnert mich sehr an den ehemaligen italienischen Regierungschef Silvio Berlusconi, der genauso wenig mit Bescheidenheit glänzte: „Ich war der beste Ministerpräsident, den Italien je hatte.“
Der Zauberer Chung Ling Soo nannte sich selbst „ein Geschenk der Götter zur Verzückung und Verzauberung sterblicher Erdenwesen.“[10] Auch bei Kanzler Gerhard Schröder wirkte das zur Schau gestellte Selbstbewusstsein oft um einen Tick überzogen. Der Entertainer Rudi Carrell empfahl dem Regierungschef dann, bei Auftritten nicht gleich zu Beginn die Arme siegessicher in die Höhe zu strecken.

Es ist typisch menschlich – für Persönlichkeiten im Rampenlicht ganz besonders –, die eigene Bedeutung zu inszenieren, zu erhöhen; den Anteil am Erfolg möglichst groß erscheinen zu lassen. Findet man diesen Ehrgeiz – könnte man einwenden – in einer Leistungsgesellschaft nicht zwangsläufig bei vielen Berufsgruppen und Menschen? Ja, ganz sicher. Für den Politiker aber, der wie der Zauberer sein eigenes „Produkt“ ist, sind Erfolgsmeldungen nahezu unabdingbar. Er verkauft keine Autos oder Immobilien, sondern sich als Person.[11] Ständig bewegt er sich unter dem Vergrößerungsglas medialer Beobachtung. Egal was passiert, er muss dabei möglichst gut aussehen. Nur das sichert sein Überleben auf der politischen Bühne. Jeder noch so kleine Fehler wird vom politischen Gegner rigoros ausgenutzt. Das gehört nun einmal zum Job: Der Politiker ist „ein Generalist mit dem Spezialwissen, wie man politische Gegner bekämpft“[12], so Richard von Weizsäcker.

Für den kleineren Partner einer Koalition ist es besonders notwendig, die eigenen Erfolge hervorzuheben. Vizekanzler Sigmar Gabriel sagte im März 2015: „Wir führen dieses Land. Alle entscheidenden Projekte dieser Regierung stammen von uns.“ Angela Merkel sei eine populäre Kanzlerin, „weil sie sich an einen von der SPD stark dominierten Koalitionsvertrag hält.“[13] Ist das, möchte man ihm zurufen, wirklich der einzige und wichtigste Grund? Aber egal, Gabriel lenkt natürlich die Aufmerksamkeit auf die Erfolge seiner Partei. Das ist für die Sozialdemokratie und für seine Person sehr wichtig. Nur so wird er seiner Aufgabe als Illusionskünstler gerecht.

Halte Dich von Misserfolgen fern

Selten grenzen sich Zauberkünstler so aggressiv gegen Misserfolge ab wie Harry Houdini. Als Entfesselungskünstler war er eine Sensation und begründete einen Mythos. Als Zauberer war er so lala. Zeitgenössische Fachleute bezeichneten die Show als durchschnittlich: Er eröffnete seine Show mit einem Trick, bei dem eine Lampe scheinbar von einem Tisch verschwand. Der Trick war eine mechanische Lampe, die von einer starken Feder in den Tisch gezogen wurde. Entwickelt wurde dieser Effekt von dem deutschen Zauberkünstler und genialen Schöpfer vieler Zauberapparaturen Conradi-Horster. Bei einer von Houdinis Vorführungen sprang die „verschwundene" Lampe allerdings wieder nach oben auf den Tisch zurück. Das Publikum lachte schadenfroh. Houdini war stocksauer und ließ die Musik stoppen. Dann sagte er laut: „Der Grund für das Versagen dieses Tricks ist die schlechte handwerkliche Arbeit von Conradi-Horster aus Berlin."[14]

Sich von Misserfolgen distanzieren! Ein beliebtes Mittel in der Politik ist die Entlassung von Mitarbeitern, um sich schadlos zu halten und so den Volkszorn zu beruhigen.[15] Damit wird die Illusion geschaffen, dass a) der entlassene Mitarbeiter die (alleinige) Ursache eines Missstandes ist und b) dass der Missstand nach dem Rausschmiss behoben ist. Bundespräsident Christian Wulff feuerte seinen Pressesprecher Olaf Glaeseker. Kanzlerin Angela Merkel entließ 2012 Umweltminister Norbert Röttgen nach dem Wahldebakel in Nordrhein-Westfalen bei der Landtagswahl. Beispiele gibt es mehr als genug.

Und natürlich hält man sich von Misserfolgen fern, indem man sie totschweigt: Ursula von der Leyen unterstützte als Arbeitsministerin den Milliardär Nicolas Berggruen. Sein Einstieg als Karstadt-Investor sei „ein Tag der Freude für die Mitarbeiter."[16] Seitdem sich Berggruen hingegen zurückzog und eben kein eigenes Geld investierte – vermeidet sie das Thema. Die Gewerkschaft Verdi, die dem Milliardär nahezu blind vertraute, äußert sich ebenfalls nicht mehr dazu.[17] Die Themen „NSA-Affäre" und „Edward Snowden" belasteten die Beziehungen zu den USA und passten Merkel nicht ins Konzept. So ließ sie verbreiten, der Bundesregierung sei von den USA ein „No-Spy-Abkommen" angeboten worden und lenkte damit von der Affäre ab – allerdings hatte es ein solches Angebot von der Obama-Administration nie gegeben.[18]

Mit den Augen lenken

Der fünfte deutsche Bundeskanzler, Helmut Schmidt, verspottete genüsslich Helmut Kohl in dessen Zeit als Oppositionsführer: Er würdigte seinen Gegenspieler keines Blickes, nahm stattdessen Franz Josef Strauß von der CSU ins Visier und sprach diesen als „Herr Oppositionsführer" an. Schmidt wusste um die Querelen zwischen den beiden Unionspolitikern und übersah Kohl ganz konsequent.[19]

Über die große Bedeutung der Augen müssen wir hier nicht viele Worte verlieren: Sobald Menschen einander ansehen, blicken sie fast ausschließlich in die Augen ihres Gegenübers.

Der brilliante Close-up-Zauberer Albert Goshman (1920 – 1991) wurde einmal gefragt: „Was ist das eigentliche Geheimnis der Zauberkunst?". Er antwortete: „Das Auge". Damit meinte er, wohin die Zuschauer jeweils sehen. Viele professionelle Zauberkünstler lenken sehr gezielt mit den Augen. Sie wenden diese Technik noch viel intensiver und bewusster an als jeder Politiker.
Die Idee dabei ist simpel und wurde schon in den 1930er vom schottischen Magier John Ramsay beschrieben: Die Zuschauer folgen unwillkürlich den Blicken des Zauberers. Wenn ich also möchte, dass ein Gegenstand wahrgenommen wird, schaue ich ihn an. Ist er unwichtig, schaue ich ihn nicht an. Wenn ich den Zuschauern in die Augen sehe, kommen sie kaum umhin, meinen Blick zu erwidern. Diesen Moment nutzte ich für geheime Manöver. Der direkte, offene Blick hat auch einen psychologischen Vorteil, denn er signalisiert Offenheit und Ehrlichkeit. Natürlich gibt es immer Menschen, die sich zwingen, auf die Hand zu schauen, wo sie eine Trickhandlung vermuten. Aber das wird auf Dauer sehr anstrengend. Nach 8 bis 12 Sekunden geben die „Verweigerer" ihren Widerstand in der Regel auf.[20] Wenn sich alle auf das magische Spiel einlassen und den Blicken des Magiers folgen, ist das ein schöner Moment für den Akteur: Die Augen der Zuschauer bewegen sich synchron – als würden sie alle von unsichtbaren Fäden gezogen. Den Zuschauern selbst ist das nicht bewusst.

Übrigens, es lohnt sich, die Augenmuskeln zu trainieren. Die Augen werden so ausdrucksstärker und Sie können andere besser lenken. Gezieltes Augentraining entlastet auch Ihre Augen, wenn Sie beispielsweise viel am Computer arbeiten. Und das geht so:

Bewegen Sie beide Augen stark nach links und nach rechts. Dann nach oben und unten. Lassen Sie dabei Ihr Gesicht entspannt und vermeiden Sie Stirnfalten. Nach Möglichkeit bewegen sich nur die Augen.

Kreisen Sie beide Augen mehrmals im Uhrzeigersinn. Und in die andere Richtung.

Gähnen tut den Augen gut, auch wenn Sie nicht müde sind. Dadurch entsteht zusätzlich Tränenflüssigkeit, die Sie mit einigen Lidschlägen auf der Augenoberfläche verteilen können.

Gönnen Sie Ihren Augen pro Tag eine 10-minütige Pause: Legen Sie einen warmen Waschlappen auf die geschlossenen Augen und entspannen Sie die Augenmuskeln.

Lenke die Aufmerksamkeit – durch gezieltes Ignorieren

Wer seinen politischen Gegner ignoriert, sperrt ihn sozusagen aus, er zieht Aufmerksamkeit vom Kontrahenten ab. Dessen Angriffe gehen ins Leere und verpuffen. Da hat der Gegner im Parlament seinen großen Auftritt und das Publikum kommt ihm abhanden. Das ist bitter!

Die Botschaft an ihn ist: „Du bist so unwichtig, dass du mein Interesse nicht verdienst. Für mich macht es keinen Unterschied, ob du hier bist oder nicht.“ Missachtet zu werden, kann eine große Strafe sein. Nicht nur für Kinder. Auch für den CSU-Politiker Horst Seehofer: In der Flüchtlingspolitik attackierte der bayerische Ministerpräsident Kanzlerin Merkel monatelang. Er forderte Obergrenzen für die Aufnahme von Flüchtlingen. Seehofer will Merkel politisch auf Augenhöhe begegnen, ihr ebenbürtig sein. Diesen Gefallen tut ihm die Kanzlerin nicht. Sie behandelt Seehofer derweil so, als sei er eine Art hektischer Louis de Funès. Sie macht ungerührt weiter und geht auf seine Forderungen und Ultimaten nicht ein.

Eingangs sprach ich über die Nicht-Beachtung des politischen Gegners im Parlament. Das hat Methode: Natürlich ist es kein Zufall, wenn beispielsweise die Bundeskanzlerin das Parlament meistens dann verlässt, wenn Gregor Gysi oder Sarah Wagenknecht sprechen (Ebenso wenig ist es Zufall, wenn Merkel, Gabriel und Steinmeier in der Plenarsitzung zum Thema „Gedenken an den Völkermord an den Armeniern“ fehlen – sie wollen die

„Und das! ... Spürst Du das, Angela??...“ *Karikatur: © Heiko Sakurai*

Beziehung zur Türkei nicht weiter belasten). Wenn Regierungsmitglieder sich ungeniert unterhalten, während Oppositionspolitiker sie attackieren, spricht dieses Verhalten eine eigene Sprache. Die Botschaft dahinter ist klar: Meine Gegner sind bedeutungslos. Das funktioniert wie in der Magie: Was der Akteur nicht ansieht, bekommt auch nicht das Interesse des Publikums. In der Politik wird die Methode genutzt, um Gegner, deren Position und ganze Themenbereiche quasi „verschwinden zu lassen“.

Das gezielt eingesetzte Ignorieren kann eine wirksame Waffe im politischen Geschäft sein. Was aber, wenn die Missachtung zum Normalzustand wird: „Die Dokumentation des Geschehens im Saal“, schreibt Roger Willemsen über den Bundestag, „ist maximal, gemessen an Kameras, Teleobjektiven, Zuschauertribünen, Protokollen, der Parlamentszeitung. Zu sehen aber ist vor allem Ablenkung, Zerstreuung, Missachtung.“[21]

Das fortwährende Ignorieren anderer Redebeiträge lässt diese Waffe stumpf werden. Schlimmer noch: Wer seinem Gegner grundsätzlich keine Aufmerksamkeit schenkt, wer noch nicht einmal Interesse an dessen Meinung heuchelt, untergräbt die eigentliche Funktion des Parlaments. Wie soll ernsthaft über den richtigen politischen Weg diskutiert werden, wenn die selbstverständlichsten Kommunikationsregeln bewusst verletzt werden? Was geht uns – die Bürger – das Gerede an, wenn es doch schon im

Parlament niemanden interessiert? Man muss sich angesichts dessen über Politikverdrossenheit nicht wundern. „Aufmerksamkeit ist das Leben!", sagte der Dichter Johann Wolfgang von Goethe. Das prinzipielle Verweigern jeglicher Beachtung des Gegners trägt dazu bei, dass die Debatten im Parlament blutleer und kraftlos wirken. Und so kommt es: Irgendwann ist dann irgendwie alles egal. So beraubt sich der Bundestag seiner eigenen Wirkungsmacht. Wo die Aufmerksamkeit gänzlich fehlt, kann kein Zauber mehr entstehen.

ZAUBERTRICK 3

Die verschwundene Münze

Das ist ein Paradetrick für das Lenken der Aufmerksamkeit. Eine Münze verschwindet spurlos. Lassen Sie sich von der Einfachheit nicht abschrecken: Sie werden überrascht sein, wie stark der Trick auf die Zuschauer wirkt.

Der Effekt: Der Magier kündigt an, die Münze verschwinden zu lassen. Er nimmt das Geldstück in die linke Hand. Mit dem Kugelschreiber tippt er dreimal auf die Faust. Statt der Münze ist plötzlich der Kugelschreiber verschwunden. Bevor die Zuschauer sich von der Überraschung erholen, dreht der Zauberkünstler seinen Kopf. Siehe da, der Kugelschreiber steckt hinterm Ohr. So ein Schelm!

Wieder tippt der große Zauberer mit dem Kuli auf die Faust. Dieses Mal verschwindet die Münze tatsächlich und ist nicht wieder aufzufinden.

Das Geheimnis (Stufe 1): Sie benötigen eine Münze (je größer, desto besser) und einen Kugelschreiber. Sagen Sie: „Ich werde diese Münze verschwinden lassen. Der Kugelschreiber ist mein Zauberstab."

Zeigen Sie die Münze in der linken Hand und schließen Sie die Finger zur Faust. Mit dem Kugelschreiber schlagen Sie dreimal leicht auf die Faust.

Um die Bewegungen zu koordinieren, hilft es, in Gedanken zu zählen: „Und eins und zwei und drei." Bei jedem „und" bewegen Sie den Kuli nach oben, bei jeder Zahl tippen Sie mit dem Kuli auf die Finger. Laut zählen Sie aber nur *eins, zwei, drei*.

Machen Sie gleichmäßige, ruhige Bewegungen. Während der Schlagbewegung heben Sie die rechte Hand mit dem Kugelschreiber immer weiter Richtung Ohr.

Nach dem dritten „und" schieben Sie den Kugelschreiber heimlich hinters rechte Ohr. Auf Schlag drei ist der Kugelschreiber verschwunden. Schauen Sie suchend um sich, als seien Sie selbst erstaunt.

„Wo ist der Kugelschreiber? Ich werde es Ihnen verraten." Drehen Sie sich ins Rechtsprofil und zeigen Sie auf den Kuli hinterm Ohr. Die komplette Aufmerksamkeit der Zuschauer ist auf den Stift gerichtet. Sie nutzen den Augenblick und lassen unbemerkt die Münze in die linke Tasche fallen (Achten Sie darauf, dass die Finger der linken Hand vom Körper abgedeckt sind.).

Nehmen Sie den Kugelschreiber hinter dem Ohr hervor und tippen Sie noch einmal auf die Faust. Dazu sagen Sie:

„Richtig gut wäre es, wenn man die Münze wirklich verschwinden lassen könnte." Zeigen Sie die Hand leer: Et voilà.

Tipps:

+ Auch wenn das Verschwinden des Kugelschreibers später erklärt wird, sollten die Zuschauer schon einen Moment darüber staunen können. Es wäre ja schade, wenn das Publikum bemerkt, wie Sie den Stift hinters Ohr klemmen. Die Zuschauer wären für einen kurzen Moment von Ihnen als Zauberer enttäuscht. Wenn Sie aber das Heft des Handelns in der Hand behalten und nach der kurzen Verblüffung das Geheimnis (freiwillig) lüften, freut sich das Publikum über Ihre Offenheit. Deshalb: Üben Sie, wie Sie den Kugelschreiber schnell und sicher hinters Ohr klemmen. Jedes Ohr und jede Frisur ist anders. Probieren Sie aus. Setzen Sie sich nicht unter Stress. Machen Sie die Bewegungen anfangs lieber etwas langsamer.
+ Testen Sie auch, welcher Kugelschreiber Ihnen am besten liegt. Oder vielleicht doch ein Bleistift? Achten Sie auf die Farbe des Kugelschreibers: Je deutlicher er sich von Ihrer Haarfarbe abhebt (Kontrast), desto besser.
+ Die Münze gleitet leichter in die Hosentasche, wenn die Hosentasche etwas geöffnet ist. Eine enge Jeans kann hinderlich sein. Da kann ein Päckchen Taschentücher helfen, um die Tasche offen zu halten.

Wirklich gute Zauberkunst lebt von raffinierten Details. Bei Stufe 2 und 3 erfahren Sie, wie Sie den gleichen Trick noch täuschender gestalten können.

Geheimnis (Stufe 2): Ablauf wie oben. Während Sie mit dem Kugelschreiber auf die linken Finger tippen, schauen Sie konzentriert auf die Hand mit der Münze.

Nachdem Sie den Kugelschreiber hinters Ohr geklemmt haben, öffnen Sie die Finger der linken Hand – damit sehen die Zuschauer die Münze nochmals kurz vor ihrem Verschwinden.

„Die Münze ist noch da" (Schließen Sie wieder die Finger der linken Hand zur Faust.), „aber wo ist der Kugelschreiber?"

Heben Sie den Blick, schauen Sie die Zuschauer lächelnd an (Erinnern Sie sich? Wir lenken mit den Blicken.). Während Sie den Blick heben, sinken die Hände entspannt ein Stück nach unten. Die linke Hand landet „zufällig" ganz nahe bei der linken Tasche. Wenn Sie sich etwas ins Rechtsprofil drehen – die Zuschauer blicken auf Ihre rechte Gesichtshälfte –, lassen Sie die Münze über die Fingerspitzen (!) in die Tasche gleiten, so kann sie nicht danebenfallen.

Geheimnis (Stufe 3): Ablauf wie oben. Anfangs werfen Sie die Münze hoch und halten dann die Finger nur halb geschlossen (keine Faust!). Dabei machen Sie spielerisch wippende Bewegungen mit der Hand. Wieder klopfen Sie mit dem Kugelschreiber dreimal auf die locker geöffnete Faust – der Kugelschreiber verschwindet.

Nachdem Sie die Münze in die Tasche gesteckt haben, machen Sie mit der Hand wieder wippende Bewegungen – genauso wie Sie es getan haben als Sie die Münze noch in der Hand hielten.

„Aber richtig gut wäre es – Sie können die Münze noch sehen ..." Sie halten einem Zuschauer die wippende Hand kurz vors Gesicht, gleichzeitig nicken Sie kurz. Das ist frech, aber wirkungsvoll. Denn Ihre Hand ist längst leer. Wir Zauberer nennen das „Miscalling". Wir behaupten etwas, das nicht zutrifft – was übrigens auch schon in der Politik vorgekommen sein soll. Beiläufig und wie selbstverständlich vorgetragen, kaufen Ihnen die Zuschauer diese kleine Lüge ab. Außerdem ist das Geschehen so im Fluss, dass niemand Sie unterbrechen wird. Später werden einige Zuschauer schwören, sie hätten die Münze bis zuletzt in der Hand gesehen.

„Achtung, richtig gut wäre es, wenn man die Münze wirklich verschwinden lassen könnte."

Sie ziehen den Ärmel nach oben und schließen die halb geschlossenen Finger demonstrativ zu einer ganz festen Faust. Ein letzter Schlag mit dem „Zauberstab". Langsam zerreiben Sie die „Münze" in Ihrer Hand bis sie sich komplett „aufgelöst" hat. Genießen Sie es. Fühlen Sie die Magie.

Kaum haben Sie die linke Hand leer gezeigt, übergeben Sie den Kuli in die linke Hand und zeigen auch die rechte Hand leer. Das erscheint sehr fair und wirkt sich entwaffnend aus. In den Augen der Zuschauer sind Sie ein richtig guter Zauberer. Herzlichen Glückwunsch! Sogar am FKK-Strand können Sie diesen Trick vorführen. Wenn Sie leicht geschwitzt haben, „kleben" Sie die Münze einfach auf Ihr Hinterteil.

Noch ein Letztes: Im Idealfall verändert die linke Hand nie ihre Position (als wäre sie nie in die Nähe der Tasche gekommen). Nachdem die Münze in die Tasche gerutscht ist, hält man die linke Hand statisch in der Luft und geht einige Schritte zurück – von der Hand weg. Sie bewegen also nicht die Hand von der Tasche, sondern den Körper von der Hand weg. Für die Zuschauer sieht es so aus, als hätten Sie die Hand niemals bewegt.

4. Sei anders: Der Magier Karl-Theodor zu Guttenberg

Er ist der Pop-Star unter den Politikern. Eine der bemerkenswertesten politischen Karrieren in der deutschen Nachkriegsgeschichte; ein Aufstieg in atemberaubender Geschwindigkeit. Mit gerade mal 37 Jahren wird der Mann Bundesminister für Wirtschaft und Technologie, der jüngste in der Geschichte der Bundesrepublik. Und das mitten in der größten Wirtschaftskrise. Kurze Zeit später wird er als Verteidigungsminister vereidigt. Auch da hat es nie zuvor einen jüngeren im Amt gegeben. Gemeint ist der Mann mit den vielen Vornamen: Karl-Theodor Maria Nikolaus Johann Jacob Philipp Franz Joseph Sylvester Freiherr von und zu Guttenberg. Kein Wunder, dass ihn seine Anhänger doch lieber „KT“ oder auch „Guttie“ nennen.

Guttenberg ist einer der populärsten Politiker Deutschlands, wird zeitweise als Nachfolger von Kanzlerin Merkel gehandelt. Mitte Februar 2011 werden in der Doktorarbeit des Ministers schwere Fehler und Plagiate nachgewiesen: Ein wahrer Medien-Orkan der Entrüstung bricht aus. Obwohl Merkel dem CSU-Mann ihr „vollstes Vertrauen“ ausspricht, tritt er schließlich von allen Ämtern zurück. Die Aufmerksamkeit der Medien ist ihm bis zuletzt sicher: Zum ersten Mal überträgt das Fernsehen den Zapfenstreich für einen Verteidigungsminister live.

Der Journalist Volker Zastrow schreibt in der *Frankfurter Allgemeine Sonntagszeitung*: „Der Baron hat die Gabe, Menschen zu bezaubern.“ Gaukler habe es in der Politik schon immer gegeben: „Sie bezaubern in der Nähe, man fühlt sich wichtig und wohl in ihrer Gegenwart. Oder in der Ferne, indem sie auch der Masse geben, wonach sie sich sehnt. Nur wenige beherrschen beides zugleich. Guttenberg gehört zu diesen großen Meistern.“[1] Das mache ihn gefährlich.

Kein Politiker wird von Journalisten so oft mit einem Magier und Wundermann verglichen wie Karl-Theodor zu Guttenberg. Er ist ein „Zauberer“ *(Süddeutsche Zeitung)* oder ein „Phänomen“ *(Spiegel)*. Die Illustrierte *Bunte* fragt den jungen Wirtschaftsminister allen Ernstes, ob er auch übers Wasser laufen könne. Selbst der ehemalige Außenminister Joschka Fischer spricht vom „Rätsel Guttenberg“.

Die Mehrzahl der Deutschen denkt allerdings noch heute bei dem Namen Guttenberg an die Täuschungen in seiner Doktorarbeit. Im Interview mit Giovanni di Lorenzo unternimmt Guttenberg den Versuch, seinen vorherigen Glanz wieder herzustellen: Er gibt an, ein guter Zauberer zu sein.

Hätte er wirklich absichtlich täuschen wollen, so sagt er, hätte er sich nie so dumm angestellt wie in der Dissertation.[2] In der Tat! Es war vielleicht gerade das die größte Enttäuschung und Ernüchterung, die ihm seine Bewunderer nicht verzeihen konnten: dass er sich so dumm angestellt hatte. So verlor er von heute auf morgen seine magische Wirkung. Lassen wir hier die plumpe Copy-and-paste-Aktion beiseite, denn mit Zauberkunst hat das nichts zu tun.

Gute Zauberei hat mehr Raffinesse und setzt kunstvoll Naturgesetze außer Kraft. Bei einem Kunststück sind im Idealfall mehrere Strategien und Geheimnisse verwoben. In der Tat ist der adlige Franke nämlich ein äußerst geschickter Täuschungskünstler, eben in dem Bereich, wo er in seinem Element ist: der Politik.

Falscher Doktor

In der langen Geschichte der Magie schmückte sich mancher Zauberer mit einem falschen Doktortitel: Helmut Schreiber alias Kalanag (1903 – 1963) beispielsweise.[3] Oder Walford Bodie (1869 – 1939), der als Zauberkünstler, Hypnotiseur und Bauchredner auftrat. Nebst Menschen hypnotisierte er auch Kaninchen und Hunde. Außerdem kurierte er als angeblicher „Wunderheiler" und „Schutzpatron der leidenden Menschheit" auf der Bühne Kranke. Seine Popularität war so groß, dass selbst Charlie Chaplin ihn parodierte. Bodie nannte sich großspurig Doktor Walford Bodie, M.D. – Doctor of Medicine. Bei einer Vorstellung in Glasgow randalierten Medizinstudenten: Sie waren erbost, dass der Künstler einen akademischen Titel führte, für den sie selbst so hart arbeiten mussten. Bodies falscher „Doktor" führte schließlich zu gerichtlichen Auseinandersetzungen und war das Ende seiner langjährigen Laufbahn.

Hier lesen Sie eine Szene aus Bodies Vernehmung im Gericht:

Anwalt: „Wo haben Sie Ihr Doktorexamen in Medizin abgelegt?"

Bodie: „Ich habe überhaupt kein Doktorexamen in Medizin abgelegt."

(…)

Anwalt (liest aus Bodies Buch vor): „‚In den Vereinigten Staaten habe ich meinen Doktor in Zahnmedizin gemacht.' Ist das eine Lüge?"

Bodie: „Oh, das ist künstlerische Freiheit."

Anwalt (liest vor): „‚Und dann bin ich nach China, Japan und in andere Länder gereist, um jene Wissenschaften zu studieren, die man als okkult bezeichnet.'"

Bodie: „Ich habe zugegeben, dass das nicht stimmt. Künstlerische Freiheit."

Anwalt. „Sie haben sich immer als M.D. (Doctor of Medicine) ausgegeben, ist das richtig?"

Bodie: „Nein. Nur einmal. Es bedeutet: ‚Merry Devil' (*Lustiger Teufel*, Anm. d. Autors). Die Theaterdirektoren nennen mich so."[4]

Schallendes Gelächter im Gerichtssaal.

Im Gegensatz zur wissenschaftlichen Betätigung, jener „mühevollsten Kleinarbeit", fällt Guttenberg Politik leicht. Als Politiker kann er glänzen und sich verkaufen. Er ist anders als seine Kollegen und beherrscht das Einmaleins des Showbusiness: „Du sollst dein Publikum nicht langweilen" *(Billy Wilder)*. Wie ein Showstar läutet er seine Auftritte mit einer Erkennungsmelodie ein; aus den Lautsprechern dröhnt „Hells Bells" von der Hard-Rock-Band AC/DC. Guttenberg weiß intuitiv – das ist für einen Zauberer wichtig – was beim Publikum gut ankommt. Er weiß, was er glaubhaft kommunizieren kann: klare und einfache Botschaften. Darüber muss er nicht nachdenken, das hat er verinnerlicht.

Gut, einige nannten ihn aalglatt. Aber bei der Mehrheit kommt er an. Er nennt die Dinge beim Namen, hat offenbar Mut und redet nicht lange drum herum. In seinem Bundestagswahlkreis Kulmbach wird er 2009 mit dem bundesweit besten Erststimmen-Ergebnis in den Bundestag gewählt. Der Politstar füllt die Hallen, Bierzelte und Festsäle. Ja, Guttenberg weiß zu verzaubern. Sein Parteifreund (und Vorgänger im Amt des Wirtschaftsministers) Michael Glos sagt: „Die Wirkung, die er bei den Menschen erzielte, war schon verblüffend." Obwohl auch manche gefragt hätten, was nun eigentlich der Inhalt seiner Rede war.[5]

Schon früh kann sich der Youngster auf seine Rolle als Zauberer vorbereiten. Durch das viele Reisen seines Vaters – Enoch zu Guttenberg ist Komponist – lernt Karl-Theodor das Künstlerleben kennen: „Meine Kindheit", sagt er 2010 in einer Rede, „war ein wunderbares Künstler-Vagabundenleben."[6] In jungen Jahren erkennt der Politiker wie wichtig es ist, Aufmerksamkeit zu erregen. Man könne, sagt er freimütig, schon selbst dafür sorgen, dass man auf sich aufmerksam mache. Er habe anfangs jeden Unsinn, den er für wichtig gehalten hatte, in Pressemitteilungen den Leuten geradezu aufgedrängt: „Irgendwann hat man damit dann Erfolg."

Auffallen, Aufmerksamkeit erregen. Das gehört zum Handwerk des Zauberers. Der Entfesselungskünstler Harry Houdini war auf jeden Fall dabei, wenn es irgendwo brannte oder einen Unglücksfall gab. So stand sein Name oft in der Zeitung. Die Annalen der Zauberkunst sind voller skurriler, blutrünstiger und überraschender Aktionen: Walford Bodie ließ Zuschauer in seiner Show auf dem Elektrischen Stuhl „hinrichten", Harry Houdini befreite sich unter Wasser, Horace Goldin zerteilte zum erste Mal eine Frau – mit einer Kreissäge. Wer Aufmerksamkeit erregen will, muss sich deutlich von anderen unterscheiden: Als Jugendlicher habe ich die legendäre Siegfried & Roy-Show unzählige Male hintereinander gesehen. Später lernte ich die beiden „Superstars of Magic" persönlich kennen (Einmal kutschierte mich Siegfried mit seinem weißen Rolls Royce quer durch Las Vegas; Mann, was war ich stolz!). „Es genügt nicht nur, gut zu sein", gab mir Siegfried mit auf den Weg: „Du musst auch anders sein." Siegfried & Roy lebten das Anderssein vor: keine Kaninchen. Keine barbusigen Las-Vegas-Girls. Stattdessen zwei German Boys mit dem Aussehen zweier Prinzen. Ihre Show mit Geparden, Löwen und Krokodilen war über viele Jahrzehnte hinweg sensationell und spektakulär anders.

Zauberer im Land der unbegrenzten Möglichkeiten. Links: Siegfried & Roy in Las Vegas. Rechts: Die Geste des damaligen Wirtschaftsministers, aufgenommen am 17. März 2009 auf dem New Yorker Times Square, ist nahezu identisch mit der von Roy, hinten im Bild.

Und Guttenberg? Er fällt auf, weil er anders als andere Politiker ist. Er hat, was sich viele Menschen insgeheim wünschen: Energie, gutes Aussehen, viel Geld, einen Adelstitel und eine schöne Frau. So als käme er aus einer märchenhaften Zauberwelt, in der alles möglich ist. Aber nicht nur das: Der Minister inszeniert sich eben auch bewusst als Anti-Politiker. Er zelebriert sein Anderssein. Die Medien interessieren sich nicht unbedingt für die angepassten Parteisoldaten, sondern vielmehr für die provokanten Außenseiter. Dafür geht der Adelsmann manches Wagnis ein. Dass er von der Politik finanziell nicht abhängig ist, hilft ihm bedeutend. Guttenberg nennt den Politikbetrieb in der Hauptstadt auch gerne mal „Affenzirkus in Berlin“[7] und lästert, wie „geschwurbelt“ sich andere Politiker ausdrücken.

Guttenbergs häufige Flüge nach Afghanistan – insgesamt fliegt er achtmal dorthin – lenken die Aufmerksamkeit auf das Krisengebiet und sorgen für starke, medienwirksame Bilder. Auch wenn es makaber klingen mag: Der Erfolg dieser Fotos ist ohne des Ministers Drang nach Verkleidung, Rollenspiel und Inszenierung nicht denkbar: KT, stehend in der Transall-Maschine, sanft beschienen vom Licht – er im Anzug und die Soldaten in Uniform, ein schöner Kontrast. KT in Top-Gun-Manier à la Tom Cruise: So steht er in Flieger-Montur vor dem Eurofighter. Der rasante Aufstieg Guttenbergs ist eben auch eine Bildergeschichte.[8]

Die Kundus-Affäre

Jetzt geht es ans Eingemachte. Lassen Sie uns die Zauberkunst Guttenbergs anhand der sogenannten „Kundus-Affäre“ genauer ansehen.

Die Hauptdarsteller sind:

+ Karl-Theodor Freiherr zu Guttenberg, Verteidigungsminister
+ Wolfgang Schneiderhan, Generalinspekteur der Bundeswehr (ranghöchster Soldat der Bundeswehr)
+ Peter Wichert, Staatssekretär (Spitzenbeamter)

Folgende Strategien und Täuschungen verwendet der Minister:

+ Lenke die Aufmerksamkeit des Publikums
+ Distanziere Dich von der Trickhandlung / Bagatellisiere die Trickhandlung
+ Deute die Wirklichkeit zu Deinen Gunsten

Das Vorspiel (4. September bis 26. November 2009)

Eine kurze Rückblende hilft, um uns die Affäre wieder vor Augen zu führen. Die eigentlichen Täuschungsmanöver Guttenbergs beginnen ab dem 30. November. Schauen Sie genau hin! Die nachfolgenden Ausführungen stützen sich auf die Guttenberg-Biografie von Eckart Lohse und Markus Wehner, die Biografie von Anna von Bayern, das Interview von Giovanni di Lorenzo (2011) sowie Artikel von Hauke Friederichs (2011), *Der Spiegel* (49/2009), Annette Milz (2013), Stefan Kuzmany (2009), J. Meyer und J. Reichelt (2009), Peter Blechschmidt (2011) sowie Volker Zastrow („Guttenberg. Ein gefährlicher Mann" und „Wie Ken den Kopf verlor"; beide 2011).

4. September 2009, Afghanistan, in der Nähe der Stadt Kundus: Seit Anfang 2002 ist die Bundeswehr als Teil einer internationalen Truppe in Afghanistan stationiert. Der heutige Tag ist der folgenschwerste Tag für das deutsche Militär seit dem Zweiten Weltkrieg. Der deutsche Oberst Georg Klein gibt in der Nacht vom 3. auf den 4. September den Befehl, zwei Bomben abzuwerfen. Das Ziel sind zwei Tanklaster, in deren Nähe sich Taliban-Führer aufhalten. Hierbei sterben über 100 Menschen, darunter viele Zivilisten.

Guttenberg ist zu diesem Zeitpunkt noch Wirtschaftsminister. Generalinspekteur Wolfgang Schneiderhan und Staatssekretär Peter Wichert üben ihre Ämter schon seit Langem aus. Sie verfügen über solide Macht im Ministerium und steuern viele Entscheidungen. Ihr Wissen half bereits Guttenbergs Vorgängern (Scharping, Struck und Jung), die weitgehend ohne Vorkenntnisse ins Amt gekommen waren.

Mitte September: Über die Bombardierung gibt es – neben dem Bericht der NATO – auch den Bericht eines deutschen Feldjägers. Er kommentiert den Militärschlag sehr kritisch. Schneiderhan kennt das brisante Papier.

Anfang Oktober: Erst jetzt informiert Schneiderhan den noch amtierenden Verteidigungsminister Franz Josef Jung darüber, dass ein Bericht eines deutschen Feldjägers existiert. Doch im selben Atemzug beruhigt er ihn: Der Bericht fließe in die Untersuchung der NATO ein. Damit scheint alles geregelt zu sein; Jung vertraut seinem Ratgeber. Er macht sich nicht die Mühe, den Feldjäger-Bericht zu lesen. Später kostet ihn dieser Fehler und eine mangelhafte Informationspolitik sein Ministeramt.

28. Oktober: Auftritt Karl-Theodor zu Guttenbergs als neuer Verteidigungsminister (Die Bundestagswahl war Ende September 2009). Es ist der erste Tag seiner Amtszeit, als die Ermittlungen zum Bombardement im

Verteidigungsministerium landen. Der NATO-Bericht übt Kritik: Ohne Feindberührung und akute Bedrohung (beides war nicht gegeben) hätte der Befehl zum Luftangriff nicht erfolgen dürfen.

3. November: Guttenberg wollte genauer informiert sein und hatte eine Auswertung über den Luftangriff gefordert. Diese Zusammenfassung bekommt er an diesem Tag von Schneiderhan und Wichert. Oberst Klein habe – so heißt es in der Auswertung – „militärisch angemessen" gehandelt.

6. November: Früher Nachmittag, Pressekonferenz im Ministerium. Vorher hatte Guttenberg noch eine Besprechung mit Wichert. Dieser teilt Guttenberg mit, dass es laut NATO-Bericht bei der Bombardierung „zu Verfahrensfehlern" gekommen sei.

Doch der Öffentlichkeit sagt der Minister: Er habe nach dem Studium des Geheimberichts der NATO keinen Zweifel an der Einschätzung von Generalinspekteur Schneiderhan. Ja, der verheerende Luftschlag sei „militärisch angemessen" gewesen. Guttenberg lehnt sich noch ein Stück weiter aus dem Fenster:

„Selbst wenn es keine Verfahrensfehler gegeben hätte, hätte es zum Luftschlag kommen müssen."[9]

Rumms! Die Journalisten sind über diese Zuspitzung verblüfft und Guttenberg hat die Schlagzeilen für sich. Will Guttenberg nach gerade mal einer Woche im Amt ein Zeichen setzen? Sich deutlich hinter „seine" Truppe stellen? Sich erneut als Mann klarer Worte profilieren?

Hätte es tatsächlich, wie der Politiker sagt, zu dem Luftschlag kommen müssen? Was immer den jungen Minister da angetrieben hat, wird er bald bändigen müssen. Denn schon an diesem 6. November steht fest, dass unbeteiligte Zivilisten umgekommen sind. NATO-General Stanley McChrystal verurteilt den Angriff des deutschen Oberst scharf. Der Oberkommandierende war gleich am Tag nach der Bombardierung vor Ort im Krankenhaus und besuchte dort eines der verletzten Kinder.

25. November: Guttenbergs Leute erfahren von der *Bild*-Zeitung, dass am nächsten Tag ein Enthüllungsbericht über den Bombenangriff erscheinen wird: Dieser beruft sich auf den kritischen Feldjäger-Bericht. Politiker haben sehr großen Respekt vor der *Bild*. Das Blatt hat die Macht, Politiker-Karrieren zu beflügeln (über weite Strecken: Guttenberg) oder zu zerstören (zum Beispiel Christian Wulff). Den Feldjäger-Bericht kennt Guttenberg nicht. Er ist extrem verärgert: Wurde ihm etwas vorenthalten oder gar verheimlicht?

Die Mitarbeiter eines Bundesministers bewegen sich auf einem schmalen Grat. Einerseits müssen sie ihrem Dienstherrn alle relevanten Informationen vorlegen, damit er angemessen entscheiden kann. Andererseits müssen sie die Informationen vorfiltern, um den Chef so weit wie möglich zu entlasten. Am Nachmittag lässt Guttenberg seine beiden wichtigsten Ratgeber ins Büro kommen. Über dieses Gespräch existieren unterschiedliche Versionen:

Guttenberg wird später sagen, er habe dreimal nachfragen müssen, ob neben dem NATO-Bericht andere Berichte zum Luftangriff existierten. Wichert und Schneiderhan hätten dies zunächst geleugnet. Erst im vierten Anlauf habe man ihm die Existenz zusätzlicher Berichte bestätigt.

Wichert und Schneiderhan hingegen werden später sagen, sie hätten die Existenz weiterer Berichte nie bestritten. Der Feldjäger-Bericht sei doch bereits in den bekannten NATO-Bericht eingeflossen, der dem Minister vorlag.

Guttenberg jedenfalls sieht nach dem Gespräch das Vertrauensverhältnis erschüttert. Er beschließt, sich von seinen Mitarbeitern zu trennen. Jeder Rekrut lernt eine klare Regel für den Fall, dass er sich beschweren will: Er muss mindestens eine Nacht darüber schlafen. Nicht so Guttenberg: Er greift noch am gleichen Tag zum Telefon und teilt Bundespräsident Köhler und Bundeskanzlerin Merkel seinen Entschluss mit: Schneiderhan und Wichert werden entlassen.

26. November: Die *Bild*-Zeitung veröffentlicht den angekündigten Artikel unter dem Titel „Die Wahrheit über den Luftangriff in Afghanistan". Nur für kurze Zeit besitzt die *Bild* die Meinungshoheit, dann geht Guttenberg in die Offensive. Noch am gleichen Tag verkündet er vor dem Bundestag, dass er Generalinspekteur Wolfgang Schneiderhan und Staatssekretär Wichert entlassen habe. Das Vertrauen sei zerrüttet. Die beiden hätten ihm wichtige Berichte über die Bombardierung vorenthalten.

Er sagt außerdem: „Ich werde selbstverständlich auch selbst eine Neubewertung der Fälle auf der Grundlage der Berichte, die mir in einer Gesamtschau gegeben sind, vornehmen. Auch das gehört sich."

Das macht Eindruck. Das wirkt. Mit diesem Minister kommt keine Langeweile auf. Er fackelt nicht lange und zieht – zack, zack – Konsequenzen. Und es liegt auf der Hand, wer hier der Gute und wer die Bösen sind.

30. November: Nehmen Sie schnell Platz in der ersten Reihe; hier beginnen die Täuschungen des Meisterzauberers Guttenberg:

Im Magazin *Der Spiegel* erscheint ein Artikel mit der Überschrift „Die Schweigespirale". Der Verteidigungsminister kommt dabei gut weg, im Gegensatz zu seinen entlassenen Mitarbeitern. Der Bericht konstatiert: Dreimal hätten der Generalinspekteur und der Staatssekretär die Existenz weiterer Berichte zur Bombardierung abgestritten. Sogar von „Leugnen" ist die Rede.

Als Quelle beruft sich der *Spiegel* auf das „Umfeld des Ministers".

Die Täuschung: Lenke die Aufmerksamkeit des Publikums

Guttenberg kann Informationen gezielt einsetzen. Er hat Übung im Zusammenspiel mit den Medien: Die Journalisten achten einerseits darauf, dass sie es sich nicht mit einer Quelle verderben, besonders wenn der Informant ein Minister ist. Sie werden also auf jeden Fall veröffentlichen, was er gesagt hat. Die Politiker wissen andererseits, welche Macht der Zugang zu den Medien bedeutet. Die Medien entscheiden schließlich, worüber das Publikum spricht. Die Kommunikationswissenschaftler nennen das „Agenda-Setting": Wir erleben die Welt eben nur in den wenigsten Fällen aus eigenem Erleben. Hauptsächlich haben wir – das Publikum – unser Wissen aus Medien wie Internet, Fernsehen, Zeitung und Radio.

Der Verteidigungsminister lenkt die Aufmerksamkeit auf das vermeintliche Fehlverhalten seiner beiden Berater. Das „Vorenthalten" von Dokumenten (später spricht er sogar von „Unterschlagung") ist ein perfektes Motiv für Guttenberg, um eine neue Einschätzung des Bombenangriffs zu vertreten. Das Publikum möchte den smarten Kämpfer weiter als Mann klarer Worte sehen. Die „Sachlage" macht es leicht, denn: Seinen Chef anzulügen, das geht natürlich gar nicht.

Chapeau übrigens für Guttenbergs Timing – es ist meisterhaft: Der Minister weiß, dass die Kollegen Abgeordneten Publikationen wie *Der Spiegel* und die *Bild* besonders aufmerksam lesen. Gerade rechtzeitig – drei Tage vor seinem Auftritt im Bundestag – erscheint der *Spiegel*-Artikel. Das Handeln

Guttenbergs – sprich die Entlassung der Mitarbeiter und seine Neubewertung der Bombardierung – wird nun für jedermann schlüssig und nachvollziehbar. Wer seine Position als Erster in den Medien kommunizieren kann, ist oft im Vorteil. Denn die Aufmerksamkeit des Publikums lässt schnell nach.

Die Täuschung: Distanziere Dich von der Trickhandlung

Wer aus dem Ministerium könnte dem *Spiegel* die vertraulichen Informationen zugesteckt haben? „Cui bono?", würde der Lateiner fragen. Wem nützt es?

Als Quelle des Artikels wird das „Umfeld des Ministers" genannt. Guttenberg greift auf eine bewährte Praxis zwischen Politikern und Presse zurück: Wer Journalisten vertrauliche Informationen gibt, genießt Quellenschutz. Niemand kann also den Journalisten zwingen, den Namen eines Informanten preiszugeben. Die Presse ist auf diese Informationen angewiesen – deshalb gewährt die Verfassung Journalisten dieses Recht.

Laut den Guttenberg-Biografen Eckart Lohse und Markus Wehner steckt hinter der Formulierung „Umfeld des Ministers" häufig der Versuch, die Spuren zur eigentlichen Quelle zu verwischen. Ein Minister will zwar ein bestimmtes Bild eines Vorgangs in der Öffentlichkeit erzeugen. Gleichzeitig möchte er aber auf keinen Fall den Eindruck erwecken, er habe aus einem vertraulichen Gespräch berichtet. Unterredungen, bei denen es um Personalangelegenheiten geht, sind natürlich besonders vertraulich. Daraus zu berichten, „das gehört sich nun wirklich nicht" (um es mit Guttenberg zu sagen).

Am selben Tag, als der Artikel erscheint, schreibt Peter Wichert einen unmissverständlichen Brief, den er mit Wolfgang Schneiderhan abgestimmt hat: „Sehr geehrter Herr Bundesminister, im heutigen Spiegel werden über General Schneiderhan und mich Lügen verbreitet." Die Angabe der Quelle – das „Umfeld des Ministers" – sei eine Lüge: Die Stoßrichtung ist klar. Wichert verdächtigt den Minister, selbst einem Journalisten aus dem höchst vertraulichen Gespräch berichtet zu haben.

Im weiteren Verlauf des Briefes schlägt Wichert „in Abstimmung mit General Schneiderhan" die Veröffentlichung einer Pressemitteilung des Verteidigungsministeriums vor. Darin solle klargestellt werden, dass er und der

Generalinspekteur keineswegs die Existenz weiterer Berichte bestritten, sondern diese dem Minister genannt hätten.

ZAUBERTRICK 4

Die Flasche aus dem Nichts – Wie sich der Magier von Trickhandlungen distanziert

Die Distanzierung erfolgt in der Regel auf zwei Ebenen, einer räumlichen und einer zeitlichen. Anhand eines Beispiels erklärt es sich am besten:

Der Effekt: Der Magier zeigt mehrere Tücher einzeln vor. Eine magische Geste und inmitten der Tücher erscheint eine große Champagnerflasche.

Das Geheimnis: Sie benötigen einen Stuhl. Über die Stuhllehne legen Sie sechs Tücher, am besten aus Seide. Die Flasche hängt, in einem schwarzen Sack versteckt, hinter der Stuhllehne. Nehmen Sie fünf Tücher auf und winken Sie damit: Die Zuschauer sehen, dass nichts in den Tüchern versteckt sein kann. Das sechste Tuch fällt Ihnen aus der Hand. So etwas Dummes aber auch, ein kleines Missgeschick! Natürlich ist dieses Manöver geplant. Während Sie sich bücken, um das Tuch aufzuheben, stützen Sie sich beiläufig auf die Stuhllehne und „stehlen"[10] dabei ihre „Ladung" (d.h. den Sack mit der Flasche). Der Sack ist nun durch die vielen Tücher verdeckt.

Nun kommen wir zu etwas sehr Wichtigem: Sie distanzieren sich von der Trickhandlung (also dem heimlichen Stehlen der Flasche) – sowohl räumlich als auch zeitlich. Ungeschickt wäre es, bei dem Stuhl stehen zu bleiben: Später könnten die Zuschauer leicht rekonstruieren, wo die Flasche ursprünglich versteckt war. Nein, Sie handhaben das natürlich besser: Entfernen Sie sich von dem Stuhl (räumliche Distanz). Bei Guttenberg ist das die Formulierung „Umfeld des Ministers": Damit schafft er zwischen sich und der Trickhandlung die nötige Distanz – ganz so, als stamme die kritische Information nicht von ihm selbst, sondern von einem Mitarbeiter. Machen Sie eine magische Geste, dann eine kurze Pause (zeitliche Distanz zwischen Trickhandlung und Effekt) und erst dann, tataaa, erscheint die Flasche – bei Guttenberg also der wohlwollende *Spiegel*-Bericht – zwischen den Tüchern. Wenn Sie im Theater auftreten, können Sie einen Vorhang nutzen, um die Illusion zu verstärken. Also: heimliches Stehlen der Flasche, vom Stuhl entfernen, der Vorhang schließt sich hinter Ihnen (der Stuhl ist außer Sicht und aus dem Sinn) und jetzt erst lassen Sie die Flasche magisch erscheinen.

Natürlich können Sie dieses Prinzip – die Trennung von Ursache und Wirkung – auf jede Art von Zauberei anwenden: kleine und große Zauberei, Magie mit Münzen, Tieren und Menschen und so weiter.[11]

Und nun weiter in dem Guttenberg-Krimi:

2. Dezember: Der Minister verfasst handschriftlich einen außerordentlich freundlichen Brief. Nichts lässt darauf schließen, dass sich beide Männer mittlerweile im Streit befinden.

„Sehr geehrter, lieber Herr Dr. Wichert", beginnt Guttenberg: „Offenbar gibt es interessierte Kreise, die mit dem Setzen von vermeintlichen Zitaten und gezielten Unwahrheiten Unfrieden, ja Zwietracht säen wollen."

Der Adelsmann erwähnt die „hohen Verdienste" seines Ratgebers, das von ihm „uneingeschränkt als sehr angenehm empfundene menschliche Miteinander" und äußert den Wunsch, „sich auch künftig fachlich austauschen zu können."

Und dann: „Diese Zeilen machen Artikel nicht ungeschehen, mir war es gleichwohl ein Bedürfnis, Ihnen diesbezüglich zu schreiben." Hatte Wichert seinen Brief distanziert mit der Formulierung „Hochachtungsvoll Peter Wichert" beendet, so schließt Guttenberg „mit herzlichen Grüßen".

Hier finden wir die magischen Konzepte „Distanzierung von der Trickhandlung" und „Lenken der Aufmerksamkeit" wunderbar wieder.

Getroffene Hunde bellen – sagt der Volksmund. Guttenberg macht diesen Fehler nicht. Er lässt den Vorwurf der Lüge von sich abperlen, jedenfalls geht er mit keiner Silbe auf die Anschuldigungen ein. Der Verteidigungsminister ist verbindlich im Ton, geradezu freundschaftlich. Kaum zu glauben, dass er seinen Staatssekretär vor gerade mal einer Woche gefeuert hatte.

Der Minister spricht unbestimmt von „interessierten Kreisen", die Unfrieden säen wollten. Solche bösen Kreise aber auch! Guttenberg will hiermit eindeutig klarstellen: Mit diesen „Kreisen" hat er nichts zu tun, er hat keine vertraulichen Informationen weitergegeben. Ist es nicht genial, wie souverän er jede Trickhandlung von sich weist?

Die Forderung nach einer Richtigstellung durch eine Pressemitteilung erfüllt Guttenberg nicht. Warum sollte er? Warum einem ehemaligen Mitarbeiter die große Bühne geben? Warum die Aufmerksamkeit auf Wicherts Anliegen lenken? Die große Bühne benötigt der Politiker für sich. Stattdessen schreibt ihm der Minister schlau einen sehr persönlich anmutenden Brief – er antwortet seinem ehemaligen Mitarbeiter sozusagen unter Ausschluss der Öffentlichkeit.

3. Dezember: Eine Woche zuvor kündigte Guttenberg im Bundestag eine „Neubewertung" des Bombenangriffs an. An diesem Tag ist es soweit. Hatte er seinerzeit die Bombardierung als „militärisch angemessen" bezeichnet, vollzieht er nun die Kehrtwende.

Zunächst wirbt er um Verständnis für den Oberst. Dann kommt die Wendung: „Obwohl Oberst Klein – ich rufe das auch den Offizieren zu, die heute hier sind – zweifellos nach bestem Wissen und Gewissen sowie zum Schutz seiner Soldaten gehandelt hat, war es aus heutiger, objektiver Sicht, im Lichte aller, auch der mir damals vorenthaltenen Dokumente, militärisch nicht angemessen." Anschließend beteuert der Politiker, dass er zwar „mit Bedauern" seine Beurteilung korrigiere, dies jedoch keine juristische Wertung bedeute. Zum Finale darf die Moral nicht fehlen: „Das ist der Grund – das sage ich auch an dieser Stelle –, weshalb ich Oberst Klein nicht fallenlassen werde. Das würde sich nicht gehören."

Einerseits bekommt Oberst Klein von seinem obersten Dienstherrn die Bescheinigung schweren Fehlverhaltens, andererseits wird ihm beteuert, er werde nicht fallengelassen. Die „vorenthaltenen Dokumente" liefern den perfekten Grund für den Kurswechsel des Politikers. Nun sei es „viel

Der Bundesverteidigungsminister fungiert als Schirmherr des Festivals „Bamberg zaubert" – hier mit dem künstlerischen Leiter Zyculus (Foto: Harald Rieger)

leichter", sich ein Urteil zu bilden. Das leuchtet jedermann ein. Dabei enthält der Feldjäger-Bericht gar keine Informationen, die über den NATO-Bericht (und dieser lag Guttenberg vor) hinausgehen.

Aber der Zauber wirkt. Guttenbergs Darstellung klingt – nicht zuletzt durch den *Spiegel*-Artikel im Vorfeld – absolut plausibel und glaubhaft. Nicht nur die Mitglieder der Regierungskoalition applaudieren, auch in den Reihen der SPD wird geklatscht. Und Lohse und Wehner schreiben verblüfft: „Der Mann kann zaubern."[12] Alle Achtung!

10. Dezember: In der *ZDF*-Sendung „Maybrit Illner" erläutert Guttenberg, warum er seine Einschätzung geändert hat und den Luftangriff inzwischen als unangemessen beurteilt. Wörtlich sagt er:

„Ich habe dann im Zuge mir auch unterschlagener Dokumente, beziehungsweise vorenthaltener Dokumente, die ich danach bekommen habe, aus einem Gesamtbild heraus eine Einschätzung vorgenommen, die sich fundamental unterschieden hat von der am 6. November."[13]

Die Täuschung: Deute die Wirklichkeit zu Deinen Gunsten

Der Verteidigungsminister beherrscht die Schliche, wie man die Wirklichkeit zu seinen Gunsten deutet. Der Politiker legt auf seine bisherigen Vorwürfe gegen die Ex-Mitarbeiter noch eine Schippe drauf. Er spricht jetzt von „Unterschlagung". Etwas zu unterschlagen ist schwerwiegender als etwas vorzuenthalten. Etwas vorzuenthalten wiederum ist etwas anderes, als es nicht vorzulegen. Das Vorenthalten geschieht mit einer gezielten Absicht, was juristisch einen gravierenden Unterschied macht: Eine „Unterschlagung" ist laut Strafgesetzbuch ein Delikt. Es droht eine Freiheitsstrafe von bis zu fünf Jahren. Für den Adelsmann ist es von Vorteil, den Vorwurf drastischer zu formulieren. Je schwerer das Vergehen seiner ehemaligen Ratgeber ist, umso einleuchtender wirken die Maßnahmen des Verteidigungschefs.

Sehen Sie auch, wie geschickt Guttenberg den Vorwurf der Unterschlagung anbringt? Er spricht von „unterschlagenen Dokumenten, beziehungsweise vorenthaltenen Dokumenten": Also was denn nun, unterschlagen oder vorenthalten? Beide Lesarten sind möglich; der Minister legt sich ganz bewusst nicht fest.

Die Wahl, welches von zwei scheinbar ähnlichen Wörtern verwendet wird, kann die Bedeutung einer Sache stark verändern. Auch früher hat Guttenberg schon bewiesen, dass er das Werkzeug Sprache beherrscht. So sagte er als CSU-Generalsekretär, es „wird nicht ganz falsch sein, wenn sich ein Unions-Generalssekretär immer wieder pointiert und geradlinig auch zur Außenpolitik äußert."[14] Dass er sich als Unions-Generalsekretär bezeichnet, ist zwar nicht falsch, aber absolut unüblich. Normalerweise bezeichnen sich die Verantwortlichen entweder als CDU- oder als CSU-Generalsekretär. Guttenberg machte schon damals deutlich: Hier blickt jemand über den Tellerrand Bayerns hinaus. Hier will einer mehr, hier sieht sich einer als Sprecher aller Unionsparteien.

14. Dezember: Und noch einmal: Deute die Wirklichkeit zu Deinen Gunsten. Guttenberg ist Gast in der Talkshow von Reinhold Beckmann: Schneiderhan, so sagt der Verteidigungsminister, habe ihm gegenüber sogar schriftlich erklärt, dass er Berichte vorenthalten habe. Ist das wirklich so?

Bei Entlassungen gibt der Chef dem geschassten Mitarbeiter oft die Gelegenheit, sein Gesicht zu wahren: Der 4-Sterne-General Schneiderhan schreibt also ein Rücktrittsgesuch (so, als wolle er auf eigenen Wunsch sein Amt aufgeben). Hier ist der Wortlaut seines Schreibens:

„Sehr geehrter Herr Minister, Sie haben Ihre Erklärung vom 6.11.09 zum Luft-Boden-Einsatz in Kunduz auf der Grundlage des Abschlussberichtes Com-Isaf abgegeben. Andere Zwischenberichte, Berichte und Meldungen wurden Ihnen nicht vorgelegt. Dafür übernehme ich die Verantwortung. Deshalb bitte ich Sie, mich von meinen Dienstpflichten zu entbinden und in den Ruhestand zu versetzen."[15]

Schneiderhan wählt bewusst die Passivkonstruktion: Andere Berichte „wurden nicht vorgelegt". Das ist etwas anderes als Guttenbergs Version, der vom aktiven „Vorenthalten" spricht. Nur Wortklauberei? Mitnichten! Selbst Journalisten erliegen Guttenbergs Zauber: „Die hypnotischen Worte Guttenbergs", so schreibt Stefan Kuzmany nach dem Talkshow-Auftritt auf *Spiegel online*, „fressen sich ins Gehirn, mit jedem Auftritt ein wenig mehr, jede Impfung versagt, Guttenberg wirkt langsam auch bei bisher resistenten Zuschauern. Hat er also doch in allem Recht?"[16]

16. Dezember: Schneiderhan wehrt sich in der Wochenzeitung *Die Zeit* gegen die inzwischen öffentlichen Vorwürfe. Unmissverständlich widerspricht er: „Unterschlagen hat für mich den Geschmack des Vorsatzes. Und es gab keinen Vorsatz". Nachdem er dem Minister den umfassenden Nato-

Bericht zu dem Luftangriff von Kundus vorgelegt habe, sei er schlicht nicht auf die Idee gekommen, ihm zusätzlich die einzelnen Ausgangsberichte zu unterbreiten.

9. März 2010: Für Wirbel sorgt an diesem Tag eine Äußerung Guttenbergs in einem Interview. Er gehe nicht davon aus, dass ihm Unterlagen zu dem verheerenden Bombardement vom September 2009 „vorsätzlich" vorenthalten worden seien. Jetzt auf einmal? Rudert er tatsächlich zurück? Bekommt der Minister angesichts des immer näher kommenden Untersuchungsausschusses kalte Füße? Oder war das Fehlverhalten seiner wichtigsten Ratgeber etwa gar nicht so gravierend, wie er es zunächst dargestellt hatte?

10. März: Die prompten Vorwürfe, er habe in dem Interview frühere Aussagen relativiert, weist Guttenberg zurück: „Ich habe überhaupt nichts Neues gesagt." Er habe „nie den Vorwurf erhoben, dass irgendein strafrechtlich relevantes Handeln seitens der beiden Herren vorgelegen" hätte. Er rückt von seinem Vorwurf der bewussten Unterschlagung ab: „Ich hatte nie den Eindruck, dass seitens General Schneiderhan oder Dr. Wichert vorsätzlich oder böswillig gehandelt wurde", sagte Guttenberg. „Richtig ist, dass mir anlässlich meiner ersten Bewertung des Vorfalls Meldungen, Berichte und Unterlagen nicht vorgelegt wurden." Der Minister mildert seine Kritik an Schneiderhan und Wichert deutlich ab.

Und wieder verbiegt er geschickt die Wirklichkeit. Der Minister gebraucht jetzt – knapp sechs Wochen vor seiner Vernehmung durch den Untersuchungsausschuss – interessanterweise die gleiche Formulierung, die General Schneiderhan in seinem Rücktrittsgesuch verwendet hat. Der Minister sagt in der Tat nichts Neues. Aber durch die neue Wortwahl korrigiert er seine Wertung.

22. April: Der Untersuchungsausschuss ist in der Regel die schärfste Waffe der Opposition. Das Werkzeug wird gerne genutzt, um die Täuschungen des politischen Gegners zu entlarven, ihn zu entzaubern. Natürlich erhofft sich die Opposition als „Verfechter der Wahrheitsliebe" auch die Aufmerksamkeit der Medien: Das ist eine gute Chance, sich selbst in einem guten Licht zu zeigen; je prominenter der Befragte und das Thema, desto besser.

Der SPD-Bundestagsabgeordnete Hans-Peter Bartels will vom Minister wissen, woher der *Spiegel* seine Darstellung der Geschehnisse am 25. November habe. Hat er mit Mitarbeitern des Blattes gesprochen? An dieser Stelle gerät der über mehrere Stunden gewohnt smarte Auftritt Guttenbergs erstmals ins Wanken. Und schließlich bringt der Verteidigungsminister den schwerwiegenden Satz über die Lippen: „Ich habe in diesen Tagen mit Sicherheit auch mal mit ‚Spiegel'-Journalisten gesprochen."[17] Also doch! Nun ist es raus.

Die Täuschung: Bagatellisiere die Trickhandlung

Guttenberg hätte mehrmals Gelegenheit gehabt, eindeutig zu erklären: Ich habe dem *Spiegel* keine vertraulichen Informationen gegeben; niemals! Das vermeidet er, auch im Interview mit Di Lorenzo.[18] Denn: „Der Zauberkünstler soll nie lügen, das heißt betrügen! Er muss die Zuschauer indirekt durch seine Handlung in die falsche Richtung locken; aber er darf nie sagen, es sei kein falscher Boden vorhanden, wenn doch einer da ist!"[19] Übrigens, der amerikanische Schriftsteller Edgar Allan Poe hat aus seinen Beobachtungen ähnliche Schlussfolgerungen gezogen und so den berühmten „Schachtürken" durchschaut (Mehr dazu finden Sie hinten im Buch als Anhang zu diesem Kapitel unter der Überschrift „Wie Edgar Allen Poe den Schachtürken entlarvte".).

Anfänger erkennt man daran, dass sie bei der Ausübung eines Tricks aufgeregt sind. Wenn sie ein geheimes Manöver durchführen, ist das oft zu spüren. Guttenberg dagegen spielt die Trickhandlung souverän herunter, gibt ihr keine Bedeutung: „Ich habe in diesen Tagen mit Sicherheit auch mal mit Spiegel-Journalisten gesprochen."

Er streitet es nicht ab, denn das könnte ihm irgendwann auf die Füße fallen. Nein, er entkräftet die Frage offensiv, scheinbar mit entwaffnender Ehrlichkeit. Ganz elegant macht er das. Mit solchen Belanglosigkeiten hält sich ein Magier nicht weiter auf. „Mit Sicherheit" habe er mal mit Journalisten des Hamburger Magazins gesprochen. Das klingt, als sei es quasi im Vorübergehen passiert, aus Versehen.

Die Trickhandlung – die Weitergabe von vertraulichen Informationen – verpackt er in eine unbestimmte Zeitangabe („in diesen Tagen"); so, als könne er sich nicht erinnern, an welchem Tag er mit dem *Spiegel* gesprochen habe. Auch die Anzahl der Journalisten lässt er unbestimmt: Er habe mit mehreren Journalisten gesprochen. Das *Spiegel*-Gespräch mit dem doppelten Boden ist eben nur eines von vielen.

Guttenberg, lieber Leser, betreibt die hohe Kunst der Zauberei: Der große, einarmige (!) Zauberer René Lavand sagte einmal: „Ein Trick kann erstklassig sein, aber der Illusionist muss besser als der Trick sein“. Soll heißen: Der Magier ist mehr als die Summe seiner Kunststücke. Seine Persönlichkeit, seine Biografie, seine Fähigkeit zu verzaubern und zu faszinieren sind wichtiger als die einzelnen Täuschungsmanöver. Auf Guttenberg trifft das in besonderem Maße zu.

Das Nachspiel

Der ehemalige Staatssekretär Wichert sollte seine Rehabilitation auf der großen Bühne bekommen. Im Jahr 2011 bekam er vor Gericht Recht: Vertreter des *Spiegels* versicherten, dass die Schilderung, die das Wort „leugnen“ enthielt, nicht mehr wiederholt wird. Nach dem Ergebnis des Untersuchungsausschusses stehe auch für das Nachrichtenmagazin fest, „dass auf entsprechendes Nachfragen die Existenz weiterer Berichte nicht geleugnet, sondern solche Berichte erwähnt wurden, Herr Dr. Wichert insofern mithin nicht gelogen hat.“[20] Dies blieb nicht der einzige Erfolg: Zwei Jahre nach seiner Entlassung durch Guttenberg wurde Peter Wichert von Verteidigungsminister Thomas de Maizière zurück ins Ministerium geholt.

Hier noch ein schönes Zitat von Volker Zastrow zum Ende des Kapitels:

„Politik ist die Chance für Leute, die nicht gut aussehen und weder singen noch tanzen können, sehr, sehr prominent zu werden, und wenn sie dann noch, wie Guttenberg, gut aussehen, singen und tanzen, dann sind sie kaum noch aufzuhalten. Bis sie an sich selber scheitern.“[21]

Der Status

„Der Vorwurf meine Doktorarbeit sei ein Plagiat ist abstrus. Ich bin gerne bereit zu prüfen, ob bei über 1200 Fußnoten und 475 Seiten vereinzelt Fußnoten nicht oder nicht korrekt gesetzt sein sollten und würde dies bei einer Neuauflage berücksichtigen.“[22]

Guttenberg verteidigt sich angesichts der massiven Kritik an seiner Abschlussarbeit. Das mag man als arrogant empfinden, weil keinerlei Schuldbewusstsein anklingt. Auf jeden Fall aber zeigt es, dass der Baron auch in der Defensive im Hochstatus argumentiert. Zum Thema „Status“ finden wir viel in dem klassischen Buch des Schauspiellehrers Keith Johnstone: *Improvisation und Theater*. Johnstone zeigt auf, wie sich die soziale Hierarchie und der Status auf das Verhalten eines Menschen auswirken.

Vereinfacht gesagt: Der König hat den Hochstatus. Er regiert und gibt Befehle. Der Diener dagegen muss „gehorchen“ und bewegt sich im Tiefstatus. Ähnliches findet sich in der Beziehung zwischen Chef und Mitarbeiter (Ausnahmen gibt's natürlich immer).

Der Hochstatus bei Guttenberg liegt in seiner Herkunft begründet, aber auch in seiner vergleichsweise kurzen politischen Laufbahn. Er hat noch keine große Niederlage einstecken müssen. Es geht immer nur bergauf. Er ist der Liebling des Publikums und der Medien. Im Gegensatz zu Gerhard Schröder oder Helmut Kohl – sagt sein Parteifreund Michael Glos – hat Guttenberg „keine Erfahrung oder Narben“. Ähnlich wie Guttenberg agieren viele Zauberer im Hochstatus. Das liegt am Wesen unserer Kunst. Wir Magier scheinen eine besondere Macht zu haben. Manche Zauberer sehen sogar gut aus: Der Taubenmagier Channing Pollock (1926 – 2006) etwa war vergleichbar attraktiv wie Guttenberg. Er wurde als „der schönste Mann der Welt“ angekündigt. Zudem galt er als sehr charismatisch. Er trat zum Beispiel vor Präsident Dwight D. Eisenhower auf und war einer der höchst bezahltesten Entertainer in Amerika. David Copperfield – ein Beispiel aus unserer Zeit – verkörpert ebenfalls den Hochstatus.

Aber auch der Statuswechsel – vom Hochstatus zum Tiefstatus – kann hervorragendes Entertainment bedeuten. Mal klappen die Tricks, mal gehen sie (vermeintlich) schief. Die Comedy-Zauberer Johnny Thompson, Otto Wessely oder Mac King sind herausragende Vertreter dieser Kunst. Bei Fehlern und Pannen können Künstler im Tiefstatus leichter reagieren und die Patzer korrigieren. Akteure im Hochstatus haben oft diese Möglichkeit nicht und die Fallhöhe ist immens. Das hat Guttenberg schmerzlich erfahren. Mit seinen häufigen Forderungen nach „Moral“ und „Anstand“ hat er die Messlatte hoch gelegt; manche seiner Reden hätten auch die eines Bundespräsidenten sein können. Wenn sich das Publikum dann betrogen fühlt, wird aus Bewunderung besonders beißende Häme und Spott.

Der „Theaterkönig“ George Tabori empfiehlt das Buch von Johnstone ausdrücklich Politikern, Geschäftsleuten und Liebespaaren. Achten Sie einmal in Ihrem beruflichen und privaten Umfeld auf Status-Signale. Es kann sehr aufschlussreich sein.

5. Deute die Wirklichkeit zu Deinen Gunsten

„Wir haben die moralische Pflicht, dass das Projekt Eurozone am Leben bleibt. Deshalb wenden wir viel Zeit auf, um sicherzustellen, dass unbedeutende kleine Liquiditätsprobleme nicht Europa auseinandertreiben."[1] Da schau einer an: unbedeutende Liquiditätsprobleme? Nicht jeder deutet die Wirklichkeit so grotesk um, wie seinerzeit der griechische Finanzminister Yanis Varoufakis angesichts der drohenden Staatspleite seines Landes. Obwohl genau das zu den Aufgaben eines Politikers gehört: Die Welt so auszulegen, dass die Deutung mit der Parteilinie und den eigenen Zielen kompatibel ist. Die Politiker, schreibt der ehemalige Vizekanzler Franz Müntefering, „erfinden ein Stück Welt, geben ihm Anfang und Ende, verbindlichen Text, feste Struktur, Emotionen, Sinn, Leben. Alle Mächtigen aller Zeiten haben dieses Spiel auf ihre Art und gemäß den Bedingungen ihrer Zeit gespielt."[2]

So geht das allerorts, auf Bundes-, Landes- und kommunaler Ebene. Ist Rheinland-Pfalz nun „wirtschaftlich sehr erfolgreich" oder ist die Infrastruktur „verkommen"? Sind die Schulen dort „sehr gut" oder fällt ständig der Unterricht aus? Das hängt ganz davon ab, ob Du Ministerpräsidentin bist und Malu Dreyer heißt oder als Julia Klöckner die Landeschefin herausforderst. Bücher zu veröffentlichen ist dabei ein beliebtes Mittel, um den eigenen Blick auf die Welt darzulegen. Clevere Politiker vermeiden möglichst den Eindruck, es handele sich bei den Werken nur um schön aufgemachte Wahlkampfbroschüren, aufgeputzt mit Hardcover. Beide Frauen – Klöckner und Dreyer – kreuzten vor der Landtagswahl auch zwischen Buchdeckeln die Klingen mit der Kontrahentin. Warum auch nicht? Joschka Fischer hat sich und seine Welt ja auch in zehn Schriftwerken erklärt, bevor er Außenminister wurde.

Oder nehmen wir die Bücher von Helmut Kohl: Er verwendet darin gerne das Zitat „Visionäre sind die wahren Realisten" – eine seiner Schriften trägt genau diesen Titel. Diese Redewendung des großen Filmemachers Federico Fellini hat der Politiker auch in seinen Reden, etwa 1998 in Polen, verwendet: „Damit haben Sie", sagte Bundespräsident Roman Herzog freundlicherweise zum scheidenden Kanzler bei seiner Verabschiedung, „eigentlich sich selbst beschrieben."[3] Ganz klar, Kohl möchte als Visionär in Erinnerung bleiben.

Er arbeitet wie ein Zauberer, der – so der kanadische Mentalist Gary Kurtz – nicht nur die Wahrnehmung und Aufmerksamkeit der Zuschauer lenkt, sondern auch deren Erinnerung (!).[4] Der „Visionär" ist im eigentlichen Wortsinn ein „Geisterseher". Einer, der in die Zukunft blickt. Kohl ist promovierter Historiker und verfügt über ein großes Wissen über geschichtliche Zusammenhänge. Er hatte seinerzeit die Zeichen der Zeit erkannt und die historische Chance zur Überwindung der deutschen Teilung entschlossen ergriffen. Aber ist Kohl deshalb ein Visionär? Gerhard Schröder hätte die Chance wohl ebenso genutzt, Oskar Lafontaine eher nicht: Letzterer verhakte sich bei der Einheitsfrage in taktischen Spielchen. Und wie wäre dann der CDU-Bundestagsabgeordnete Bernhard Friedmann zu nennen? Seit 1986 wies er immer wieder auf die „Einheits-Signale in Moskau" hin. Kohl fertigte ihn schroff ab. Das sei doch „blühender Unsinn".[5] Im Zuge der Wiedervereinigung verwandelte Kohl magisch den „blühenden Unsinn" in die „blühenden Landschaften", die er dem Osten der Republik versprach. Der Kanzler traf sich 1990 in seinem Bonner Büro viele Male mit Friedmann. Als Fachmann für das Rechnungswesen – später wurde er Präsident des Europäischen Rechnungshofs in Luxemburg – kennt Friedmann sich mit Finanzgebaren aus. Während einem der Gespräche sagte er: „Herr Bundeskanzler, wenn wir schon in den 80er-Jahren ein Konzept für die Wiedervereinigung entworfen hätten, wäre alles etliches billiger geworden."[6] Das hat Helmut Kohl aber nicht gerne gehört.

Natürlich deuten Täuschungskünstler jeglicher Art nicht nur mit Büchern, sondern auch mit Bildern die Wirklichkeit. Ein ganz simples Beispiel: Rund sechs Monate vor der Bundestagswahl gibt es für die Abgeordneten der Kanzlerpartei das große Shakehands-Fotoshooting. Die über 300 Mitglieder der CDU/CSU-Fraktion stehen also Schlange, Fotograf und Kanzlerin warten schon. Eine Hand nach der anderen wird geschüttelt und jeder Handschlag wird fotografiert. Diese Bilder unterstützen das Standing des Abgeordneten in seinem Wahlkreis und erhöhen seine Bedeutung. Allein diese Fotos beflügeln eine Illusion: Seht her, die Kanzlerin und ich! Ich stehe ihr nah, habe einen direkten Draht zu ihr; die Regierungschefin und ich kümmern uns um eure Anliegen. Aber auch: Wir sind uns einig; die Kanzlerin steht voll und ganz hinter mir. Die Fotos gaukeln eine Nähe vor, die so natürlich nicht gegeben ist. Tatsächlich beschränkt sich der direkte Kontakt der meisten Abgeordneten zur Kanzlerin auf die wenigen Sekunden des Shootings. Die sehr prominente Angela Merkel ist die eigentliche Attraktion, wie eine Lokomotive zieht sie den Politiker, der weniger bekannt ist. Bilder sind ein sehr starkes Mittel, um die Wirklichkeit zum Nutzen der Partei und zum eigenen Vorteil auszulegen.

Auch „normale" Bürger lassen sich gerne mit Prominenten fotografieren, so als würde etwas vom Glanz abfärben. Dafür gibt es sogar eine wissenschaftliche Bezeichnung: der „BIRG"-Effekt (Abkürzung für „Basking in Reflected Glory", also „sich im wiederspiegelnden Ruhm sonnen").[7]

„Use everything for your purposes" – „Nutze alles für Deine Ziele", sagte der amerikanische Regisseur Bob Fitch einmal in einem Coaching zu mir. Das heißt, als Zauberer betone ich alles, was der Illusion zuträglich ist. In meinen Shows zersinge ich zuweilen Glas. Bei einer hohen Stimmlage kommt es zur sogenannten Resonanzkatastrophe und die Gläser (Trinkgläser zum Beispiel) zerspringen in tausend Scherben. Eines Abends fiel mitten im Gesang der Scheinwerfer aus, weil der Glaskörper des Leuchtmittels platzte. Tatsächlich war es einfach Zufall, aber natürlich habe ich so getan, als hätten meine hohen Töne die Lampe gesprengt. Die Zuschauer haben es gerne geglaubt und waren perplex.

Sehen Sie, bei der Vielzahl von Informationen, die auf uns einprasseln, hilft der Zauberer bei der Interpretation des Geschehens. Wir lenken das Augenmerk der Zuschauer so, dass irgendwann der Eindruck eines Wunders entsteht. Jeden Hinweis, jeden Tatbestand, der die Täuschung unterstützt, greifen wir auf. Alles andere blenden wir aus. Wir zeigen es einfach nicht. Oder wir ignorieren es gezielt. Der spanische Kartenkünstler Juan Tamariz spricht von der „Theorie des Tauben": Als erfahrener Zauberer überhört man geflissentlich kritische Kommentare. Alles, was der Illusion schadet, behandeln wir wie Luft. Es existiert einfach nicht. Sehen Sie die Parallele? Im Bundestag stellen sich viele Politiker taub, wenn sie angegriffen werden. Was ihnen nicht nützt, wird nicht beachtet. So hielt es auch der 40. Präsident der USA, Ronald Reagan. Spontane Antworten lagen ihm nicht. Dieses Manko glich sein Beraterstab aus. Aus „Sicherheitsgründen" achteten die Mitarbeiter darauf, dass die Medienvertreter auf Flughäfen und anderen öffentlichen Plätzen viel Abstand zum Präsidenten halten mussten. So konnte der über 70-jährige Politiker Fragen beliebig überhören und statt einer Antwort freundlich winken. „The Great Communicator" hatte kommuniziert – eben auf seine Weise und zu seinen Bedingungen.

Ein Meister der Täuschung will auf der politischen Bühne nicht in Verlegenheit kommen. Anstatt sich unangenehmen Fragen zu stellen, zieht er es vor, staatsmännisch zu winken. Christian Wulff ist das in seinem Amt als niedersächsischer Ministerpräsident bemerkenswert gut gelungen. Einmal ging ihn eine Passantin wegen seiner Bildungspolitik scharf an. Wulff lächelte, als habe sie ihm das schönste Kompliment gemacht und bedankte sich überschwänglich bei ihr. Ihre beabsichtigte Kritik lief ins Leere. Wulff wusste natürlich, dass die Frau ihm deutlich die Meinung sagen wollte. Aber in seiner Reaktion bestätigte er nicht ihre Wut, sondern seinen eigenen, positiven Auftritt. Es ist ein bewusstes Missverstehen, eine absichtliche Umdeutung ihres eigentlichen Vorhabens. Was bleibt, sind positive Bilder mit einem freudigen Landeschef.

Manchmal kann die überschwängliche Freude auch ein Totalversagen überspielen: Der Gabelbieger und Mentalist Uri Geller agiert ähnlich. In Wien zeichnete eine Schauspielerin ein Symbol auf einen Zettel. Sie wählte eine Weintraube. Der israelische Showstar versuchte, diese Zeichnung mental zu empfangen. Er malte eine krakelige Zeichnung mit Dreiecken, Quadraten und Kreisen aufs Papier. Dabei rief er begeistert und mit großer Freude: *I got it, I got it – Ich habe es!* Obwohl seine Zeichnung einer Weintraube nicht annähernd glich, glaubten all jene, die die Zeichnung nicht gesehen hatten, Uri habe eine Eingebung telepathisch empfangen.

Im Falle Gellers machten sich die Medienmacher den Zauberer lange Zeit zum Komplizen und trugen zum Hype um seine Person bei. Nicht immer folgen Journalisten den Intentionen des Stars: Insbesondere, wenn es um Politiker geht, befinden sie sich immer im Konkurrenzkampf um die Deutungshoheit: „Denn auch die Medienleute“, so Jürgen Leinemann, „inszenieren ja politisches Geschehen, indem sie komplexe Sinnzusammenhänge in Mini-Dramen zerlegen, durch Personen verkörpern oder in symbolischen Schlüsselszenen gipfeln lassen.“[8] In manchen Fällen entwickelt eine journalistische Deutung einen solchen Druck, dass Politikern nur noch der Rücktritt bleibt (beispielsweise im Fall Wulff). Schon die Begrifflichkeiten können ganz zentral sein, wie die Diskussionen um die SPD zeigen: Wann ist eine Partei eine Volkspartei? Wenn sie ganz viele Wähler hat? Oder wenn sie für alle wählbar ist? Und gaaanz wichtig: Die „Mitte“, die CDU und SPD so gerne für sich reklamieren: „Wir sind die Mitte – die einzige Volkspartei der Mitte in Deutschland“ oder „Wir sind die neue Mitte“. Das klingt nach Geplänkel. Es ist aber wichtiger als es den Anschein hat. Denn in der Mitte sind die meisten Wählerstimmen zu holen. „Wer die Begriffe besetzt“, schreibt Evelyn Roll, „besetzt die Macht. Definitionshoheit bereitet Machthoheit vor.“[9] Richtig schlaue Politiker haben diese Lektion schon als Kinder gelernt:

„Wenn ich ein Wort verwende“, erwiderte Humpty Dumpty ziemlich geringschätzig, „dann bedeutet es genau, was ich es bedeuten lasse, und nichts anderes.“

„Die Frage ist doch“, sagte Alice, „ob du den Worten einfach so viele verschiedene Bedeutungen geben kannst.“

„Die Frage ist“, sagte Humpty Dumpty, „wer die Macht hat – und das ist alles.“[10]

6. Der Geheimnisvolle: Willy Brandt

Willy Brandt, vierter Bundeskanzler der Bundesrepublik Deutschland. Mit 16 Jahren wird der „politisch Frühreife“[1] *in die SPD aufgenommen. Später wurde er als Regierender Bürgermeister von Berlin zu Zeiten des Kalten Krieges für viele zum Symbol für den Freiheits- und Überlebenswillen der Stadt. Dann Bundeskanzler im dritten Anlauf mit hauchdünnem Stimmenvorsprung, erste sozialliberale Koalition der Bundesgeschichte. Die Entspannungspolitik in seiner Regierungszeit mündet in Ostverträgen mit Polen, Sowjetunion und der DDR. Das Bild von seinem Kniefall vor dem Ghetto-Mahnmal in Warschau geht um die Welt. Wenig später Friedensnobelpreis, die höchste Auszeichnung für einen Menschen in politischer Verantwortung.*

Eine Kanzlerschaft voller Dramen, wie keine andere: Die Opposition will ihn stürzen – das misslingt entgegen allen Erwartungen. Die darauffolgende Wahl 1972 gerät für ihn zum Triumph. Es ist der größte Wahlerfolg in der Geschichte der SPD. Eineinhalb Jahre später wird ein Spion im Kanzleramt enttarnt. Der Kanzler übernimmt die Verantwortung und tritt zurück. Später wird er Präsident der Sozialistischen Internationale, einem weltweiten Zusammenschluss von sozialistischen und sozialdemokratischen Parteien.

„Denn ich glaube, dass nur der wahrhaft lebt, der sein Schicksal als ein Geheimnis lebt.“ *(Stefan Zweig in „Phantastische Nacht“)*

Um keinen der deutschen Kanzler ranken sich so viele Geheimnisse wie um Willy Brandt. Passend dazu kreuzen Geheimdienste – also Organisationen, die im Verborgenen arbeiten – mehrmals seinen Lebensweg. Er verdankt es der List eines Geheimdienstes, dass er 1972 das konstruktive Misstrauensvotum übersteht und Kanzler bleiben kann: Fraktionschef Herbert Wehner besticht mit Geld der DDR-Staatssicherheit zwei Unions-Abgeordnete.[2] Paradoxerweise betreibt der gleiche Geheimdienst (namentlich Markus Wolf, der „Mann ohne Gesicht“) die entscheidenden Aktionen, dass der Kanzler wegen der Guillaume-Affäre zurücktreten wird. Viele Fügungen in Brandts Leben gaben und geben Anlass für Verschwörungstheorien.

Ja, Willy Brandt selbst liebt das Geheimnis. Er gilt nicht nur als widersprüchlich und verschlossen, sondern genießt „das Gefühl, dass andere an ihm herumrätseln“[3]. Lässt er sich von der Empfehlung des französischen Staatspräsidenten Charles de Gaulle inspirieren? Dieser gab Politikern und Staatsmännern den Rat, sie sollten sich mit der Aura des Geheimnisvollen umgeben.[4]

Oder liegt der Grund in seiner Herkunft, wie sein vermutlich bester Freund Egon Bahr räsoniert: Als Selfmademan habe Brandt gelernt, seine Gefühle zu beherrschen, seine Hoffnungen einzuhegen, seine Empfindungen zu verschließen.

Brandt wird immer wieder diffamiert, weil er unehelich geboren ist. Es scheint, als wisse er nicht, wer sein Vater ist. Dabei kennt Brandt schon seit Februar 1947 dessen Identität: Brandts Vater ist John Heinrich Möller, ein überzeugter Sozialdemokrat und ein Büchernarr. Brandt hätte Anfeindungen vermeiden können, aber er gibt sein Geheimnis nicht preis.

„Es hatte sogar den Anschein", schreibt sein ältester Sohn Peter, „als würde er Gefallen finden an dem Rätselraten über seine Herkunft väterlicherseits."[5] Manches habe er ins Halbdunkel gehüllt, „das eigentlich kein Geheimnis brauchte", berichtet auch Lars Brandt: „Wollte man von ihm mehr über seine Person hören, physische und geistige Erfahrungen mitgeteilt bekommen, wurde er einsilbig."[6]

Diese Vorliebe für Geheimnisse teilt Willy Brandt mit Zauberern: Das Geheimnis ist die Seele der Zauberkunst, ein unveränderlicher Bestandteil ihres Wesens. In keiner anderen darstellenden Kunst sind das Staunen der Zuschauer und das Rätselraten so zentral wie hier. Mit einem Künstlernamen schaffen sich Zauberer eine Aura, eine Art geheimnisvollen Avatar ihrer selbst. Der Entfesselungskünstler Harry Houdini beispielsweise hieß in Wirklichkeit Erich Weiß. Hinter dem deutschen Zauberer Kalanag verbarg sich Helmut Schreiber. Der amerikanische Mega-Zauberer David Copperfield wurde als David Kotkin geboren. Der intelligente junge Willy Brandt nimmt früh – fast zwanzigjährig – ebenfalls ein Pseudonym an. Willy Brandt hieß in Wirklichkeit Herbert Frahm. 1933 legt er den Namen Frahm ab und erfindet sich als Willy Brandt neu.[7]

In die Zeit seiner Emigration fallen Brandts erste Kontakte zu Geheimdiensten. 1933 reist er nach Norwegen aus und leistet dort Widerstand gegen die Nationalsozialisten. Um unentdeckt konspirative Nachrichten ins Reich zu schmuggeln, verwendet er einen alten Zaubertrick: die unsichtbare Tinte.[8] Zunächst schreibt er mit der chemischen Tinte die Nachrichten unsichtbar zwischen die Zeilen eines harmlosen Briefes. Mit blutstillender Watte gelingt es ihm, die geheimen Aufzeichnungen wieder sichtbar zu machen. Brandt motiviert Genossen der norwegischen Arbeiterpartei, illegale Zeitschriften in Koffern zu schmuggeln. Die Koffer haben – ganz in der Tradition der Zauberkunst – doppelte Böden.

Unsichtbare Tinte

Unsichtbare Tinten werden auch Geheimtinten genannt. Zu den organischen Tinten zählen Zwiebel- und Zitronensaft. Mit einem feinen Pinsel schreibt man die Botschaft auf Papier. Ein Pinsel ist besser als eine Feder, weil er keine verräterischen Kratzspuren auf dem Papier hinterlässt. Grobfaseriges Papier eignet sich am besten, da es die Tinte absorbiert und daher die Schrift nicht glänzt. Wird das Papier vorsichtig erhitzt (z. B. mit einem Bügeleisen), wird die geheime Botschaft sichtbar.

Nach Kriegsende entscheidet sich Willy Brandt für eine politische Karriere in Deutschland. Ein Angebot, in seiner alten Heimatstadt Lübeck Bürgermeister zu werden, lehnt er ab. Im Auftrag des SPD-Parteivorstands übernimmt er in der zerstörten Reichshauptstadt Public-Relations-Aufgaben für die Partei. Wie ein Magnet zieht die geteilte, von vier Großmächten besetzte Stadt Spione aller Länder und Kontinente an. Hier treffen sich die unterschiedlichsten Kulturen, hier blüht im Verborgenen der Schwarzhandel. Ein Mann wie Brandt – „mit seinem Doppeldenken, seinem Hang zum Ambivalenten, Vielschichtigen, ja Zwiespältigen“[9] – muss geradezu von Berlin fasziniert sein.

Die Stadt ist Schauplatz großer, dramatischer Ereignisse und Willy Brandt ist bald mittendrin. Der Glanz John F. Kennedys färbt auch auf ihn ab, als der amerikanische Präsident seinen vielzitierten, umjubelten Satz sagt: „Ich bin ein Berliner.“ Schon als Präsident des Abgeordnetenhauses hat Brandt einen ausgesprochen guten Draht zur Presse und versteht sich hervorragend darauf, große Medienspektakel zu inszenieren.[10]

Als West-Berliner Bürgermeister gewinnt er als Verteidiger der Freiheit Berlins Profil. Er widersteht dem Würgegriff der Sowjetunion: Nikita Chruschtschow fordert mit seinem Berlin-Ultimatum den Abzug der Westmächte innerhalb von sechs Monaten. Brandt fällt automatisch die Rolle des Verteidigers zu: Nach dem Bau der Mauer hoffen viele Menschen auf ihn. Er wird der Sprecher des freien Berlins und reist wie ein Sonderbotschafter der Freiheit Berlins um die ganze Welt. Er wird sehr populär und gewinnt national und international an Statur. Durch emotionale und zugleich beschwichtigende Reden kann er bei einer Kundgebung am 16. August 1961 nach dem Mauerbau gefährliche Auseinandersetzungen mit sowjetischen Militärs verhindern. So bewahrt er ohnmächtig zornige Demonstranten vor gefährlichen, unüberlegten Handlungen. Und als es darum geht, aufgebrachte Menschenmassen zu beschwichtigen, singt er mit seiner rauen Stimme über Polizeilautsprecher das Lied vom guten Kameraden oder die Nationalhymne. Dank seines ausgeprägten Einfühlungsvermögens erfasst er Stimmungen und Gefahren ungewöhnlich schnell.

Die Magie Willy Brandts ist – neben seinem starken Charisma – eng mit seiner Sprache verwoben. Als ehemaliger Journalist beim „Lübecker Volksboten" weiß er um die Wirkung von Sprache. Schon früh setzt er sie ein, als er eine Täuschung anwendet: Zusammen mit seinem Freund Stefan Szende veröffentlicht er 1944 im Exil in Schweden die Broschüre *Misslyckad revolt*, auf deutsch „Missglückte Revolte". Die reißerische, hochaktuelle Schrift fasst alle in Stockholm verfügbaren Informationen über den 20. Juli 1944 zusammen – den Tag, an dem Hitler das Attentat überlebt und der Staatsstreich misslingt: Claus Graf Schenk von Stauffenberg und etwa 200 weitere Personen werden hingerichtet.

Brandt und Szende berichten von zehn Briefen, die angeblich von einem deutschen Sozialdemokraten stammen. Aber: Die Briefe sind eine Fälschung. Offenbar wollten Brandt und Szende schnell zu Geld kommen. Vor einem Schiedsgericht, dem drei Genossen angehören, verteidigt sich Brandt geschickt: „Der von uns im Buch genannte linke Oppositionsmann und Briefeschreiber ist eine imaginäre Persönlichkeit, die wir frei erfunden haben." Er betont jedoch, es sei das gute Recht eines jeden Schriftstellers so zu handeln.[11]

Der große Neuerer der Magie Jean Eugène Robert-Houdin nahm sich in seiner Autobiografie ähnliche künstlerische Freiheiten. Dort berichtet der Franzose über seinen Lehrmeister mit dem Künstlernamen Torrini. Aber: Nirgendwo in den Annalen der Zauberkunst taucht dieser Name auf. Auch der Geburtsname, Edmond de Grisy, findet sich in keinem Adelsregister.[12] Robert-Houdin vermengt kunstvoll Lüge und Wahrheit. Trotzdem tituliert sich Robert-Houdin in seiner Schrift „als Sklave der Wahrheit" und beteuert seine Ehrlichkeit: „Ich besaß schon damals eine Eigenschaft, die ich, wie ich glaube, immer noch nicht verloren habe: äußerste Aufrichtigkeit."[13]

Diese vehemente Beteuerung erinnert mich an die Szene, als Willy Brandt auf dem Dortmunder Parteitag 1966 zur doppelten Wahrhaftigkeit aufruft, sowohl dem eigenen Volk als auch den ausländischen Partnern gegenüber. „Keiner tut gut daran, mehr zu versprechen, als er geben kann"[14], sagt er. Das hindert Brandt nicht daran, in seiner Regierungserklärung 1969 ein wahres Füllhorn über dem Wahlvolk auszugießen. Lässt er sich selbst von der Euphorie um seine Person mitreißen? Fast 40 Jahre nach dem

Rücktritt des letzten sozialdemokratischen Kanzlers, Hermann Müller, verantworten die Sozialdemokraten wieder die Regierungsgeschäfte. Niemals zuvor und danach war eine bundesdeutsche Regierungserklärung derart anspruchsvoll. Unter dem Motto „Mehr Demokratie wagen" verspricht Brandt Steuererleichterungen und Förderung der Vermögensbildung für die kleinen Leute, die Einführung der flexiblen Altersgrenze, ein neues Bodenrecht, den forcierten Ausbau der Hochschulen, die Sauberhaltung der Umwelt, die Erweiterung des Autobahnnetzes, die Gleichberechtigung der Frau, Kampf gegen die großen Krankheiten wie den Krebs und vieles mehr. Damit weckt er Hoffnungen, die – wie sich später herausstellen sollte – aufgrund von Geldmangel oder wegen des Vetos des Koalitionspartners nicht zu erfüllen waren. Im Rückblick räumt der Politiker schließlich ein, seine Regierung sei der Versuchung erlegen, sich zu viel auf einmal vorzunehmen.[15]

Ein Wunder in Israel

Bei einer Landung im Inneren von Israel gerät der Hubschrauber des Kanzlers in eine stürmische Böe und wird gefährlich nahe an einen Abgrund gedrängt. Die Begleiter springen aus dem Fluggerät, dessen Rotoren sich noch drehen und das dem Abgrund entgegenrollt. Nur einen Meter vor dem Sturz in die Tiefe kommt der Hubschrauber zum Stehen. Als ein Reporter den Kanzler fragt, ob seine Rettung nicht ein Wunder gewesen sei, gibt sich Brandt cool und spielt den Erstaunten: „Ich weiß nicht, von welcher Rettung Sie sprechen. Ich weiß nur eines: Wunder gibt es nur in Israel ..." (Eine Nachrichtenagentur vermeldete unterdessen bereits den Tod des Kanzlers.) Brandt spielt die Rolle perfekt: Welchen Zauberer überraschen schon Wunder? – Sie sind sein tägliches Brot!

Brandts Art zu sprechen – das Schwergängige seiner Reden – verstärkt seine Glaubwürdigkeit. Franz Müntefering schreibt noch Jahre später fasziniert über die Brandtschen Reden: „Da habe ich bei Willy Brandt beobachtet, wie er, am Pult kämpfend, das richtige Wort und dessen Betonung suchte. Hoffentlich findet er es, dachte man. Dabei stand alles da, in seinem Manuskript. Er las aber die Rede nicht vor."[16]

Das offensichtliche Ringen um das richtige Wort gibt den Reden des Sozialdemokraten aber besonderes Gewicht. Er gewährt den Zuhörern gewissermaßen „Einblick" in das Räderwerk seiner Gedanken.

Im übertragenen Sinn hat Jean Eugène Robert-Houdin, der Zauberer und Erfinder, die gleiche Erfahrung gemacht. Er war zunächst Uhrmacher, bevor er Zauberkünstler wurde. Er erfand Automaten, die – robotergleich – menschliche Tätigkeiten simulierten. So entwickelte er beispielsweise einen Schreibautomat: Zunächst setzte der geniale Erfinder alle Mühe daran, dass das Räderwerk seines Schreib-Automaten nahezu geräuschlos arbeitete. Zu seiner Enttäuschung honorierte das Publikum seine Anstrengungen nicht, im Gegenteil: „Der Schreiber ist sehr hübsch, aber vielleicht ist sein Mechanismus ganz einfach. O mein Gott, oft genügt so wenig, um große Wirkungen zu erzielen." Der Zauberer war am Boden zerstört. Dann aber änderte er die Konstruktion des Mechanismus so, dass Geräusche vom Lauf des Getriebes zu hören waren. Prompt erntete er Reaktionen voller Bewunderung: „Was für eine Erfindung! Und wie kompliziert das ist! Da gehört aber viel Talent dazu, so einen Mechanismus zu bauen!"[17]

Brandts Sprache ist bestimmt durch ein permanentes Sowohl-als-auch, These und Gegenthese. Selbst in einem harmlosen Brief an seine Frau Rut (wohl ohne böse Absichten!) legt er sich nicht fest: „Ansonsten denke ich, dass wir hier noch ein Jahr oder so bleiben sollten. Dann suchen wir uns vielleicht einen ruhigeren Ort. Aber man muss befürchten, dass es weniger interessant wird."[18]

... „noch ein Jahr oder so", „vielleicht" – Brandt lässt sich nicht festlegen, wie lange er in Berlin bleiben möchte. Eben ganz der Zauberer, der durch sein geheimes Wissen für Außenstehende nie ganz greifbar wird. Peter Merseburger schreibt über den Politmenschen Brandt:

„Er weiß Taktik und Strategie stets sich ändernden Umständen anzupassen, er ist ein Mann, der sich ungern Optionen verbaut und sie deshalb möglichst lange offenhält – flexibel und undogmatisch, werden die Freunde, zu schillernd, werden die Feinde sagen."[19]

Vor dem Fall der innerdeutschen Mauer bezeichnet Willy Brandt die Wiedervereinigung wiederholt als „Lebenslüge" der Bonner Republik. Peter Brandt weiß mit Sicherheit zu sagen, dass sein Vater die deutsche Einheit als Option niemals aufgegeben habe. Die Formulierung von der „Lebenslüge" sei eine „kalkulierte Zweideutigkeit" gewesen. Für ihn konnte es keine Wiederherstellung eines Nationalstaates alter Prägung geben: „Als ein gewiefter Politiker zog er es hier wie auch sonst gelegentlich vor, so zu formulieren, dass zumindest auf den ersten Blick unterschiedliche Deutungen möglich waren – und damit auch Zustimmung und Unterstützung aus verschiedenen Richtungen."[20]

Helmut Schmidt weist auf das Schwebende in seiner Sprache hin: Brandt habe besonders mit wachsendem Alter immer häufiger in vieldeutigen Sätzen und Formeln gesprochen, während offen blieb, worauf er abzielte: „Die Zuhörer konnten sich – je nach ihrem eigenen Gefühl – ganz verschiedene Vorstellungen machen."[21]

Auf dem Balkon des Rathauses Schöneberg findet er am 10. November 1989 – dem Tag nach der Maueröffnung – wieder zur richtigen Zeit das richtige Wort: „Jetzt wächst zusammen, was zusammengehört." Dieser Ausspruch wird in den deutschen Zitatenschatz eingehen. Im Originalmanuskript ist die Formulierung aber nicht enthalten. Er schreibt sie nachträglich hinein, als die Rede gedruckt wird. Doch hat er den berühmten Satz an diesem Tag in Berlin benutzt und zwar erstmals in einem Interview vor dem Brandenburger Tor.

Für viele gilt Willy Brandt als Inbegriff moralischer Verantwortung in der Politik. Das ist nicht zuletzt der Zusammenarbeit mit seinem Fraktionsvorsitzenden Herbert Wehner geschuldet. Ist es nun politische Klugheit oder leitet Brandt ein moralischer Kompass, wenn er „schmutzige Angelegenheiten" grundsätzlich anderen überlässt?[22] Der Kanzler hasst Intrigen. Wehner dagegen scheut nicht zurück vor dem „verschlungensten Wege, den geschicktesten Lügen und den geheimsten Kontakten". Der ehemalige Kommunist Wehner hatte bereits an der Moskauer Lenin-Hochschule Vorlesungen über Tarnung und die hohe Kunst der Verstellung gehalten.[23] Als der Shootingstar der CDU, Rainer Barzel, im April 1972 die Regierung Brandt/Scheel stürzen will, werden zwei CDU/CSU-Politiker bestochen: Sie verweigern Barzel ihre Stimmen. Zwei lächerliche Stimmen geben den Ausschlag für das Scheitern des Regierungswechsels. Der Geheimdienst der DDR, die Stasi und offenbar auch Wehner hatten daran Anteil. Der häufig als „Zuchtmeister der SPD" bezeichnete Politiker sagte dazu später etwas verschwommen in einem Fernsehinterview: „(...) dies war schmutzig, und das musste man wissen. Ein Fraktionsvorsitzender muss wissen, was geschieht und was versucht wird, um einer Regierung den Boden unter den Füßen wegzuziehen. Die Regierung selber muss das alles gar nicht wissen."[24] Es erleichtert dem Magier kolossal die Arbeit, wenn die geheimen Trickhandlungen von anderen ausgeführt werden. Gerade bei Auftritten von Großillusionisten haben die Helfer hinter und auf der Bühne großen Anteil am Gelingen der Täuschung.

Mit seinem Rücktritt als Kanzler setzt Brandt moralische Maßstäbe. Der amerikanische Kommentator Anthony Lewis setzt das Verhalten des deutschen Bundeskanzlers mit dem des amerikanischen Präsidenten Richard Nixon in Bezug, der später wegen der Watergate-Affäre zurücktreten muss:

Das Füllhorn ist ein Sinnbild der Fülle und des Reichtums. Das Foto zeigt den Autor mit dem Nachbau eines Füllhorns, wie es Jean Eugène Robert-Houdin verwendet hat – der große Modernisierer der Zauberkunst. Quelle: Füllhorn aus der Sammlung Volker Huber / Grafik: Sebastian Konopix. Foto Winfried Eberhardt.

Nixon ziehe Täuschungen, Tricks, parteipolitische Manöver und sogar kriminelle Akte der Wahrheit vor. Brandt dagegen bringe Geradheit und Integrität in die deutsche Politik. Er stelle Demokratie und deren Institutionen über seine Person und zeige, dass ein öffentliches Amt nicht alles sei.

Das ist das größte Lob für einen Zauberer: Man bescheinigt ihm, keine Täuschungen und Tricks anzuwenden.[25] Ganz so, als habe er tatsächlich besondere, übersinnliche Fähigkeiten. Dann bleibt keine andere Erklärung, jeder Zweifel ausgeschlossen: Hier muss ein echter Magier am Werk sein.

Im Kapitel „Sage nie vorher, was Du tun wirst" habe ich einen Trick beschrieben, der sich sehr gut auf Brandts geschickte Verwendung der Sprache übertragen lässt.

Das Füllhorn - Geschenke für alle

„Es ist keine neue Erfahrung", schreibt Brandt, „dass sich die Menschen gern und leicht mit Wunschdenken abspeisen lassen. Oder sich dem Selbstbetrug hingeben, statt der Realität ins Auge zu schauen."[26] Seine eigene Regierungserklärung 1969 scheint dieses Wunschdenken bedienen zu wollen und gleicht damit einer Illusion von Robert-Houdin. Er erfand einen Trick, den er „Das Füllhorn" taufte: „Ich präsentierte", so schreibt er selbst, „dem Publikum eine Art großen Trichter, der sich in zwei Teile zerlegen ließ, damit man das Innere besser prüfen konnte. Dann wurde er geschlossen, und ich zog Blumen und Zuckerwerk daraus hervor, wie auch Witzblätter, Alben, illustrierte Hefte usw. (...) Bei dieser Verteilung kam im Saal (...) stets fröhliche Stimmung auf. Jeder wollte eines der Geschenke bekommen, und ich erhielt von allen Seiten Wünsche signalisiert, denen zu genügen ich mir zur Pflicht machte."[27]

7. Fatale Fehler und ertappte Zauberer

Liebe Leser, in diesem Kapitel geht es um eine weitere Gemeinsamkeit von Zauberern und Politikern. Auch wenn ich diese gern verschweigen möchte, soll es nun um die Fehlbarkeiten der beiden Berufsstände gehen. Nicht zuletzt um Sie mit den Pleiten, Pech und Pannen auf der magischen wie auf der politischen Bühne zu erheitern. Aber auch, um aufzuzeigen, wie Zauberer letztlich Fehler vermeiden. Vielleicht kann der ein oder andere Politiker etwas daraus lernen.

Mein geschätzter Kollege Konrad Stöckel – wir gestalteten gemeinsam das Halloween-Spektakel „Abramakabra" – demonstrierte in seinen frühen Jahren einen bizarren Trick: Er hängte sich auf der Bühne auf. Für dieses Kunststück führten sich Sensationskünstler vergangener Zeiten Stahlröhren in die Luftröhre ein, um weiter atmen zu können. Konrad zog verständlicherweise eine andere Lösung vor. Am Körper trug er ein Spezialkorsett, das in einem Karabinerhaken hinten am Hals mündete. Durch den Strick lief ein Stahlseil, so dass er den Haken einhängen konnte. Bei einer Fernsehaufzeichnung riss die Aufhängung jedoch. Nur der Geistesgegenwart eines Kameramannes ist es zu verdanken, dass der Comedian und Zauberer heute noch das Publikum erfreuen kann.[1]

Andere Zauberer hatten weniger Glück. Für den griechischen Illusionisten Anastasius Kasfikas endete die große Sägenummer mit dem Tod. Der Magier war mit seiner Frau in Spanien unterwegs, als er mit seinem LKW eine Vollbremsung machen musste. Das nur notdürftig befestigte Sägeblatt schoss nach vorne und durchtrennte seinen Hals.

Selbst wenn der Zauberer den Fehler nicht verschuldet, geht es ihm wie dem Spitzenpolitiker: Er trägt die Verantwortung fürs Geschehen und muss im Zweifel seinen Kopf hinhalten. So wie der Zauberer Edward Victor. Er zeigte in der berühmten St. George's Hall in England das Verschwinden eines Esels. Dazu wurde der Esel in einen Kasten geführt. Der Magier schlug die Türen des Kabinetts zu, sprach einige Zauberformeln und erklärte feierlich, dass der Esel verschwunden sei. Dann riss er die Türen dramatisch wieder auf und der Esel – stand noch da, unbeeindruckt vom magischen Ritual. Leider war der Bühnenhelfer während der Show eingeschlafen und ohne diesen Helfer konnte der Esel nicht verschwinden. Edward Victor erwies sich in dieser peinlichen Situation als schlagfertig. Er erklärte dem

Publikum: „Meine Damen und Herren, ich habe Ihnen versprochen, einen verschwindenden Esel zu zeigen – ich gehe."[2]

Ein anderer „Experte für Esel" legte einen weniger unterhaltsamen Abgang hin. Noch 1989 erklärte Erich Honecker, der Staatsratsvorsitzende der DDR: „Den Sozialismus in seinem Lauf halten weder Ochs noch Esel auf." Aber was war mit den Eseln im eigenen Stall, die die Zeichen der Zeit nicht sehen wollten? Phrasen folgten auf Phrasen und sie haben die Nöte der Bevölkerung nicht gelöst. Allen voran war es Honecker, der die Phrasen bemühte – das Mikrofon und er waren nicht immer die besten Freunde. Unter den DDR-Medienschaffenden kursierte der Ausdruck des „Honeckerputzens". Damit war das Herausschneiden der vielen „Ähs" und „Hmms" des Staatschefs gemeint. Einmal, bei der Eröffnung des „Welt-Frauenkongresses" in Berlin sagte er: „Die Hälfte aller weiblichen Arbeitnehmer sind Frauen." Und die andere Hälfte?

Mikrofone sorgen auch anderorts für unterhaltsame Pannen. Ich kenne Kollegen, die sich nach ihrer Show im Backstage über das „beschissene" Publikum beschwert haben. Leider war das Mikro noch nicht ausgeschaltet. Auf mancher Gala hörte das Publikum schon merkwürdige Geräusche: Der Künstler hatte auf der Toilette vergessen, den Mute-Schalter auf stumm zu stellen.

Auch im politischen Geschehen erheitern uns offene Mikrofone immer wieder:

Eine technische Panne beim G20-Gipfel in Cannes blamierte den damaligen französischen Präsidenten Nicolas Sarkozy im November 2011. Er unterhielt sich mit Barack Obama über den israelischen Premier Benjamin Netanjahu. Dummerweise hörten die wartenden Journalisten über die für die Übersetzung verteilten Kopfhörer mit. „Ich kann Netanjahu nicht ausstehen, er ist ein Lügner", sagte Sarkozy. Obama stand dem nur wenig nach: „Du bist ihn leid, aber ich habe jeden Tag mit ihm zu tun!"

Den ehemaligen US-Präsidenten Ronald Reagan hörte man nach einer Pressekonferenz 1986 auf kritische Journalisten fluchen. Über Lautsprecher erfuhren die „Hurensöhne" nun endlich, wie der Präsident über sie dachte.

„Meine amerikanischen Mitbürger, es freut mich, Ihnen heute mitteilen zu können, dass ich ein Gesetz unterschrieben habe, das Russland dauerhaft für vogelfrei erklärt. Wir beginnen in fünf Minuten mit der Bombardierung." *(Ronald Reagan bei einem Soundcheck von 1984 – der Satz war nicht für die Öffentlichkeit gedacht und sorgte vor allem in Europa für Aufregung)*[3]

Versehentliche Entlarvungen findet man in den Politikerrängen reichlich. Aber die Mutter aller Politskandale verdanken wir einem früheren US-Präsidenten, der schon ganz am Anfang seiner politischen Karriere „Tricky Dick" genannt wurde. Was für ein treffendes Pseudonym! Die Rede ist natürlich von Richard Nixon. Die sogenannte Watergate-Affäre machte weltweit Schlagzeilen. Benannt ist der Skandal nach dem Watergate-Gebäude in Washington, dem Hauptquartier der Demokratischen Partei. Fünf Männer waren in das Gebäude eingebrochen, um Abhörwanzen anzubringen – und wurden erwischt. Die Drahtzieher hinter dieser Aktion waren Spitzenkräfte der Republikanischen Partei und der Präsident höchstpersönlich. Der versuchte vergeblich, die Aktion zu vertuschen. Im August 1974 musste Nixon als erster und bislang einziger Präsident der USA zurücktreten. Er kam damit einer Amtsenthebung zuvor. Einem Strafverfahren entging er nur, weil sein Nachfolger Gerald Ford, ebenfalls Republikaner, ihn begnadigte.

Journalisten hatten während der Watergate-Affäre immer mehr belastendes Material gefunden, und schließlich trat Nixon vor die Presse. Falls ihr Präsident ein Gauner sei, verdienten die Amerikaner das zu wissen, sagte er, aber: „I'm not a crook – ich bin kein Gauner."[4]

Mein lieber Herr Präsident, das ist eine Formulierung, die ein Magier besser nicht verwendet. Hätte es damals doch nur schon die *Große Kartenschule* des anerkannten Fachautors Roberto Giobbi gegeben. Dort heißt es ausdrücklich:

„Verwenden Sie keine Formulierungen in negativer Sprachform. Wenn Sie beispielsweise wollen, dass ein Zuschauer eine rote Karte nennt, sagen Sie nicht: ‚Denken Sie bitte eine Karte, aber keine schwarze, sondern eine rote Karte.' Sobald Sie nämlich ‚schwarz' sagen, denkt er schwarz und erzeugt dadurch genau das Bild, das Sie vermeiden wollten."[5]

Nixon spricht von „Gauner" und weckt damit geradewegs die Vorstellung im Kopf des Zuschauers: Er ist ein Gauner. Nixon wäre besser beraten gewesen, zu behaupten: „Ich bin eine grundehrliche Haut." Aber wahrscheinlich hätte ihm auch das nichts mehr genutzt. Nach seinem Rücktritt war der Präsident ein gebrochener Mann. Er wurde von vielen geschnitten. Als er versuchte, eine exklusive Eigentumswohnung in New York zu kaufen, lehnte das Eigentümergremium den Antrag ab. Viele ehemalige politische

Gegner wollten ihn verklagen. Er verlor dazu noch seine Anwaltsgenehmigung und durfte somit nicht mehr als Jurist arbeiten. Das minderte auch sein Einkommen beträchtlich.

Putins Desaster

Die Kursk gehört zu den größten und modernsten Atom-U-Booten der russischen Flotte. An Bord des gewaltigen Schiffes befinden sich allerdings Torpedos, deren Haltbarkeitsdatum überschritten ist und die nicht ordnungsgemäß gewartet sind. Während eines Manövers kommt es zu zwei Explosionen an Bord. Die meisten Besatzungsmitglieder sterben sofort. Die 23 Überlebenden verfügen über die notwendige Ausrüstung, um für eine gewisse Zeit im U-Boot zu überleben. Zehn Tage fiebert ganz Russland am Fernsehen bei den hektischen Rettungsversuchen der Marine mit und hofft auf ein Überleben der Matrosen. Norwegische und britische Teams bieten ihre Hilfe an, sie werden jedoch aus Angst vor Spionage abgewiesen. Besonders fatal ist, dass Präsident Putin schweigt und die Tragweite der Katastrophe nicht erkennt: Er befand sich gerade im Urlaub an der Schwarzmeerküste. Erst als sich die Tragödie zu einem internationalen Skandal entwickelt, besucht er den Flottenstützpunkt; inzwischen ist mehr als eine Woche nach dem Unglück vergangen. Dort erwarten ihn wütende und verzweifelte Angehörige. Sie machen ihm heftige Vorwürfe, dass er so spät kommt. Die Kameras zeigen einen hilflosen Präsidenten, der blass und verloren am Rednerpult steht: „Ich konnte mir nicht vorstellen“, sagt er, „dass wir in einer solchen Situation sind, dass das Land, die Armee, die Marine in einem solchen Zustand sind. Fast schon verzweifelt stellt er fest: „Alles ist kaputt. Kein verdammtes Ding heil.“

Nicht nur das: Ein Fernsehkanal zeigt die Bilder der wütenden Bevölkerung mit dem hilflosen Kreml-Chef – Schnitt – Putin macht fröhlich Ferien in Sotschi am Schwarzen Meer. So wird der Präsident als Sonnyboy vorgeführt, der die Lage im Land nicht im Griff hat. Das, schwört sich Putin, wird ihm niemals wieder passieren. Künftig setzt er alles daran, die Medien unter seine Kontrolle zu bringen. Während seiner Amtszeit ereignen sich noch weitere Katastrophen. Aber nie mehr hat sich Putin den Fragen der Betroffenen öffentlich gestellt.

Von den Matrosen der Kursk hat nicht einer das Unglück überlebt.[6]

Das böse Gespenst „Watergate“ suchte noch einen weiteren Präsidenten heim, dieses Mal unter dem Namen „Katrinagate“: Am 29. August 2005 kam es mit dem Hurrikan „Katrina“ zu einer der verheerendsten Naturkatastrophen in der Geschichte der USA. Die Stadt New Orleans wurde überflutet, etwa 1800 Menschen kamen ums Leben. Haushaltsmittel, die für den Katastrophenschutz und die Innere Sicherheit gedacht waren, hatte George W. Bush zur Kriegsführung gegen den Irak verwendet. Angeblich lagen Beweismittel vor, dass der Irak über Massenvernichtungsmittel verfügte. Die Beweise erwiesen sich als falsch. Und die Mittel wären dringend für die Hilfe im eigenen Land gebraucht worden.

Bush wurde vorgeworfen, nicht rechtzeitig auf Mahnungen zur Verstärkung der Deiche gehört zu haben. Den Chef der „Deichbau-Behörde“ hatte der Staatschef schon 2002 entlassen, nachdem jener dem Kongress zu einem (kostspieligen) Flutungsprojekt am Mississippi geraten hatte. Als es dann zur Katastrophe kam, wurde die Hilfe der Soldaten der Nationalgarde bitter nötig. Ihr stolzes Motto lautet „Always Ready, Always There“. Aber ein großer Teil der Truppe war nicht da. Bush hatte sie für den Irak-Krieg abgezogen.

Ganz anders lief 1962 das Krisenmanagement von Helmut Schmidt, dem damaligen Innensenator und späteren Bundeskanzler. Bei der furchtbaren Sturmflut in Hamburg rettete sein beherztes Handeln Tausenden Menschen das Leben. Schmidt hatte mehr als 25.000 Helfer über seine Kontakte zu zivilen und militärischen Hilfskräften (z. B. Bundeswehr, Nato, Polizei, Feuerwehr) organisiert. Zwar fehlte ihm dazu die Befugnis, aber er war mutig und frech genug, sich angesichts der todbringenden Wassermassen das Recht herauszunehmen. Ein Fehler? Die Hilfsaktion brachte dem forschen Politiker viel Anerkennung und Popularität ein. „Schmidt schnauzte und brillierte“, schrieb damals der *Spiegel*.[7]

Ähnliche Nervenstärke zeigte auch der Magier Harry Blackstone Sr., der das Leben zahlreicher Kinder rettete. Bei einem Auftritt wurden er und sein Team von einem Feuerwehrmann unterbrochen: Das Theater müsse sofort evakuiert werden. Direkt neben dem Theater stand eine Drogerie in Flammen. Schon brannten einige Behälter mit explosiven Chemikalien. Eine Panik im Publikum wäre jetzt das Schlimmste gewesen. Blackstone kam auf eine rettende Idee und sagte: „Liebes Publikum, ich möchte Euch jetzt den größten Trick zeigen, den ich jemals vorgeführt habe. Er ist so groß, dass er nicht in das Theater passt. Deshalb werde ich euch den Trick draußen zeigen.“ So gelang es ihm, dass alle 400 Zuschauer zügig und geordnet den Saal verließen und gerettet wurden.

Der Aufsitzer

Im Unterschied zu echten Fehlern gibt es in der Zauberkunst auch den inszenierten Fehler. Viele dieser Täuschungen zählen zur Kategorie der *Aufsitzer*-Effekte. Mit diesem Fachbegriff sind Fehler gemeint, die das Publikum bewusst auf eine falsche Fährte locken. Die Zuschauer glauben, sie hätten den Zauberer ertappt, aber dies ist ein Irrtum. Ein typisches Beispiel ist die beliebte Finte bei dem sogenannten Eierbeutel: Die Zuschauer glauben genau zu sehen, wohin das Ei verschwunden ist. Der Zauberer hat es blitzschnell unter der Achsel versteckt. Doch das war nur gespielt; unter der Achsel befindet sich kein Ei. Der Aufsitzer setzt in einer Zaubershow einen neuen Akzent, denn Fehler garantieren immer höchste Aufmerksamkeit. Häme, Schadenfreude, aber auch Ehrgeiz und Wettbewerb sind starke menschliche Triebfedern. Wenn die Zuschauer schließlich merken, dass sie dem Magier „aufgesessen" sind, ist das Staunen umso größer. Vor Kindern kann man Aufsitzer sogar mehrmals hintereinander vorführen. Bei einem erwachsenen Publikum sollte man diese Technik jedoch eher sparsam einsetzen.

In der Politik gibt es das Konzept des Aufsitzer-Tricks nicht. Den spielerischen Umgang mit einem Fehler kann sich der Politiker nicht leisten. Es wäre in vielerlei Hinsicht zu riskant: Die Gefahr eines Missverständnisses ist zu groß. Der Zauberer hat die Gelegenheit, unmittelbar nach einem vermeintlichen Scheitern, den Trick doch noch erfolgreich zu beenden. Diese Möglichkeit hat der Politiker nicht. Schon ein einziger Fehler kann das Ende einer erfolgreichen Laufbahn bedeuten, wie zum Beispiel Bundespräsident Christian Wulff am eigenen Leib erfahren musste, als er damals verärgert auf die Mailbox von Kai Diekmann, dem Chefredakteur der *Bild*-Zeitung, sprach und gar mit Strafanzeige drohte: Das Blatt spielte den Anruf geschickt als Angriff auf die Pressefreiheit hoch und anderen Journalisten zu. Prompt sprangen die Kollegen auf den Zug auf, es hagelte kritische Medien-Berichte (auch wegen vermeintlicher Vorteilsnahme), was letztlich zum Rücktritt des Bundespräsidenten führte.

Noch ein Beispiel: Bundestagspräsident Philipp Jenninger hielt eine Rede zum 50. Jahrestag der Reichspogromnacht, auch Kristallnacht genannt: Er hatte die komplizierte Rede nicht einstudiert. Ohne dass es der viel geachtete Politiker gewollt hätte, traf er einen fatal falschen Ton, weil er Zitate aus der Nazizeit missverständlich verwendete. Der weltweite Skandal, den diese Rede auslöste, führte zum sofortigen Rücktritt des

Bundestagspräsidenten. Die Rede, so räsonierte Willy Brandt, sei fehlgeschlagen, „nicht weil Jenninger ein schlechter Kerl ist, sondern weil er sich übernommen hat." Die Freundschaft zwischen Helmut Kohl und Jenninger zerbrach, aber der Kanzler versorgte seinen ehemaligen Vertrauten immerhin noch mit dem Botschafter-Posten in Wien und beim Vatikan.

Wie ein Zauberer Fehler vermeidet

Kunststücke, die über Jahre eingespielt sind und mit schlafwandlerischer Sicherheit präsentiert werden können, sind für den Zauberer ein sicheres Pflaster. Die Aufführung eines neuen Tricks oder gar eines komplett neuen Programms dagegen ist wie ein aufregender Krimi. Die neuen Tricks sind oft noch fehleranfällig. Die Reaktionen des Publikums lassen sich nicht voraussehen: Sind die Illusionen täuschend? Stimmt die Inszenierung? Fesselt das Programm von Anfang bis Ende? Ich liebe aufregende Krimis. Aber auf der Bühne muss der Magier Herr der Lage sein, damit es spannend fürs Publikum wird. Hier sind einige Strategien, um Fehler zu vermeiden:

Erledige Deine Hausaufgaben

Übe solange, bis Du die Griffe und Trickhandlungen sicher beherrschst. Das regelmäßige Training hilft, das Kunststück vorzuführen, ohne an die Techniken zu denken. Nur so ist es möglich, sich ganz auf die Kommunikation und den Spaß mit den Zuschauern zu konzentrieren.

Übe die Abläufe ein, möglichst unter Bedingungen, die dem realen Auftritt sehr nahe kommen. Vielleicht bedeutet das, auch bei der Probe das Kostüm zu tragen? Vielleicht sollten auch schon bei den Testläufen die Scheinwerfer angeschaltet sein? Man muss sich zum Beispiel daran gewöhnen, dass die Scheinwerfer stark blenden und man die Zuschauer nicht sieht.

Wenn Du Requisiten verwendest, ist es wichtig, sie genau zu kennen. Sie sind der verlängerte Arm des Magiers. Es muss sicher sein, dass sie komplett intakt sind. Bei Schwachstellen sollten sie unbedingt überarbeitet werden. Dennoch ist ein Requisit nur ein Werkzeug: Viel wichtiger bist Du, der Täuschungskünstler. Ein mittelmäßiger Geiger spielt auch auf einer Stradivari kein erstklassiges Konzert.

Bereite Dich sorgfältig vor

Für Shows hat sich eine Checkliste bewährt, um zu kontrollieren, dass alle Requisiten am Platz sind. Ausreichend Schlaf und ein gepflegtes Aussehen sollten eine Selbstverständlichkeit sein. Eine mangelhafte Vorbereitung kann böse Auswirkungen haben. Das gilt nicht nur für Magier, sondern auch für Präsidentschaftskandidaten, wie die legendäre TV-Debatte zwischen Nixon und Kennedy zeigte:

Als Vizepräsident des beliebten Dwight D. Eisenhower glaubt Richard Nixon seinen jugendlichen Herausforderer John F. Kennedy bei der Fernsehdebatte 1960 mühelos vorführen zu können. Deshalb bereitet er sich – im Gegensatz zu Kennedy – nicht sonderlich auf die Debatte vor. Ein dunkler Schatten liegt auf seinem Gesicht, denn trotz starken Bartwuchses hat er sich nicht noch einmal rasiert. Sein Anzug sitzt nicht gut, er wirkt blass, müde und er schwitzt. JFK dagegen, sieht im Scheinwerferlicht blendend aus; frisch, jugendlich und gepflegt. Er blickt direkt in die Kamera – dort sitzen die eigentlichen Adressaten seiner Botschaften – während Nixon immer nur seinen Kontrahenten fixiert.

Die Fernsehzuschauer kürten Kennedy zum Sieger dieser historischen Debatte. Für Nixon entpuppte sie sich als Schlappe. Er verlor die Wahl denkbar knapp mit nur 113000 Stimmen Unterschied (Sein Präsidentenamt holte sich Nixon erst in einem zweiten Anlauf acht Jahre später).

Plane ein Out für alle Fälle

Ein Out (engl. *to out: herauskommen*) ist ein Plan B für den Fall, dass etwas schiefgeht. Bei einer Panne fungiert das Out wie eine Notlösung und bietet dem Magier im Falle eines Missgeschicks eine Zuflucht. Spiele mögliche Szenarien im Vorfeld durch: Was alles könnte schiefgehen? Was werde ich dann tun? Kann ich im Notfall doch noch den Trick zu einem guten Ende führen, ohne mein Gesicht zu verlieren? Am Ende des Kapitels finden Sie eine schöne Illusion mit der Strategie des „Outs“: die magische Farbenwahl.

Neue Ideen und Tricks klug und umsichtig einführen

Neue Tricks bergen natürlich mehr Fehlerquellen als bewährte. Nach der Trainingsphase vor Spiegel und Videokamera ist ein Auftritt vor einem Testpublikum hilfreich. Beliebt sind Auftritte vor Freunden oder Kollegen, auf sogenannten „Offenen Bühnen“ oder vor einem anderen Testpublikum. Außerdem kann man einen neuen Programmpunkt zur Sicherheit zwischen zwei starken Nummern platzieren. Die starken Tricks davor und danach überlagern einen möglichen Misserfolg.

Bei komplett neuen Programmen greifen erfahrene Künstler auf Vorpremieren zurück. Mein Kollege, der bekannte Moderator, Autor und Zauberer Eckart von Hirschhausen betreibt das sehr ausgiebig. Vor der eigentlichen Premiere testet er das Programm in Dutzenden Vorpremieren. Weil Premieren immer schrecklich wichtig sind und viele Pressevertreter kommen, hilft es, die Show vorher „rundzuspielen“. Dieses vorsichtig-tastende Manöver findet sich auch sehr oft in der Politik: Bundeskanzlerin Angela Merkel ließ ihren Verteidigungsminister Theodor von Guttenberg in der Bewertung der Situation in Afghanistan vorpreschen. Erst als dieser von „Krieg“ in dem Land sprach, schloss sie sich Tage später seiner Formulierung an. Die Botschaft, dass der Islam zu Deutschland gehöre, hatte als erster Bundespräsident Wulff verkündet.[8] Merkel wartete zunächst die Reaktionen der Öffentlichkeit ab, probierte den Satz hier und da aus und machte sich dann Wulffs Aussage zu eigen.

Und wenn es doch zu einem Fehler kommt?

Im günstigen Fall bemerken die Zuschauer den Fehler nicht. Vor einigen Jahren hatte ich eine – nun ja – eine idiotische Idee: An Stelle der Assistentin stieg ich selbst in die Zauberkiste. Warum nicht einmal die Rollen tauschen? Dachte ich. Die Partnerin würde mich also mit Schwertern durchbohren (die ich mir extra aus der spanischen Stadt Toledo hatte kommen lassen: Olé!). Leider erwischte mich die junge Frau im Eifer des Gefechts am Bein, die Narbe trage ich bis heute. Wenigstens blieb das Missgeschick vom Publikum unentdeckt und mein Respekt vor „Frauen-in-Kisten“ ist enorm gewachsen.

Ja, auch wir Profis sind trotz intensiven Trainings und akribischer Vorbereitung nicht vor Fehlern gefeit. Passieren sie tatsächlich, hilft ein Satz des Schauspiellehrers Keith Johnstone, auf den mich mein Kollege und Coach Gaston aufmerksam machte: „Stay happy if you loose“. Sprich: Bleibe gut gelaunt und reagiere spielerisch auf den Fehler – soweit möglich.[9] Wenn der Fehler sich nun aber partout nicht verbergen lässt, schenkt man ihm besser nicht mehr Aufmerksamkeit als unbedingt nötig. Eine humorvolle Bemerkung und etwas Selbstironie helfen in heiklen Situationen. Wenn das Publikum Dich mag, wird es den Fehler verzeihen. Vom US-Präsidenten Ronald Reagan ließe sich lernen, wie man mit Fehlern locker umgeht. Bei der Iran-Contra-Affäre wurden dem Staatschef Lügen nachgewiesen und so reagierte er:

„Vor einigen Monaten habe ich dem amerikanischen Volk mitgeteilt, ich hätte nicht Waffen gegen Geiseln getauscht. Mein Herz und meine guten Absichten sagen mir noch immer, dass das wahr ist, aber Tatsachen und Beweise sprechen dafür, dass es nicht wahr ist."

Lassen Sie sich diese Antwort auf der Zunge zergehen. Und probieren Sie das einmal im Privatleben: „Du Schatz, vor einigen Wochen habe ich dir gesagt, ich hätte dich nicht betrogen. Mein Herz und meine guten Absichten ... (weiter wie oben)." Viel Glück!

Und da wir schon einmal Affären ins Spiel bringen: Der Klatsch über neue Liebschaften wurde schon für viele Politiker zum Stolperstein. Verteidigungsminister Rudolf Scharping, einst SPD-Kanzlerkandidat, plantschte während des Mazedonien-Einsatzes der Bundeswehr mit seiner Liebsten munter im Pool und verlor damit so rapide an Ansehen, dass es das Ende seiner Politikerkarriere einläutete. Oder denken Sie an den IWF-Chef Dominique Strauss-Kahn –, einst sogar als Favorit für die französische Präsidentschaftswahlen gehandelt – der über seine vielen Liebschaften stürzte. Der mächtigste Deutsche in der Europäischen Kommission, der EU-Kommissar Günter Verheugen, setzte seine Freundin Petra Erler als Büroleiterin ein und musste schließlich seinen Hut nehmen.

Wenn die Liebe stirbt, bedeutet es oft auch das Ende großartiger Täuschungskunst, wie etwa im Fall des amerikanischen Zauberpaares „The Pendragons". Charlotte und Jonathan Pendragon wurden vor allem für Illusionen bekannt, die nur mit besonderer Fitness möglich waren. Ihre Trennung als Ehepaar markierte das Ende eines großartigen Acts, für den sie mehrfach von dem privaten Magie-Club Magic Castle ausgezeichnet wurden.[10] Selbst vor Bill Clinton sind die beiden aufgetreten.

Niemals zuvor wurde ein Täuschungskünstler nach einer Affäre öffentlich so bloß gestellt wie eben William Jefferson Clinton, der 42. Präsident der USA. Die sexuelle Beziehung zu Monica Lewinsky, der „berühmtesten Praktikantin der Welt" und Clintons Leugnungsversuche wurden zu einem weltweiten Politikum.

Selbst heute fasziniert es noch, wie sich das politische Ausnahmetalent Clinton vor einer Grand Jury verteidigte. Vor der Vernehmung im Juli

1998 sagte Clinton: „Ich freue mich auf die Gelegenheit (...) auszusagen. Ich werde die volle Wahrheit sagen.“[11] Er freut sich auf die Aussage? Will kooperieren? Und die Ermittler – so sagt er – mit „eher mehr als weniger“ Informationen versorgen? Eine Täuschung! Denn Clinton spielte auf Zeit und verzögerte die Untersuchung der Grand Jury (und damit mögliche Maßnahmen des Kongresses): Sechsmal verweigerte er die Aussage vor dem Schiedsgericht. Als er schließlich vorgeladen wird, reagierte er prompt mit einem Antrag auf Verschiebung von zwei Wochen.

Während der dann doch stattfindenden Befragung verwendet Clinton drei Strategien aus der Zauberei: das „Out“, die „Ablenkung“ und den „indirekten Beweis“.

Es ist Montag, der 17. August 1998. Clinton muss einer Grand Jury Rede und Antwort stehen. Die Vorwürfe: Meineid, Behinderung der Justiz, Einschüchterung von Zeugen. Seine Aussage wird auf Video festgehalten und per Konferenzschaltung in den Gerichtssaal übertragen. Keine amerikanische Fahne ist im Bild zu sehen. Der Präsident hat vier Stunden Zeit, um sein Gesicht zu wahren. In diesen vier Stunden muss er seine Würde und die seines Amtes retten. Einen Ehebruch würden ihm die Amerikaner vielleicht verzeihen, einen Meineid niemals. Vier Stunden ist er der unerbittlichen Kamera ausgeliefert, während er alles daran setzen muss, ein großartiges politisches Lebenswerk zu retten. Die Zeit läuft ...

Die schriftliche Erklärung als Out

Clintons Gesicht ist knallrot, er schluckt. Offenbar unterdrückt er mit Mühe die Tränen. Nachdem er den Eid geschworen hat, nichts als die Wahrheit und die ganze Wahrheit zu sagen, bittet er um Erlaubnis, eine Erklärung vorlesen zu dürfen. Während er den vorgefertigten Text liest, gewinnt er deutlich an Selbstsicherheit. Nur das Zittern des Papiers verrät seine Anspannung.[12]

Präsident Clinton liest:
„Als ich mit Miss Lewinsky bei mehreren Gelegenheiten Anfang 1996 und dann noch einmal Anfang 1997 allein war, zeigte ich ein Benehmen, das nicht richtig war. Diese Treffen bestanden nicht aus Geschlechtsverkehr. Sie enthielten keine sexuellen Beziehungen, so wie ich diesen Terminus bei meiner Zeugenaussage am 17. Januar 1998 definiert sah. Aber sie beinhalteten unziemlichen intimen Kontakt. Diese unziemlichen Treffen endeten auf meine Initiative Anfang 1997. Ich hatte auch gelegentlich telefonische

Gespräche mit Miss Lewinsky, die unziemliche sexuelle Scherze beinhalteten. Ich bedauere, dass das, was als Freundschaft begann, schließlich dieses Verhalten einschloss und ich trage die volle Verantwortung für meine Taten. Wegen persönlichen Erwägungen, die meine Familie, mich selbst und andere betreffen und um die Würde des Amtes aufrechtzuerhalten, das ich innehabe, ist dies alles, was ich über die Einzelheiten dieser besonderen Angelegenheit sagen werde. Ich werde versuchen auf andere Fragen nach meinen besten Möglichkeiten zu antworten, einschließlich auf Fragen über meine Beziehung mit Miss Lewinsky; Fragen über mein Verständnis des Terminus „sexuelle Beziehungen", so wie ich ihn bei meiner Zeugenaussage am 17. Januar 1998 definiert sah; und Fragen, die meinen angeblichen Meineid, Behinderung der Justiz und Einschüchterung von Zeugen betreffen."

Solche schriftlichen Erklärungen werden gern von Politikern und hohen Managern abgegeben. Clinton sagte, er beabsichtige, damit den Ermittlern Zeit zu sparen. So könnten sie relevantere Fragen stellen. Aber will er das wirklich? Tatsächlich blockt er unangenehme Fragen ab. Wenn ihm nichts anderes einfällt oder eine Frage peinlich ist, greift er auf die (anwaltlich abgesicherte) Erklärung zurück – der Text hat hier die Funktion eines „Outs": Er bietet Zuflucht bei brenzligen Fragen.

Frage: *Die Frage ist, ob Monica Lewinsky lügt, wenn sie behauptet, dass Sie ihre Brüste berührten, während Sie sich im Bereich des Oval Office befanden?*

Antwort: *Daran kann ich mich nicht erinnern. Ich erinnere mich nur, dass ich keine sexuellen Beziehungen mit Miss Lewinsky hatte. Ich bleibe bei meiner früheren Erklärung dazu ..., meine Erklärung ist, dass ich im Sinne dieser Definition keine sexuellen Beziehungen hatte.*

Frage: *Lügt sie, wenn sie behauptet, dass Sie ihre Brüste geküsst hätten?*

Antwort: *Ich verweise auf meine frühere Erklärung.*

Die Ablenkung

Bei der Zeugenaussage Clintons geht es eigentlich um die Affäre mit Lewinsky. Während der Vernehmung lenkt der Präsident jedoch mit einer anderen Affäre ab. Die Barsängerin Gennifer Flowers soll über zwölf Jahre seine Geliebte gewesen sein. Immer wieder hatte Clinton jede Beziehung mit ihr bestritten. Nun gibt er sie plötzlich zu. Den angeblich einzigen (!) sexuellen Kontakt datiert er bewusst auf 1977, also so früh wie möglich.

Damals war er Justizminister von Arkansas und noch kein Gouverneur. Tochter Chelsea wurde erst 1979 geboren. Einen Seitensprung während der Schwangerschaft seiner Frau hätten ihm die wenigsten Amerikaner verziehen. Clinton lenkt die Aufmerksamkeit gezielt auf eine vergleichsweise harmlose Liebschaft. Der mögliche Schaden ist von vornherein begrenzt.

Clintons Ablenkung mit seinem Geständnis in Bezug auf Gennifer Flowers geht – um im Bild zu bleiben – in die Hose. Denn die „misdirection" muss dem Publikum etwas Neues, Interessantes bieten. Sonst funktioniert sie nicht. Der demokratische Politiker hatte die Affäre mit Gennifer Flowers bereits am 17. Januar 1998 zugegeben. Damit scheitert diese Strategie und die Mitglieder der Grand Jury fragen zu Recht weiter nach Einzelheiten zum Fall Lewinsky.

Der indirekte Beweis

Schauen wir uns Clintons ersten Satz an: „Als ich mit Miss Lewinsky bei mehreren Gelegenheiten Anfang 1996 und dann noch einmal Anfang 1997 allein war, zeigte ich ein Benehmen, das nicht richtig war."

Die Zuhörer glauben, der Präsident zeige mit seinem Satz Reue und das war's. Tatsächlich wendet der Spitzenpolitiker bereits ganz am Anfang sehr geschickt die Strategie des indirekten Beweises an. Sein Satz impliziert die Aussage: Ich habe mich gegenüber einer Angestellten (!) des Weißen Hauses nicht korrekt verhalten. Die Affäre mit Lewinsky begann allerdings schon im Jahr 1995. Die junge Frau war damals noch Praktikantin. Erst im Jahr 1996 wurde sie fest im Weißen Haus eingestellt. Eine Affäre mit einer Praktikantin fällt fast schon in die Kategorie „Verführung Minderjähriger". Aber eine Affäre mit einer Festangestellten im Weißen Haus wiegt nicht ganz so schwer.

Der indirekte Beweis in der Zauberkunst

Wenn Sie die Zuschauer auf Ihre leeren Hände hinweisen wollen, zeigen Sie die Hände am besten beiläufig leer. Ohne es extra zu betonen. Sie können zum Beispiel eine magische Geste ausführen und zeigen dabei ganz nebenbei Ihre offenen Handflächen.

Betrachten wir noch ein anderes Szenario, denken Sie dieses Mal an Spielkarten: Viele Zuschauer mutmaßen, dass der Zauberer mit gezinkten Karten arbeitet. Oder dass der Stapel nur aus gleichen Karten besteht. Deshalb kann es eine gute Idee sein, das Kartenspiel aus der Hand zu geben und den Zuschauer mischen zu lassen (indirekter Beweis: hier kann nichts präpariert sein, sonst würde es der Künstler nicht aus der Hand geben). Der Beweis wird wieder beiläufig erbracht. Im Gegensatz dazu würde der direkte Beweis so lauten: „Meine Damen und Herren. Hier habe ich ein normales, unpräpariertes Kartenspiel. Es ist nicht gezinkt. Es sind lauter verschiedene Karten. Bitte untersuchen Sie es gründlich!" Um Himmels willen, bitte nicht! Zum einen wecken Sie so unnötig den Argwohn der Zuschauer: „Aha! Wenn der große Zampano so sehr betont, dass es sich um ein normales Spiel handelt, ist etwas faul. Bestimmt verwendet er ein gefälschtes Spiel." Zudem ist der Fluss der Show unterbrochen, weil die Zuschauer nun minutenlang das Kartenspiel untersuchen wollen. Der amerikanische Zauberer Al Baker (1874 – 1951) brachte es auf den Punkt: „Lauf nicht weg, wenn dich niemand jagt."

Schon vor der Vernehmung durch die Grand Jury verwendete der Präsident den indirekten Beweis bei einem Statement: „Wir tun das Beste, um hier [bei der Ermittlung, Anm. d. Autors] zu kooperieren, aber wir wissen noch nicht viel (...). Ich finde, es ist wichtig, dass wir zusammenarbeiten, ich werde kooperativ sein, aber ich möchte mich auf die vorliegende Arbeit konzentrieren."

Natürlich verspricht er kooperativ zu sein. Aber falls es mal nicht so klappt mit der Kooperation, liegt das selbstverständlich nur an seinen Aufgaben als Präsident der Vereinigten Staaten. Und: „ (...) wir wissen noch nicht viel (...)". Damit stellt sich der Politiker auf die Seite der Ankläger. So als wüsste er nicht mehr als sie. Damit unterstützt er mit einem indirekten Beweis die Verschwörungstheorie seiner Frau Hillary: Rechtsgerichtete Politiker wollen die Arbeit der Demokraten behindern.

Ganz anders als die Ablenkung verwendet Clinton den indirekten Beweis meisterhaft. Und so überstand er das „Impeachment". Er wurde nicht seines Amtes enthoben, aber die ansonsten erfolgreiche Präsidentschaft war schwer beschädigt. Und Hillary Clinton: Andere Frauen wären am Ehebruch ihres Mannes zerbrochen. Paradoxerweise scheint Hillary aus den Demütigungen Kraft zu schöpfen, um für sich selbst mit ungeheurer Energie, Ehrgeiz, Intelligenz und vielleicht sogar Wut, das Präsidentenamt anzustreben. Tatsächlich schreibt sie – als erster weiblicher Kandidat einer großen Partei – Geschichte. Am schwersten hatte es Monica

Lewinsky: Die Affäre zwang sie, eine Privatperson mit 22 Jahren, in ein weltweites Rampenlicht. Sie wurde zu einer traurigen Berühmtheit.[13]

ZAUBERTRICK 5

Die magische Farbenwahl

In diesem Kapitel wurde die Möglichkeit eines „Outs" thematisiert, also eines Plan B, falls etwas schiefgeht. Bei dem folgenden Trick haben Sie sogar mehrere Auswege.

Der Effekt: Sechs farbige Filzstifte stehen für unterschiedliche Parteien: Ein Zuschauer wählt einen der Farbstifte aus – er hat die freie Wahl. Obwohl die Augen des Magiers mit einem Schal verbunden waren, findet er heraus, welcher Filzer gewählt wurde.

Das Geheimnis: Besorgen Sie sechs Fasermaler, die eine Kappe mit Clip haben. Folgende Farben benötigen Sie: Schwarz (CDU), Rot (SPD), Gelb (FDP), Grün (Bündnis 90/Grüne), Orange (Piraten), Blau (CSU)

Achten Sie darauf, dass die Stifte auf einer Seite einen Aufdruck haben wie zum Beispiel die Typenbezeichnung. Vor der Vorführung setzen Sie die Kappen aller Schreibgeräte so auf, dass die Spitze des Clips jeweils auf den Schriftzug zeigt. Außerdem legen Sie einen Schal bereit.

Die Kappe des Stifts zeigt wie ein Pfeil auf den Produktnamen

Erläutern Sie, für welche Partei die jeweiligen Farben stehen. Lassen Sie sich die Augen verbinden. Ihr Mitspieler darf einen Schreiber frei auswählen. Bringen Sie ihn nicht in Verlegenheit. Fragen Sie ihn nicht, was er wählt. Das Wahlgeheimnis gehört schließlich zur Demokratie. Der Zuschauer darf die Partei aussuchen, von der er glaubt, dass sein Nachbar sie wählt. Mit dem gewählten Stift notiert Ihr Helfer die gedachte Partei auf einen Zettel. Den Zettel faltet er klein zusammen. Die Stifte werden gemischt, der Schal wird abgenommen.

Nun sagen Sie: „Jede Farbe hat ein unterschiedliches Gewicht."

Nehmen Sie den Zettel in die eine Hand und den Stift in die andere. Wägen Sie scheinbar beides ab. In Wirklichkeit achten Sie auf die Stellung der Kappe. Bei dem gewählten Stift zeigt die Spitze des Clips aller Wahrscheinlichkeit nach nicht mehr auf den Schriftzug. So finden Sie die richtige Farbe. Aber lassen Sie sich noch Zeit, ehe Sie das Ergebnis verkünden. Je schwieriger es aussieht, umso mehr wird man Ihre Leistung bewundern.

Und wenn Sie den gewählten Stift nicht finden? Vielleicht hat der Zuschauer die Kappe ja doch ganz exakt so aufgesetzt, wie sie war. Kein Problem, denn Sie haben ein Out. Was sage ich, Sie haben gleich mehrere Auswege – für jede Partei einen.

Die Filzstifte befinden sich am Anfang in einer Verpackung, möglichst eine aus durchsichtigem Kunststoff. Neben den Schreibern befindet sich in der Hülle meistens ein Foto nebst Produktbeschreibung und -namen: Auf die Vorderseite schreiben Sie in Großbuchstaben den Satz RAETST DU WOHL, auf die Rückseite „BLAU IST DEINE WAHL". In das Etui kommt außerdem ein gelber Zettel mit der Aufschrift „GELB IST DEINE FARBE". Auf die Rückseite des Etuis schreiben Sie: „DU WÄHLST GRÜN". Außerdem liegen ein Feuerzeug und ein Aschenbecher griffbereit.

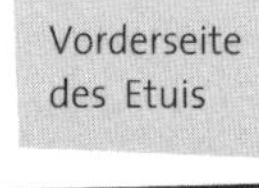

Rückseite
des Etuis

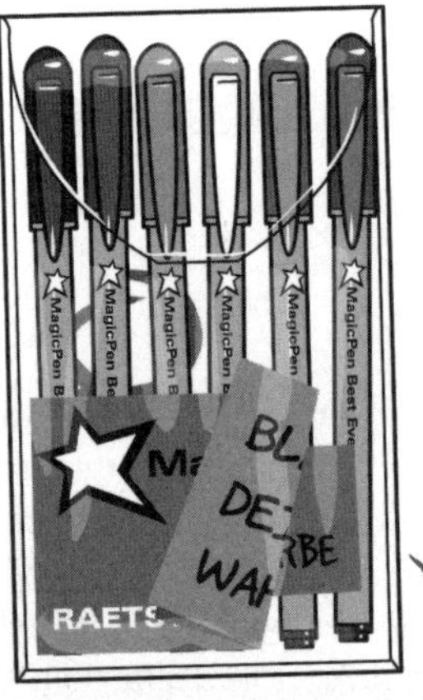

Auf der Rückseite der Produktbeschreibung steht: "BLAU IST DEINE WAHL". Dahinter befindet sich der gelbe Zettel.

Spielen wir die Möglichkeiten durch: Es ist Ihnen also nicht gelungen, die Wahl des Zuschauers herauszufinden. Zunächst nennen Sie aufs Geratewohl eine Farbe; ORANGE für die Piratenpartei (natürlich können Sie auch jede andere Farbe raten). Wenn es stimmt, Bingo, Volltreffer.

Wenn es nicht zutrifft, wird der Mitspieler verneinen. Sie sind sichtbar erstaunt: „Wirklich? Welche Farbe hattest Du denn?" Er sagt zum Beispiel „Grün". Daraufhin Sie: „Manchmal weiß mein Unterbewusstsein mehr, als meine Sinne fassen können. Ich habe Dich den ganzen Abend beobachtet. Und mein Gefühl sagte mir schon eine halbe Stunde vorher, dass Du die Farbe „Grün" wählen wirst. Bitte drehe die Verpackung um." Voilà – da steht GRÜN.

Sagt Ihr Mitspieler „Gelb", ziehen Sie den gelben Zettel aus dem Etui: „Vor der Show habe ich einen Zettel in das Etui gesteckt. So ein Zufall aber auch, dass er gelb ist. Und was steht darauf?" Der Zuschauer liest: „GELB". Bingo!

Wird „Blau" genannt, ziehen Sie die Produktbeschreibung heraus und drehen Sie sie um: „Da steht es – blau auf weiß: BLAU IST DEINE WAHL" (Vorsicht, dass niemand den gelben Zettel sieht.). Es ist nicht schlimm, wenn der Zuschauer auf der Vorderseite Ihr Orakel liest: Sie weisen sogar offen darauf hin: „Die ganze Zeit sagte eine innere Stimme diesen Satz: RAETST DU WOHL – BLAU IST DEINE WAHL. Dabei zeigen Sie erst die Vorderseite und drehen dann dramatisch den Zettel um.

Der kryptische Satz RAETST DU WOHL trägt ein Geheimnis in sich. In Wirklichkeit handelt es sich hier um Schüttelwörter, auch Anagramm genannt: Werden die Buchstaben vertauscht, entsteht dabei etwas Neues (wie zum Beispiel aus „Kaiser" das Wort „Karies" wird). Schreiben Sie das Orakel RAETST DU WOHL nochmals auf einen großen Block. Dann streichen Sie den Satz – Buchstabe für Buchstabe – aus und schreiben – wieder Buchstabe für Buchstabe – die geheime, neue Botschaft nieder: DU WAEHLST ROT.

Aufmerksame Leser haben sicher bemerkt, dass noch die Farbe Schwarz fehlt. Sobald diese genannt wird, sagen Sie: „Schwarz? Mal sehen, ob das sein kann. Die Asche sagt nämlich immer die Wahrheit. Ich kann in ihr lesen wie in einem Buch." Dabei verbrennen Sie den Zettel. Wenn Sie die Asche auf Ihrem Unterarm verreiben, entsteht das Wort SCHWARZ. Das sieht sehr magisch aus. Und wie ist das nun wieder möglich? Ganz einfach: Vor der Show haben Sie etwas Wasser auf den Unterarm gerieben und dann mit einem Stück Seife groß das Wort SCHWARZ darauf geschrieben. Bei der Aufführung haftet die Asche an der unsichtbaren Seifenspur. Lassen Sie Ihre geheime Präparation an der Luft trocknen (nicht mit einem Handtuch trocken reiben!). Und so beenden Sie die Vorführung mit einem starken Abschluss: „Eindeutig, das muss Ihre Wahl gewesen sein. Hier steht … SCHWARZ." Viel Erfolg!

8. Wenn schwarze Riesen zaubern – Helmut Kohl

„Die Geschichte hat uns gute Karten gegeben; mein Wunsch ist jetzt, diese geschickt zu spielen.“ *(Helmut Kohl, November 1989)*

Helmut Kohl, sechster Bundeskanzler der Bundesrepublik Deutschland mit 52 Jahren. Kein anderer Kanzler brachte es auf eine so lange Amtszeit. Regierte 16 Jahre, davon acht im westdeutschen Teilstaat und acht im wiedervereinten Deutschland.

Haudegen als Jugendlicher, spielte Karten (Skat und Doppelkopf), liebte Geselligkeit und Wein. Später Parteisoldat aus Überzeugung. Doktorarbeit. Ausgeprägter Instinkt für Macht, die er beharrlich anstrebte. Rasante Karriere, besonders in den frühen politischen Jahren. Jüngster Ministerpräsident in Mainz, galt als Reformer. Jüngster Oppositionsführer in Bonn. Berufsoptimist, Pragmatiker und politische Dampfwalze. Kanzlerschaft von 1982 bis 1998. An dem großgewachsenen Kohl, dem „schwarzen Riesen“ zerschellten reihenweise politische (und innerparteiliche) Gegner. Veräppelt und „verbirnt“ wie kaum ein anderer und schließlich: Kanzler der Einheit, Ehrenbürger von Europa. Der Spendenskandal führte seinen Stamm, die CDU, in eine tiefe Krise. Kohl kann insgesamt 35 Ehrendoktorhüte sein Eigen nennen.

Kanzler Kohl als Zauberkünstler? Nein, das konnte ich mir beim besten Willen nicht vorstellen. Schließlich hatte ich einmal für ihn gezaubert, anlässlich der Verleihung eines UNESCO-Lehrstuhls in Saarbrücken. Während der Zauberkunst an seinem Tisch bat ich den Staatsmann bei einem Trick mitzuwirken. Obwohl alle Anwesenden sichtlich Freude an meiner Arbeit hatten, weigerte er sich beharrlich mitzumachen. Wahrscheinlich war er im Laufe seines Lebens zu oft verächtlich dargestellt worden und witterte misstrauisch hinter allem eine Gefahr.

Von allen Seiten wurde meine Ansicht zunächst auch bestätigt: Helmut Kohl sei kein rätselhafter Politiker, kein Magier, so schreibt Klaus Hofmann.[1] Und Alexander Gauland sagt, Kohl habe „so gar nichts die Menschen Verzauberndes“[2]. Die Medien vermittelten lange Zeit den Eindruck eines durchschnittlichen, provinziellen Politikers.[3] Man mag den Journalisten intellektuelle Überheblichkeit vorwerfen: Kohl hat auch große Reden gehalten (z. B. in Bergen-Belsen 1985 oder am 19.12.1989 vor den emotional aufgewühlten DDR-Bürgern; seine wohl gelungenste Rede[4]). Aber daneben gab es eben auch diese ungewollt komischen Sprachbilder. Manche von ihnen sind herrlich kabarettreif:

„Was passiert, wenn die FDP auf Gedeih und Verderb mit der SPD ins Bett steigt, und zwar in einem so langen Prozess, dass es für uns anfängt, uninteressant zu werden, auf diesem Klavier überhaupt spielen zu wollen."[5]

„Ich habe damals ja nicht gewusst, dass ich einmal Bundeskanzler werde, jetzt bin ich es. Und in elf Jahren ist das Jahrhundert, das so viel Elend gebracht hat, zu Ende."[6]

Herbert Wehner, langjähriger Vorsitzender der SPD-Bundestagsfraktion, beschimpfte Kohl mit einem eigens erfundenen Wort: „Sie Düffeldoffel" – was immer er auch damit meinte. Vielleicht eine Mischung aus Stoffel oder Schussel?! Ein Humpty Dumpty, eine Art Tollpatsch? Wie auch immer, Kohl hatte lange gegen das Image eines tumben Politikers anzukämpfen. Der CDU-Vorsitzende war und ist – im Gegensatz zu Willy Brandt oder Helmut Schmidt – kein Mann des geschriebenen Wortes. Das war einer der Gründe, warum ihn beispielsweise das Nachrichtenmagazin *Der Spiegel* lange unterschätzte. Auf einem Titel zieht der Kanzler symbolhaft für den „Aufschwung" nur ein abgemagertes Kaninchen aus dem Zylinder. Mit dieser Darbietung hätte Kohl als Zauberer kaum punkten können. Beim Anblick des allzu kleinen Hüpfers ist auch dem dümmsten Zuschauer klar: Der Hase hätte locker Platz in einem doppelten Boden gehabt – keine sehr überzeugende Illusion. Dabei hatte Kohl schon als Jugendlicher Hasen gezüchtet, kannte sich also mit dem klassischen Symbol der Zauberkünstler aus. In seinen Bestzeiten nannte er 20 sogenannte Blaue und Weiße Wiener sein Eigen.

Neben dem teils ungelenken Sprachgebrauch legt es Kohl – ganz im Gegensatz zu seinem Nachfolger Gerhard Schröder – offenbar nicht auf Wirkung an. Das unterscheidet ihn von einem Zauberer. Der lebt natürlich davon, dass er nachhaltigen Eindruck auf sein Publikum macht. In seiner Anfangszeit als Oppositionsführer zieht Helmut Kohl bei Auseinandersetzungen mit dem selbsternannten „Staatsschauspieler" Helmut Schmidt immer den Kürzeren: Der nämlich ist ein „begnadeter Schauspieler, der gut ausgeleuchtet die geringen Erfolge einer zerstrittenen Koalition wie Preziosen darbot."[7] Kohl dagegen verkauft sich und seine Erfolge schlecht, auch später als Bundeskanzler. Horst Teltschik, Leiter der Außen- und Sicherheitspolitik im Kanzleramt, kann es kaum fassen: Selbst die sensationelle Zustimmung Gorbatschows zur Einigung Deutschlands im Februar 1990 trägt Kohl wie einen Routine-Bericht vor.[8]

Selbst wenn der Bundeskanzler dasselbe sagt wie Richard von Weizsäcker: Die Rede des Bundespräsidenten von 1985 geht in die Geschichte ein und die seinige sang- und klanglos unter. So geschehen als von Weizsäcker zum 40. Jahrestag des Kriegsendes den 8. Mai 1945 einen „Tag der Befreiung" nannte. Kohl hatte gut zwei Wochen zuvor das Gleiche gesagt: „Der Zusammenbruch der NS-Diktatur am 8. Mai 1945 wurde für die Deutschen ein Tag der Befreiung."[9] Aber es war eben fernab des Bundestags in Bergen-Belsen und Kohl verfügt nicht über die dramaturgische Begabung wie Weizsäcker. Der Kanzler hat diese Enttäuschung nie verwunden. Und Weizsäcker sorgte flugs und listenreich dafür, dass seine Rede durch das Bundespresseamt als Broschüre gedruckt und in einer Auflage von mehreren tausend Stück verbreitet wurde. Das hat die herzliche Abneigung zwischen beiden Männern nur noch weiter vergrößert. Kohl ist also offenbar kein Zauberer, der die Menschen in seinen Bann hätte ziehen können. Doch bei meiner längeren Auseinandersetzung mit dem Politiker mehrten sich die Hinweise auf seine Fähigkeiten als Täuschungskünstler. Zunächst kultivierte er seine Stellung als „underdog". Er lebe ganz gut damit, dass andere ihn für einen Dorfdeppen hielten, sagte er einmal. Zwar hat er sich dieses Image nicht ausgesucht. Aber indem Kritiker und Gegner Kohl unterschätzen, täuschen sie sich gewissermaßen selbst – noch ehe er überhaupt eine Täuschung initiiert (Merkel wird es übrigens Jahre später ähnlich gehen.). Kohls Gegner sehen eben nicht seinen brachialen Machtwillen, seine Publikumsnähe und seine Beharrlichkeit. Es entgeht ihnen, dass der CDU-Politiker die politischen Winkelzüge und Taktiken beherrscht.[10]

Der „Staatsschauspieler" Helmut Schmidt hat das bitter erfahren müssen. „Das ist der Mensch, der meinen Job will, aber er kriegt ihn nicht." So hat Schmidt seinen Widersacher 1975 dem amerikanischen Präsidenten Gerald Ford vorgestellt.[11] Sieben Jahre später stürzt Kohl den „Arroganzling" Schmidt, indem er mit einem konstruktiven Misstrauensvotum genau die Karte ins Spiel bringt, die zur Vertrauensfrage führt und so den gewünschten Effekt auslöst: die Neuwahlen. Obwohl der entsprechende Grundgesetz-Artikel laut Uwe Wesel „nicht dafür da (ist), dass der Kanzler zum Schein eine Vertrauensfrage stellt mit dem Ziel, abgelehnt zu werden."[12] Von einer Krise – nur dann hätte das Parlament aufgelöst werden dürfen – konnte keine Rede sein. Denn einen Tag vor der Abstimmung wurde ja problemlos der Haushalt 1983 beschlossen, mit 266 gegen 210 Stimmen.

Eine grundlegende Regel für jeden Zauberer ist es, Geheimnisse für sich zu behalten. Dieses Schweigegebot findet sich unter Zauberern auf der ganzen Welt. In der Ehrenordnung des Magischen Zirkels von Deutschland[13] heißt es konkret: „Jedes Zirkelmitglied ist verpflichtet, Trickgeheimnisse zu wahren."[14] Für dieses Buch hat der Magische Zirkel glücklicherweise die Genehmigung erteilt, den Schleier über einigen Geheimnisse zu lüften.

Hält sich Helmut Kohl an das Schweigegebot, behält er Geheimnisse für sich? Oh ja! Denken Sie nur daran, wie beharrlich er in der Spendenaffäre geschwiegen hat. Er wurde aufgefordert, die Namen der Geldgeber zu nennen, aber er hielt daran fest, dass er sein „Ehrenwort" gegeben hätte, eben dies nicht zu tun. Er schwieg selbst dann eisern, als „seiner" CDU materieller Schaden drohte und er den CDU-Ehrenvorsitz verlor. Seinem Biografen Heribert Schwan hat Kohl vieles preisgegeben (was er später bereute). Die Namen der Spender aber nicht.

Auch sonst hat der Kanzler das Wesen der Täuschungskunst verinnerlicht. Der Zauberer lenkt die Wahrnehmung des Publikums. Das ist sein Metier. Das beherrscht er wie kein anderer. Weil er es muss: Er steuert die Aufmerksamkeit der Zuschauer, damit seine Geheimnisse gewahrt bleiben. Bestimmte Handlungen soll das Publikum wahrnehmen, andere jedoch nicht. Alles, was ihm und seinen Täuschungen nutzt, leuchtet er gut aus. Informationen, die seinen Illusionen schaden, verbirgt der Magier im Schatten.

In Kohls Werdegang lassen sich unzählige Beispiele finden, wie er die Wahrnehmung des Publikums lenkt. Es fasziniert, wie er das beherrscht. Schon im Landtag in Mainz lenkt er hemdsärmelig die Aufmerksamkeit auf sich. Er nimmt kein Blatt vor den Mund, ist forsch und selbstbewusst. Seine Größe ist ein Hingucker. Seine Freude an gutem Essen, an Geselligkeit und fröhlichen Festen fallen auf.

Mit Hilfe der Medien steuert er auch in Bonn die Aufmerksamkeit des Publikums. Für die Bundestagswahlen 1976 sind verschiedene Unions-Politiker als Kanzlerkandidaten im Gespräch. Gerhard Stoltenberg aus Kiel zum Beispiel. Helmut Kohl hebelt den Konkurrenten trickreich aus, indem er dessen Möglichkeiten zu glanzvollen Auftritten verhindert. Plant Stoltenberg eine Pressekonferenz in Bonn, verlegt Kohl garantiert seinen Auftritt vor Journalisten auf exakt die gleiche Stunde.[15] Keine Täuschung, aber bereits eine geschickte Lenkung der Wahrnehmung. Nur einer kann den vollen Saal haben.

Im ersten Jahr als Kanzler beruft Kohl für 16 Uhr eine Bundespressekonferenz ein. Der Christdemokrat verkündet eine Initiative zur Schaffung von Ausbildungsplätzen. Eine Pressekonferenz so spät am Nachmittag ist ungewöhnlich und auch kein Zufall. Damit verliert die bis dahin dominierende „schlechte“ Tagesmeldung – über einen neuen Arbeitslosenrekord – an Bedeutung. Mit seiner „guten“ Nachricht setzte er sich sofort und ohne Umwege auf den Spitzenplatz in den Abendnachrichten. Die überrumpelten Journalisten mussten die Meldung eilig bis zum Redaktionsschluss sendefähig machen. Wegen der knappen Zeit fiel ihnen nicht auf, dass Kohl kurzerhand einen alten Plan der sozialliberalen Vorgängerregierung aus der Schublade gezogen hatte.[16]

Der Riese

Der Erfolg von Helmut Kohl hängt auch mit der imposanten Erscheinung seines riesigen, massigen Körpers zusammen. Der Fotograf Konrad R. Müller spricht von der „unglaublichen physischen Präsenz“[17] des Kanzlers. Die Statur in Zahlen, als wiedererkennbares Alleinstellungsmerkmal: 1,93 Meter Höhe, Schuhgröße 46 und über 250 Pfund Gewicht. Der schwarze Riese. Mochten sich andere geschliffener ausdrücken als Kohl, seine wuchtige Größe war ein stets sichtbarer Ausdruck von Überlegenheit. Seinen Körperbau hat sich Kohl nicht ausgesucht, aber dennoch wirkt ein alter Mythos unbewusst aufs Publikum. In der Bibel gelten Riesen als Kinder von göttlichen Vätern und menschlichen Müttern. Der Riese ist eine Art Vermittler zwischen Himmel und Erde. Darin ist er mit dem Zauberer wesensverwandt.

Helmut Kohl spiegelt beides: Der vermeintliche Biedermann bot Möglichkeiten zur Identifikation, Amt und Größe hoben ihn aus der Masse heraus. Bei den Feierlichkeiten zur Wiedervereinigung wurde ein Foto davon gemacht, wie Helmut Kohl den letzten DDR-Ministerpräsidenten Lothar de Maizière in den Arm nimmt. Es ist eines meiner Lieblingsfotos: Auf der einen Seite die barocke Gestalt Kohls, der mächtige wohlgenährte Koloss als Repräsentant für Westdeutschland. Auf der anderen Seite der kleine asketisch-schmächtige Lothar de Maizière als Symbol für den untergehenden Staat.

Seine wahre Zauberkunst entwickelt Kohl aber als Stammesführer der CDU. Er misstraut jedem in der Partei, der zu mächtig wird. Einem Kreis wohlgesonnener Journalisten vertraut Kohl an, dass „ich mich letztlich darüber freue, nicht nur einen, sondern vier oder fünf gleichermaßen ernstzunehmende Rivalen zu haben“, die auf seinen Posten scharf seien: „Einer allein wäre vielleicht gefährlich, aber fünf bringen sich gegenseitig um die Wirkung beim Publikum“, kombiniert er nüchtern.[18]

Helmut Kohl und der Bürgerkönig

Mit Vorliebe karikieren Zeichner Helmut Kohl als Birne. „De Bärn is g'schält“ (die pfälzische Version „Die Birne ist geschält.“) war denn auch eine von Kohls Lieblingswendungen, wenn komplizierte Probleme gelöst waren. Das Konterfei als Birne: Dieses Schicksal teilte der Bundeskanzler mit einem gewissen Louis-Philippe von Frankreich (1773 – 1850), auch Bürgerkönig genannt. Der König war ein begeisterter Anhänger der Zauberkunst. Er nahm Unterricht, um die Kunst des Taschenspiels zu lernen – ohne Erfolg. Das veranlasste ihn zu dem berühmten Seufzer: „So ein Zauberer kann doch eher einen König darstellen, als dass ein König das Zaubern erlernt."[19] Helmut Kohl dagegen verstand viel mehr vom Zaubern, als die meisten Menschen glauben.

Sein wichtigstes Führungsinstrument ist das Telefon. Immer horcht er lange in die Partei hinein, ehe er ein klares Machtwort spricht: Es gab kaum einen CDU-Ortsfunktionär in der Republik, den er nicht persönlich kannte, kaum einen, den er nicht schon mal per Telefon gelobt oder zurechtgewiesen hatte. Ein Netzwerker par excellence. In den Jahren als Regierungschef erhöhte der Pfälzer die Zahl der Parlamentarischen Staatssekretäre von 20 auf 33 (1982 – 1992, später hat er sie laut Friedbert Pflüger unter dem Druck einer kritischen Öffentlichkeit wieder auf 27 gesenkt). Der Staatssekretärsposten als Dank für loyale Mitarbeiter. Von diesem Netz aus persönlichen Beziehungen und Abhängigkeiten wurde Kohl mit sämtlichen wichtigen Informationen versorgt, über alles, was sich in seinem Stamm tat. Er muss wissen, was in der Partei vorgeht. Denn so kann er unter Anwendung des One-Ahead-Prinzips seinen Intimfeind, den bayerischen Ministerpräsidenten Franz Josef Strauß auskontern. Schauen wir uns zunächst einmal das Prinzip an, natürlich anhand eines Zaubertricks:

ZAUBERTRICK 6

Das One-Ahead-Prinzip

Die Strategie beruht darauf, dass der Zauberkünstler dem Zuschauer um eine Information voraus ist.

Der Effekt: Die Zuschauer schreiben Fragen auf Notizzetteln, falten die Zettel und werfen sie in einen Sektkühler. Der Magier nimmt einen Zettel nach dem anderen und wendet sein Gesicht demonstrativ ab. Obwohl er nichts sehen kann, gibt er zu jeder Frage die richtige Antwort. Ist das Hellsehen? Hat er Röntgenaugen? Oder sieht er gar mit seinen Fingerspitzen? Weder noch!

Das Geheimnis: Im Publikum haben Sie einen Verbündeten. Nennen wir ihn Frank. Mit Frank vereinbaren Sie eine Frage, zum Beispiel: „Wie viele Buchstaben hat die Hauptstadt Deutschlands?" Schreiben Sie diese Frage auf den Zettel eines Notizblocks, falten Sie den Zettel zweimal und stecken Sie ihn in Ihre Hosentasche. Diese Frage ist Ihr Joker. Damit sind Sie vorbereitet und den Zuschauern um eine Information voraus, eben One-Ahead.

Während der Show bitten Sie nun alle Zuschauer, jeweils ihren Namen und eine einfache Frage, zum Beispiel über Politik, auf einen Zettel zu schreiben. Danach werden alle Zettel zweimal gefaltet. Während die Zuschauer schreiben, haben Sie alle Zeit der Welt, Ihren geheimen Zettel (den Joker) aus der Hosentasche zu nehmen und in der Hand zu verbergen. Mit Ihrer „Zettel-Hand" ergreifen Sie den Sektkühler. Der Daumen ist dabei außen und die vier Finger innen – der Zettel liegt also jetzt verborgen zwischen den Fingern und der Innenwand des Sektkühlers. Das sieht ganz natürlich aus und so sammeln Sie die Zettel ein. Frank, Ihr Verbündeter, füllt zwar auch einen Zettel aus, aber er wirft ihn nicht in den Behälter. Er tut nur so. In Wirklichkeit behält er das Papier in der Hand und steckt es später beiläufig in die Tasche.

Wenn alle Zettel eingesammelt sind, schütten Sie die Zettel auf den Zaubertisch. Zum Schluss lassen Sie Ihren Geheimzettel fallen, etwas abseits. So wissen Sie genau, wo er liegt.

Nehmen Sie sich dann irgendeinen Zettel (nicht den Geheimzettel, denn der wird als Letztes genommen). Er bleibt gefaltet, Sie halten ihn demonstrativ weit von sich und geben die Antwort auf die memorierte Frage (also die Frage nach der Anzahl der Buchstaben in der deutschen Hauptstadt). Dabei ist schauspielerisches Talent gefragt. Einfach „sechs Buchstaben" zu sagen, wäre zu platt. Schmücken Sie Ihr Wissen aus: „Das könnte ein Zettel von Frank sein. Frank Müller? Sind Sie da? Sie haben eine Frage notiert. Es geht um eine Stadt ... hmm, ich glaube eine Stadt in Europa. Die Menschen dort sprechen englisch, türkisch, französisch ... nein, es sind Wörter, die ich kenne ... es ist Deutsch ... die Stadt liegt in Deutschland. Stimmt das Frank? Im Namen kommt der Buchstabe „N" vor. Stimmt das auch? Ich spüre auch einen Buchstaben, der sehr häufig im Alphabet vorkommt, ein „E", es geht um eine Stadt mit sechs Buchstaben und sie heißt Berlin. Ist das richtig, Frank Müller, hat das mit Ihrer Frage zu tun?" Frank bestätigt die Angabe, Sie falten den Zettel auf, zeigen ihn flüchtig vor und lesen zur Kontrolle (scheinbar) vor: „Wie viele Buchstaben hat die Hauptstadt Deutschlands?"

In Wirklichkeit steht auf dem Zettel eine ganz andere, Ihnen unbekannte Frage (z. B. „Wer bekommt demnächst den Friedensnobelpreis?"). Während Sie „vorlesen", lernen Sie diese neue Frage beiläufig auswendig und werfen den Zettel dann achtlos in den Sektkühler.

Alles klar? Damit sind Sie den Zuschauern erneut eins voraus. Wieder ergreifen Sie einen Zettel und beantworten (angeblich) die Frage auf eben diesem Zettel. Tatsächlich beantworten Sie die Frage nach dem Friedensnobelpreis. Wenn Sie keine konkrete Antwort auf die Frage geben können, umschreiben Sie die Frage: „Es geht um etwas Bedeutsames. Nicht nur um einen Politiker, viele waren davon betroffen. Ich sehe ein nordisches Land, könnte Finnland sein, nein, eher Schweden. Es geht um etwas Großes, um einen Pokal, eine Urkunde oder eine Art Preisverleihung. Es geht um den Frieden, den Friedensnobelpreis. Stimmt das, ist das Ihre Frage?" Wenn Sie also keine konkrete Antwort wissen, bleiben Sie vage. Verblüfft sind die Zuschauer allemal, denn schließlich haben Sie herausgefunden, wie die Frage auf dem Zettel lautet.

Und so weiter und so weiter. So können Sie dank Ihrer „übersinnlichen Kräfte" die Inhalte aller Zettel herausfinden. Zum Schluss nehmen Sie den letzten Zettel (Ihren geheimen Zettel) auf, beantworten die Frage und werfen ihn ebenfalls beiläufig in den Sektkühler. Wenn die Zuschauer jetzt die Zettel untersuchen, werden sie nichts Verdächtiges finden.

Sie haben alle Fragen beantwortet, ohne sie anzusehen. Das also ist das One-Ahead-Prinzip.

Tipps:
+ Wenn Sie Ihren Geheimzettel mit einem kleinen Punkt markieren, gibt Ihnen das Sicherheit: Sie wissen immer genau, welches der Zettel von Frank ist.
+ Wenn Ihr Helfer ganz hinten sitzt, fällt es erst recht nicht auf, dass er seinen Zettel nicht wirklich in den Sektkühler wirft, sondern nur so tut, als ob.

Zurück zu Helmut Kohl: Er taktiert vor der Bundestagswahl 1980 mit einer Form des One-Ahead-Prinzips. Etliche in der Partei mäkeln an seinem Führungsstil. Sein ewiger CSU-Rivale Franz Josef Strauß kritisiert ihn ständig:

„Herr Kohl, den ich nur im Wissen, den ich trotz meines Wissens um seine Unzulänglichkeit, um des Friedens willen als Kanzlerkandidat unterstützt habe, wird nie Kanzler werden. Er ist total unfähig, ihm fehlen die charakterlichen, die geistigen und die politischen Voraussetzungen. Ihm fehlt alles dafür."[20]

Die Lage von Kohl ist schlecht. Zwar geht in der CDU nichts ohne ihn, aber als Kanzlerkandidat hat er keine Chance. Sicher, er wird als CDU-Vorsitzender wiedergewählt. Aber 123 Parteidelegierte verweigern ihm ihre Stimme. Kohls Stellvertreter, Gerhard Stoltenberg, gewinnt bedrohlich an Macht: Der Stellvertreter erhält 90 Stimmen mehr als der Parteichef.[21] Schlimmer noch, Stoltenberg würde als Kanzlerkandidat kandidieren. Wird Stoltenberg zu mächtig, würde er selbst an Einfluss verlieren. Das muss Kohl um jeden Preis verhindern. Dazu kommt, dass Kohls Rivale Strauß große Stücke auf Stoltenberg hält. Helmut Kohl muss fürchten, dass Strauß zugunsten Stoltenbergs auf seine Kandidatur verzichtet und diesen unterstützt.

Früh kommt das Gerücht auf, dass Kohl das Königsopfer wählt. Ja, er würde auf seine Kandidatur verzichten. Es hieß, das CDU-Präsidium habe bereits beschlossen, Ernst Albrecht (Vater von Verteidigungsministerin Ursula von der Leyen) als Kanzlerkandidaten der Union zu benennen. Und da beginnt das Spiel – die „Information" ist der Joker von Helmut Kohl. Mit diesem Joker läuft eine Kette von Ereignissen ab, die Kohl einkalkuliert hat. Die CSU und ihr impulsiver Parteichef Strauß sind erbost. Hatte ihr die CDU nicht schon einmal Helmut Kohl – ohne Absprache! – als Kanzlerkandidaten vorgesetzt? Und nun Ernst Albrecht? Noch einmal würde die CSU sich das nicht bieten lassen.[22]

Tatsächlich war es so, dass das CDU-Präsidium noch überhaupt nichts beschlossen hatte. Was den ganzen Wirbel verursacht hatte, war „nur" ein Gerücht. Erst jetzt tagt das CDU-Präsidium. Kohl „entfaltet seinen Zettel" und trägt seinen Joker vor: Er verbindet seinen Verzicht als Kanzlerkandidat „unmittelbar und untrennbar" mit dem Vorschlag zur Kandidatur von Ernst Albrecht. Die CDU nominiert Albrecht offiziell (ein Teilsieg für Kohl; Gerhard Stoltenberg ist ausgehebelt.)

Kohl ist wieder um eine Information voraus: Er weiß, dass Strauß den Kandidaten Ernst Albrecht niemals akzeptieren wird. Denn Strauß hegt tiefes Misstrauen gegenüber dem niedersächsischen Ministerpräsidenten. Mit der Entscheidung für Albrecht mobilisiert Kohl seinen Kontrahenten Strauß, sich um jeden Preis als Kandidaten von CSU und CDU aufstellen zu lassen. Strauß will jetzt als Kanzlerkandidat antreten. Die CSU nominiert ihn offiziell.

Zwischen den Kandidaten Albrecht und Strauß kommt es zur Kampfabstimmung. Strauß setzt sich durch. Damit ist er der Unions-Kanzlerkandidat 1980. Aber Helmut Kohl ist schon wieder einen Schritt voraus. Denn er weiß, dass die Wähler keinen Kanzler Strauß wollen. Weil „ein Strauß" – so Kohl vor der Wahl vor Freunden – „die deutsche Wählerschaft zu polarisieren, aber niemals zu integrieren vermag".[23]

Kaum ist die Entscheidung für Strauß gefallen, tritt Kohl nicht mehr für seinen angeblichen Favoriten Ernst Albrecht ein. Öffentlich gibt er sich keine Blöße, Kohl scheint voll und ganz hinter dem Kanzlerkandidaten zu stehen. Dabei ist er von dessen Niederlage überzeugt. Die Bundestagswahlen 1980 bestätigen: Die Wähler wollen keinen Kanzler Strauß. Er erhält das schlechteste Ergebnis seit 30 Jahren.

One-Ahead, Vorteil für Helmut Kohl. Er ist nun wieder unangefochten der erste Mann. Die CSU muss klein beigeben. Er, Helmut Kohl, hatte den Kandidaten Strauß augenscheinlich uneigennützig unterstützt, jetzt kann ihm keiner mehr den Anspruch auf das Kanzleramt verwehren. Die sozialliberale Koalition hält nur zwei Jahre und Kohl wird – so wie er es immer wollte – Bundeskanzler einer CDU/FDP-Regierung.

Später wird Helmut Kohl der One-Ahead-Trick noch einmal gelingen, und Strauß fällt erneut darauf rein. 1983, der Bundeskanzler weiß von einem dringenden Kreditwunsch der DDR (sein Joker) und rät Honeckers Finanzberater, sich an Strauß zu wenden. Der könne so etwas über die bayerischen Banken leicht arrangieren. Gegenüber Strauß erwähnt der Kanzler jedoch nichts von diesem Gespräch. Strauß, durch die Anfrage in seinem Ego geschmeichelt, trägt wiederum den „geheimen" Vorgang Kohl vor. Der ist ungewöhnlich wohlwollend: Er befürworte die Kreditvergabe und wolle die Anfrage seinem Kabinett zur Entscheidung vorlegen. Zusätzlich bewegt Kohl den Bayer dazu, in der Öffentlichkeit erklärende Worte dazu abzugeben. Strauß wird damit zum „Einfädler" eines Kredits, den eigentlich Kohl gewollt und geplant hatte. Damit gelingt dem Kanzler ein Geniestreich, an dem der Bayer eine Weile zu knabbern hat. Denn Strauß verliert innerhalb seiner Partei viele Sympathien, kommt sogar in Verruf wegen seiner vermeintlichen Großzügigkeit gegenüber den SED-Kommunisten. Auf dem CSU-Parteitag verweigern dem Parteichef über 400 von 1100 Delegierten ihre Stimme – ein unerhörter Vorgang für die CSU. Der Kanzler dagegen nimmt in keiner Hinsicht Schaden. Verblüffend![24]

Vom Leidwesen, Sohn des Kanzlers zu sein

Die beiden folgenden Anekdoten haben nichts mit den Täuschungskünsten eines Politikers zu tun. Trotzdem illustrieren sie sehr anschaulich, unter welchem Druck nicht nur der Berufspolitiker steht (gleich welcher Partei), sondern zuweilen auch dessen Familie.

Walter Kohl, einer der Söhne des Ex-Kanzlers, sieht seinem Vater sehr ähnlich. Er erzählt, wie er als Kind in einen örtlichen Fußballverein eintreten wollte: Der Wirt der voll besetzten Vereinskneipe war der Ansprechpartner für die Jugendlichen: Sie mussten sich laut vorstellen. Beim Namen Kohl stand einer der Männer vom Stammtisch auf: „Das ist doch der Bankert vom Kohl." Er zerschlug eine volle Bierflasche am Tresen und ging mit dem zerbrochenen Flaschenhals auf den Jungen los: „Du Drecksbankert". Er fuchtelte mit den Glaszacken vor Walters Gesicht, der konnte gerade noch flüchten (*Bankert* ist eine abwertende Bezeichnung für ein *uneheliches Kind*).

Nach Beendigung der Schulzeit beschloss Kohl junior, Zeitsoldat zu werden. Am Abend nach einer anstrengenden Gefechtsausbildung ließ ihn sein Vorgesetzter, ein Fähnrich, antreten: „Gefreiter Kohl zu mir, aber zack, zack!" Direkt hinter der Kaserne lag die Hindernisbahn: „Kohl, du bist doch Patriot. Dein Vater ist doch Bundeskanzler. Eine Ehrenrunde für den Bundeskanzler; marsch, marsch!" So musste Walter die 700 Meter lange Bahn absolvieren, samt Sturmgepäck und Maschinengewehr. Die anderen Soldaten schauten zu und die Vorgesetzten feixten. Nachdem Walter die Hindernisse genommen hatte und völlig erschöpft vor dem Vorgesetzten stand, befahl dieser gleich noch eine Runde: „Für das Vaterland." Der angehende Offizier wollte sich keine Blöße geben und absolvierte unter Aufbietung aller Kräfte die zweite Runde. Danach brach er vor den Füßen des Vorgesetzten zusammen und übergab sich.[25]

9. Die Illusion von Macht und Tatkraft

Wir Zauberer haben keine Macht, jedenfalls nicht die Art von Macht, die wir bei unseren Auftritten suggerieren: Weder hypnotisieren wir Menschen gegen ihren Willen, noch lesen wir tatsächlich deren Gedanken. Wir fügen auch niemandem körperlichen Schaden zu, um ihn anschließend zu heilen, wie es bei der „Zersägten Jungfrau“ den Anschein hat.

Für Sie, liebe Leser, versteht sich das vermutlich von selbst. Die Erfahrung aber zeigt, dass es erstaunlich viele Menschen gibt, die an übernatürliche Fähigkeiten des Magiers glauben möchten. Oft höre ich nach einem geglückten Trick – halb im Ernst, halb im Spaß – den Ausspruch: „Sie sind mir unheimlich.“

Besonders die Mentalmagie erweckt oftmals den Anschein, der Akteur habe besondere Gaben. Dieses trügerische Bild kommt manchem Kollegen sehr entgegen. Wenn die Zuschauer glauben, es handele sich „nur“ um Tricks, sind sie oft enttäuscht (Seltsamerweise desillusioniert es sie nicht, wenn sich der Schauspieler des Hamlets am Ende wieder putzmunter verbeugt.).

Im Gegensatz zum Zauberer, verfügt der Politiker aber wirklich über Macht, richtig? Hollywood lebt es schließlich vor. In Roland Emmerichs Film *Independence Day* von 1996 greift der amerikanische Präsident als ehemaliger Kampfflieger höchstpersönlich in den Kampf gegen feindselige Außerirdische ein. Was für ein Glück, dass wir uns immer wieder blindlings auf den heldenhaften „Führer der freien Welt“ verlassen können. Ein tatkräftiger, handelnder Politiker ist offenbar etwas, das die Menschen sehen wollen: Der überaus erfolgreiche Katastrophenfilm kam im Sommer 2016 erneut in die Kinos (dieses Mal politisch korrekt mit einer Frau als Präsidentin).

Natürlich wäre es absurd zu behaupten, Politiker hätten im richtigen Leben keine Macht: Die Bundeskanzlerin beispielsweise kann – siehe Grundgesetzartikel 64 – einen Bundesminister entlassen, wie es dann auch Umweltminister Norbert Röttgen 2012 passierte. Politiker haben darüber hinaus die Macht, weitreichende Entscheidungen zu treffen: 2008, kurz nach der Pleite der Lehman Brothers, stampft die Große Koalition in Windeseile das Gesetz zum 500-Milliarden-Euro-Rettungsschirm für deutsche Banken aus dem Boden – das am schnellsten beschlossene Gesetz aller Zeiten. Auch Gerhard Schröders mutiges Nein zum Irak-Krieg oder Helmut

Schmidts beherztes Handeln während der Sturmflut von Hamburg sind durchaus Ausdruck von Tatkraft und Macht.

Wie Sarkozy einmal todesmutig die Geiseln befreite

Ein ungewöhnliches Beispiel für die Tatkraft eines Politikers werden die Bürger von Neuilly, einem Vorort von Paris, wohl nie vergessen. Es war der Tag, an dem die nationalen Medien erstmals über Nicolas Sarkozy berichteten und so den Grundstein für dessen Popularität legten: Lange bevor Sarkozy französischer Staatspräsident wurde, war er Bürgermeister seiner Heimatstadt. Während dieser Zeit kam es in einem Kindergarten zu einer dramatischen Geiselnahme. Ein Mann, der sich „Human Bomb" nannte, stellte wirre Forderungen und drohte, sich selbst sowie 21 Kinder und die Erzieherin in die Luft zu sprengen. Zwei Tage lang war das Gebäude umlagert von ratlosen Polizisten, verzweifelten Eltern und Fernsehreportern. Dann bot sich der junge Bürgermeister todesmutig als Geisel an. Er verhandelte mit dem Geiselnehmer, fragte, was mit ihm los sei und was man für ihn tun könne. So gelang es Sarkozy, die völlig verängstigten Kinder nacheinander zu befreien. Als schließlich alle Kinder und die Erzieherin in Sicherheit waren, schickte er ein Spezialeinsatzkommando in die Räume, das den Geiselnehmer erschoss.

Dennoch: Das zum Epos taugende Heldentum ist unter Politkern ähnlich dünn gesät wie die übersinnlichen Kräfte unter Magiern. Wann ist Tatkraft in der Politik zu erkennen, wenn keine akute Krise vorliegt? Über 40 Jahre lang hat der Journalist Jürgen Leinemann Politiker aus nächster Nähe beobachten können. In seinem viel beachteten Buch *Höhenrausch* zitiert er einen Minister wie folgt:

„Da sitzt du schon am frühen Morgen im Auto, hörst Radio, liest Zeitung, telefonierst und wartest, dass irgendwo irgendwas schief läuft. Nie weißt du: Wann passiert die Riesensauerei? Wann machst du den zentralen Fehler, wo du abrutschst. Dann musst du handeln, oder besser: du musst so tun, als ob du das Problem lösen könntest. Meist kannst du ja gar nix machen. Entscheidend ist also, welche Erscheinung du von dir in die Welt setzt, dass du also Handlungen vortäuschst. Denn das fragen doch immer gleich alle: Hat er gehandelt? Und je weniger konzeptionell du bist, desto mehr Fiktion musst du liefern. Das wird dann zur Masche."[1]

Der Minister will seinen Namen nicht preisgeben, weil er sich sicher ist, dass die Wähler seine Offenheit nicht honorieren würden. Welcher Wähler, welcher Mensch lässt sich schon gerne seiner Illusionen berauben?!

Man kann eigentlich Politikern diese Machtlosigkeit nicht vorwerfen. Einerseits begünstigt zwar die Mediendemokratie Personen, die sich als starke Entscheider präsentieren. Andererseits werden die Politiker nach der Wahl „zwischen ihren Koalitionspartnern und den 16 Ministerpräsidenten im Bundesrat eingeklemmt, am machtvollen Führen geradezu gehindert.[2] Einem Ministerpräsidenten ergeht es nicht viel besser. Winfried Kretschmann, Deutschlands erster grüner Chef einer Landesregierung, sagt über die Zwänge seines Amtes, dass man in der Opposition häufig denke, die Regierenden wollten nicht. „Wenn du im Amt hockst, merkst du, man kann oft nicht."[3]

Wer verfügt also über Macht? Der Bundeskanzler? „Sie wissen ja gar nicht", bekannte einmal Gerhard Schröder bemerkenswert offen, „wie machtlos ein Bundeskanzler ist." Und Kanzlerin Merkel mache das, „was die Deutschen mehrheitlich von ihr wollen – aber auch kein Jota mehr."[4] Roger Willemsen spricht von einer „Wirkungsillusion". Die Politiker hätten zwar die Insignien der Macht, aber etwas „bewirken"? „Im Wissen um das Ausgeliefertsein der Bürger an das Informationsmonopol der Medien", so Manfred Zach, „und mit kalkuliertem Blick auf die Regeln journalistischen Arbeitens, produziert die Politik (...) künstliche Ereigniswelten, die keinem anderen Zweck dienen, als dem Publikum Handlungsillusionen zu vermitteln."[5] In manchen Fällen, möchte ich ergänzen, wollen sie vielleicht nicht handeln: Nach dem CDU-Spendenskandal kündigten alle Parteien vollmundig an, das Parteiengesetz schnell und umfassend ändern zu wollen. Damit sollte in Bezug auf Geldspenden an Parteien für Transparenz gesorgt werden. Nichts davon wurde umgesetzt.

„Die Politiker leiden fast alle unter Mangel an Mut."[6] *(Konrad Adenauer, erster Bundeskanzler der Bundesrepublik Deutschland)*

Trotzdem inszenieren sich Politiker beinahe reflexartig als Macher, die das Heft des Handelns fest in der Hand behalten und die Zukunft gestalten: Nicht umsonst trägt der Koalitionsvertrag der Großen Koalition zwischen CDU/CSU und SPD von 2013 den Titel „Deutschlands Zukunft gestalten".

Auch in anderen Ländern stellen sich Politiker als Macher dar. Als Reaktion auf die Terroranschläge in Paris hatte Frankreichs Präsident François Hollande eine Verfassungsänderung geplant. Darin sollten die Ermittlungsbehörden umfangreichere Rechte erhalten und der Ausnahmezustand festgeschrieben werden. Ausdrücklich wollte Hollande hierfür Parteigrenzen überwinden. Mit der Verfassungsreform konnte er sich jedoch nicht durchsetzen. Eine herbe Niederlage für ihn. Weil es aber für einen Politiker notwendig ist, als starke Führungspersönlichkeit wahrgenommen zu werden, verbrämte der Staatschef sein Scheitern so:

„Ich habe entschieden, die Debatte über die Verfassung zu beenden. Von meinem Weg aber, den ich seit den Anschlägen vom Januar 2015 gegangen bin, um die Sicherheit unseres Landes zu gewährleisten und die Franzosen vor dem Terrorismus zu beschützen – von diesem Weg werde ich nicht abweichen. Das ist meine Pflicht, ist meine Verantwortung. Ich übernehme sie mit allen Konsequenzen und der notwendigen Kraft.“[7]

Entgegen der viel bemühten Beteuerung Abgeordneter aus allen Lagern, die Welt und die Zukunft gestalten zu wollen, läuft die Politik den realen Ereignissen häufig hinterher. Vielleicht sollte man statt von „Regierungen“ besser von „Reagierungen“ sprechen? Gehandelt wird dann, wenn das Kind in den Brunnen gefallen ist. Für den Fall der Wiedervereinigung wurden von keiner Regierung Reserven angelegt, so etwas wie einen *Fonds Deutsche Einheit* gab es erst 1990. Warum eigentlich? Das Ziel der Einheit Deutschlands war doch immer wieder beschworen worden.[8] Als sich die Chance zur Wiedervereinigung ergab, wurden die Sozialkassen mit versicherungsfremden Leistungen erheblich belastet, weil man glaubte, den Bürgern keine Steuererhöhungen zumuten zu können. Das Vertrauen in die gesetzliche Rentenversicherung wurde durch diese Maßnahme massiv beschädigt.

Die Weltfinanzkrise? Hätte sich in den Programmen der Politik nicht spätestens nach dieser Krise eine Konsequenz zeigen und hätten Politiker nicht sofort handeln müssen? Michael H. Spreng, einst Chefredakteur bei der *Bild am Sonntag* und Wahlkampfmanager von Edmund Stoiber schreibt in seinem Politik-Blog, dass sich selbst nach der Lehman-Pleite und der Weltfinanzkrise nichts geändert habe: „Das Primat der Politik steht nur noch auf dem Papier, in Wirklichkeit bestimmt die Finanzindustrie den Takt der Politik.“[9]

Milliarden für Griechenland? Tatsächlich haben der französische Staatschef Giscard D'Estaing und der deutsche Bundeskanzler Helmut Schmidt gehandelt, als sie – primär aus politischen Gründen – den EWG-Beitritt des Landes 1981 massiv unterstützten.[10] Als sich die mahnenden Stimmen aber mehrten, steuerten die Politiker nicht rechtzeitig gegen – Griechenland war laut dem ehemaligen EU-Kommissar Günther Verheugen über Jahrzehnte ein „Fall des permanenten Wegsehens“[11]. Getreu dem schönsten Zauberspruch auf Erden: Wird schon werden, wird schon werden. Mit dem EU-Eintritt erhielt das Land reichlich Subventionen und es begann laut Petros Markaris die „Zeit der falschen Illusionen“[12]. Helmut Schmidt weist in seinen späten Jahren alle Anschuldigungen von sich: Giscard D'Estaing habe die Aufnahme Griechenlands unbedingt gewünscht und er – Schmidt – habe die deutsch-französischen Beziehungen nicht belasten wollen.[13] Neben Helmut Schmidt tragen laut Johann Legner auch Helmut Kohl und Gerhard Schröder eine Mitverantwortung für die Misere in Griechenland.[14]

Dieses Kapitel möchte ich mit einem Zitat von Gregor Gysi abschließen: Gysi ist bekanntlich ein hervorragender Rhetoriker. Nach zehn Jahren im bundesdeutschen Parlament sagte er freimütig: „Politiker sind oft hilflos, ohnmächtig, überfordert.“ Allerdings würden sich die meisten Volksvertreter über die Grenzen ihrer Macht selbst belügen. Mehr noch: „Politiker sind an dem trügerischen Bild, das über sie existiert, sogar interessiert.“ Und hier schließt sich der Kreis zur Zauberei.

10. Griechische Bürger: Ihr habt (k)eine Wahl

Er ist einer der bekanntesten Politiker Europas: Alexis Tsipras, zuweilen auch Sexy Alexi genannt. Mit 40 Jahren wird er griechischer Premierminister, der jüngste, den Griechenland je hatte. Dieser rasante Aufstieg sei ein „Wunder" (sagt der Schriftsteller Petros Markaris)[1]. In seiner Schülerzeit war der Premier Mitglied der Kommunistischen Jugend, nahm an Schulbesetzungen teil und propagierte ein Recht auf Schulschwänzen). Seine Kindheit und sich selbst bezeichnet er als „ein bisschen speziell und sonderbar".

Tsipras' Erfolg und seine Bekanntheit beruhen hauptsächlich auf der Krise seines Landes: Er kritisiert die „Austeritätspolitik", also die Sparauflagen der EU-Partner. Er will den Schuldenschnitt. Obwohl er mit dem Rücken zur Wand steht und sein Land dringend weiteres Geld benötigt, wirkt sein Auftreten auf die Geldgeber provokant und frech. Immer wieder weiß Tsipras zu überraschen und gibt seinen Landsleuten neues Selbstvertrauen – trotz der großen Last, die auf Griechenland ruht.

Alexis Tsipras grenzt sich schon äußerlich von seinen Vorgängern ab und verzichtet auf eine Krawatte. Die Botschaft ist klar, auch für diejenigen, die von Politik keine Ahnung haben: Da ist einer anders. Der macht Schluss mit den alten Zöpfen. So wie David Copperfield oder auch die Ehrlich Brothers. Sie verzichten auf Frack oder Anzug, um das (vermeintlich) verstaubte Image der Zauberkunst aufzufrischen.

In den ersten Tagen als Premier zeigt sich Tsipras' Gespür für große, dramatische Auftritte: Er setzt die sogenannte Troika kurzerhand vor die Tür. Das kannten die ungeliebten Prüfer der Sparpolitik – bestehend aus Europäischer Zentralbank, Internationalem Währungsfonds und Europäischer Kommission – bislang nicht. Das sitzt! Es ist wie bei der großen Show: Die Zuschauer werden anderntags darüber reden.

Tsipras ist trotzdem nicht der „Geisterfahrer", als den ihn *Der Spiegel* betitelt.[2] Auch innerhalb der Eurostaaten sind die strikten Sparauflagen durchaus umstritten. Der neue Premier pokert hoch, aber seine Provokationen sind kalkuliert. Denn er weiß, dass ein Grexit – der Austritt Griechenlands aus der Eurozone – verheerende Signale aussenden würde. Was würde folgen? Der Austritt Portugals? Wie wirkt sich das auf die gesamte Eurozone aus? Wie auf die Finanzmärkte? Angela Merkel will den Bankrott Griechenlands unbedingt vermeiden. Auch geostrategisch ist ein Euro-Austritt Griechenlands kaum denkbar. Das NATO-Mitglied Griechenland sichert die Südflanke Europas gegen Russland. Zwar setzt die Troika nach dem „Rausschmiss" ihre Arbeit fort. Aber das Gremium nennt sich künftig die „Institutionen". Ein erster, symbolischer Sieg für das Griechenland unter Tsipras. Im Februar 2015 wurde seiner Regierung mehr Einfluss bei der Ausgestaltung des Hilfsprogramms zugestanden. Immerhin! Frechheit siegt.

„Keine Regierung sagt ihrem Volk im Fall Griechenland die Wahrheit. Die griechische schon gar nicht. Aber auch die deutsche nicht. Es wird vertuscht, getrickst. Doch die Wahrheit liegt offen da, wird aber nicht ausgesprochen: Griechenland wird seine Schulden nicht zurückzahlen können."[3] *(Peter Tiede, Korrespondent)*

Wie jeder gute Redner und Zauberer stellt sich der Ministerpräsident auf das Publikum ein: Seinen Landsleuten gibt er ein gutes Gefühl, wenn er von der Würde des Landes spricht. Wieder und wieder lenkt er geschickt die Aufmerksamkeit auf „seine" Themen, nämlich die harsche Sparpolitik der EU und die Erniedrigung seines Volkes. Thematisiert er eigentlich jemals, dass Griechenland die teuerste Armee in Europa unterhält?

Die Kommunikation mit dem Publikum ist für einen Zauberer das A und O. Mit seinem Charme wickelt der griechische Premier-Magier die Menschen um den Finger. Er ist sympathisch. Gut sieht er auch noch aus. Mit ruhiger Stimme redet er auf die Bürger ein, lacht viel und lässt sich emotional nicht aus der Reserve locken. „Mamas liebsten Schwiegersohn" nennen ihn die Griechen. Er hat eine technische Vorbildung – von Haus aus ist er Bauingenieur – und beweist viel Geschick im Umgang mit Menschen. Auch Menschenmengen schrecken ihn nicht: Küsschen rechts, Küsschen links von wildfremden Landsleuten. Sie begrüßen ihn wie einen alten Freund. Er habe Zeit gebraucht, das zu akzeptierten, sagt er. „Aber sonst halten sie dich für unverschämt. Schließlich komme ich jeden Tag zu ihnen nach Haus, bis in ihre Wohnung" – Tsipras meint dabei das Fernsehen.

Das Referendum

Das Referendum ist – kurz gesagt – eine Volksabstimmung, bei der die einfache Mehrheit entscheidet. Die gesamte Wahlbevölkerung kann sich direkt zu einem bestimmten Thema äußern. Den EU-Partnern waren griechische Referenden noch nie ganz geheuer. Schon 2011 waren die Euro-Politiker entsetzt, als der griechische Premier Giorgos Papandreou ein Referendum wegen der Sparauflagen ansetzen wollte. Angela Merkel und der damalige französische Regierungschef Nicolas Sarkozy nahmen das damalige Staatsoberhaupt in die Mangel, er zog seinen Vorschlag zurück und legte dann sein Amt nieder.

2015 sind die Euro-Partner entnervt und müde von dem ständigen Hin und Her der Griechen. Das spielt Tsipras in die Hände. Niemand glaubt, der neue Premier werde ein Referendum durchsetzen – schon allein aufgrund der Kosten. 2011 hatte er ausdrücklich vor einem Referendum gewarnt: Wirtschaft und Banken würden kollabieren. Und einmal davon abgesehen: Laut Artikel 44 der griechischen Verfassung darf über Finanzfragen keine Volksabstimmung durchgeführt werden. Aber wir wollen nicht zu kleinlich sein und einem Zauberer die benötigten Werkzeuge vorenthalten. Für den 5. Juli 2015 setzt Tsipras also eine Volksbefragung an.

Dieses Referendum des griechischen Regierungschefs spiegelt das „Forcieren“ wider, wie es in der Zauberkunst angewendet wird (franz. *forcer* für *zwingen*). Häufig wird das Konzept in der Kartenmagie eingesetzt. Dabei wird eine freie Wahl vorgegaukelt. Der Zuschauer glaubt, frei zu entscheiden, tatsächlich aber „zwingt“ der Zauberer ihm eine Wahl auf. Deshalb spricht man im Deutschen von der „gezwungenen Wahl“. Obwohl das Wort „Zwang“ den Kern nicht ganz trifft. Der Magier lenkt den Zuschauer vielmehr sanft zur richtigen Karte. Der Laie ohne Zauberkenntnisse kennt das „Forcieren“ nicht. Das macht die Methode zu einer starken Waffe.

Es gibt verschiedene Methoden – „harte“ und „weiche“ – mit unterschiedlichen Schwierigkeitsgraden. Viele namhafte Zauber haben über das Forcieren geschrieben, Juan Tamariz oder Roberto Giobbi beispielsweise. Welche Technik verwendet wird, hängt vom Effekt und der künstlerischen Entscheidung des Magiers ab.

Die Kreuzforce: Diese Methode steht als Beispiel für eine „harte“ Ausführung. Sie ist einfach zu lernen und gelingt so gut wie immer. Der Zuschauer hebt ein Kartenspiel irgendwo ab. Der Magier kann trotzdem mit 100-prozentiger Sicherheit sagen, an welcher Karte abgehoben wurde. Sie ist eben forciert. Am Ende des Kapitels erkläre ich Ihnen die Methode im Detail.

Die klassische Force: Der Zuschauer zieht eine Karte aus einem Fächer. Bingo. Wieder ist die Karte forciert. Diese Force gehört zu den „weichen“ Methoden. Es bleibt ein Restrisiko, dass der Zuschauer nicht immer die gewünschte Karte wählt. Das macht die Technik für uns Magier riskanter, wirkt aber umso fairer auf den Zuschauer (und mit häufiger Übung wird die Trefferquote immer größer).

Die zu forcierende Karte ist im Kartenfächer exponierter als die anderen. Der Mitspieler nimmt die Karte, die gut sichtbar und am leichtesten zu greifen ist (siehe Zeichnung).

Bei der klassischen Force spielt das Timing eine große Rolle. Der Zuschauer soll nicht die Möglichkeit haben, lange über seine Entscheidung nachzudenken. Deshalb setzen Sie ihren Mitspieler unter Zeitdruck. Erst halten Sie das Kartenspiel einem Zuschauer auf der rechten Seite hin. Er möge bitte eine Karte nehmen. Insgeheim atmen die Zuschauer auf der linken Seite auf: Sie können sich nicht blamieren und wiegen sich in Sicherheit. „Ach, nein, Sie waren noch nicht dran." Wenden Sie sich einem Zuschauer auf der linken Seite zu. Er ist überrumpelt. „Nehmen Sie eine", sagen Sie dann. Ein bisschen ungeduldig sagen Sie das, als wollten Sie schnell weitermachen.

Psychologische Raffinessen begleiten die klassische Force auf dem Weg ins Ziel. Sie sagen zum Beispiel „Nehmen Sie eine Karte" (statt: „Wählen Sie eine Karte"); so ist Ihre Aufforderung bestimmter. Sobald der Mitspieler den Finger auf „Ihre" Karte gelegt hat, drehen Sie den Kopf weg und fragen ihn, ob er eine Karte genommen hat. Der Zuschauer wird seinen Finger auf der Karte liegen lassen und die Karte herausziehen („wählen"). Das Abwenden des Kopfes unterstreicht die Fairness der Handlung.

Außerdem: „Der Erfolg des Forcierens wird durch potentielle Zerstörer wie Angst, Unsicherheit, Hemmungen etc. wesentlich beeinträchtigt. Um dies zu vermeiden, stellen Sie sich vor, dass das Forcieren gelingt. Seien Sie ganz sicher und zuversichtlich, dass der Zuschauer die Karte nehmen wird – glauben Sie daran. Versuchen Sie, sich die Situation beim Training so oft wie möglich lebhaft vorzustellen.“[4]

Die benannten „potentiellen Zerstörer“ sind eine ständige Bedrohung für gute Zauberkunst.[5] Die Methode eignet sich für den fortgeschrittenen Kartenkünstler. Wenn Sie mehr darüber wissen wollen, kann ich Ihnen die *Große Kartenschule* von Roberto Giobbi sehr empfehlen.

Zunächst finden sich also im Referendum des Alexis Tsipras verblüffende Ähnlichkeiten zur klassischen Force. Die Regierung will, dass die Bürger mit „Nein“ stimmen. So geht sie vor:

+ Aufmachung des Stimmzettels: Die Griechen können zwischen „Ja“ („Nai“) und „Nein“ („Oxi“) wählen. Entgegen der Gepflogenheiten steht das „Nein“ auf dem griechischen Stimmzettel oben. Die Regierung macht es den Bürgern damit leichter, das gewünschte „Nein“ anzukreuzen.

ΔΗΜΟΨΗΦΙΣΜΑ

της 5ης Ιουλίου 2015

ΠΡΕΠΕΙ ΝΑ ΓΙΝΕΙ ΑΠΟΔΕΚΤΟ ΤΟ ΣΧΕΔΙΟ ΣΥΜΦΩΝΙΑΣ, ΤΟ ΟΠΟΙΟ ΚΑΤΕΘΕΣΑΝ Η ΕΥΡΩΠΑΪΚΗ ΕΠΙΤΡΟΠΗ, Η ΕΥΡΩΠΑΪΚΗ ΚΕΝΤΡΙΚΗ ΤΡΑΠΕΖΑ ΚΑΙ ΤΟ ΔΙΕΘΝΕΣ ΝΟΜΙΣΜΑΤΙΚΟ ΤΑΜΕΙΟ ΣΤΟ EUROGROUP ΤΗΣ 25.06.2015 ΚΑΙ ΑΠΟΤΕΛΕΙΤΑΙ ΑΠΟ ΔΥΟ ΜΕΡΗ, ΤΑ ΟΠΟΙΑ ΣΥΓΚΡΟΤΟΥΝ ΤΗΝ ΕΝΙΑΙΑ ΠΡΟΤΑΣΗ ΤΟΥΣ; ΤΟ ΠΡΩΤΟ ΕΓΓΡΑΦΟ ΤΙΤΛΟΦΟΡΕΙΤΑΙ «REFORMS FOR THE COMPLETION OF THE CURRENT PROGRAM AND BEYOND» («ΜΕΤΑΡΡΥΘΜΙΣΕΙΣ ΓΙΑ ΤΗΝ ΟΛΟΚΛΗΡΩΣΗ ΤΟΥ ΤΡΕΧΟΝΤΟΣ ΠΡΟΓΡΑΜΜΑΤΟΣ ΚΑΙ ΠΕΡΑΝ ΑΥΤΟΥ») ΚΑΙ ΤΟ ΔΕΥΤΕΡΟ «PRELIMINARY DEBT SUSTAINABILITY ANALYSIS» («ΠΡΟΚΑΤΑΡΚΤΙΚΗ ΑΝΑΛΥΣΗ ΒΙΩΣΙΜΟΤΗΤΑΣ ΧΡΕΟΥΣ»).	ΔΕΝ ΕΓΚΡΙΝΕΤΑΙ/ **ΟΧΙ** ☐ ΕΓΚΡΙΝΕΤΑΙ/ **ΝΑΙ** ☐

Der Stimmzettel zum Referendum

+ Das Timing: Die Regierung lässt den Wählern kaum Zeit zum Nachdenken – wie bei der klassischen Force, wo der Zuschauer unter Zugzwang steht. Zwischen Ankündigung und Abstimmungstermin müssten laut Richtlinien des Europarats mindestens zwei Wochen liegen, um den Wählern ausreichend Zeit für die Meinungsbildung zu geben. Die Griechen haben aber nur eine knappe Woche Zeit. Der Text auf dem Stimmzettel ist umständlich formuliert, ganz zu schweigen von den Vorschlägen der

EU-Kommission, EZB und IWF. Deren Fachsprache ist für den Normalbürger kaum zu verstehen. Folgende Frage steht zur Abstimmung:

„Soll die geplante Vereinbarung von EZB, EU-Kommission und IWF, die am 25.6.2015 von der Euro-Gruppe eingebracht wurde, und die aus zwei Teilen besteht, angenommen werden? Das erste Dokument trägt den Titel ‚Reformen zur Vollendung des laufenden Programms und darüber hinaus' (‚Reforms for the Completion of the Current Program and Beyond'), das zweite ‚Vorläufige Schuldentragfähigkeitsanalyse' (‚Preliminary Debt Sustainability Analysis')." (Übersetzung aus dem Griechischen von Erietti Skoulariotis)[6]

+ Psychologische Raffinessen flankieren die Force von Tsipras: In seiner Fernsehansprache vom 27. Juni 2015 appelliert der Regierungschef an seine Landsleute, das erpresserische und demütigende Ultimatum nicht zu akzeptieren. Man dürfe sich nicht erniedrigen lassen. Wer tut das schon gerne? EU-Parlamentspräsident Martin Schulz wirft Tsipras vor, er manipuliere die Menschen in Griechenland.[7]

Tsipras fordert in seiner Rede ausdrücklich eine Entscheidung „wie die griechische Geschichte es verlangt". Er knüpft damit geschickt an einen wichtigen nationalen Feiertag an: Der Oxi-Tag wird jedes Jahr am 28. Oktober gefeiert und geht auf das Jahr 1940 zurück. Hitlers Verbündeter, das faschistische Italien, wollte im neutralen Griechenland wichtige strategische Standorte besetzen. Die damalige griechische Regierung aber weigerte sich und antwortete auf das Ultimatum mit einem einzigen Wort: „Oxi".

Noch heute sind die Griechen stolz auf ihren Widerstand, trotz des Leids, das mit dem Einzug der Nazis über das Land kam. *Oxi* ist mehr als ein einfaches *Nein*. Das Wörtchen repräsentiert den Widerstand gegen jeglichen Zwang, gegen die Einmischung von außen. Tsipras ist sich dessen natürlich bewusst. Er weiß um die große Symbolkraft. Immer wieder wirbt er für ein „stolzes Nein". Die Strategie des Premiers geht auf: Mehr als 60 % der Griechen folgen dem Aufruf ihrer Regierung und votieren gegen das ausgehandelte Spar- und Reformprogramm. Das Zitat eines Griechen am Abend der Wahl spricht Bände:

„Ich bin stolz! Ich sterbe lieber als Grieche als in den Armen von Herrn Schäuble."[8]

Im Vorfeld des Referendums sah es so aus, als arbeite die griechische Regierung ausschließlich mit den Mitteln der klassischen Force. Einige

Tage nach dem Referendum bemerkte ich verblüfft noch etwas anders: Die Matrix.

Dieses Konzept funktioniert wie folgt: Der Zuschauer hat die freie Wahl. Es handelt sich hierbei um keine Force im eigentlichen Sinn, eher um eine Farce. Denn der Zuschauer kann zwar frei wählen, aber es ist unerheblich, was er wählt. Das Ergebnis steht im Vorfeld fest.

1	2	3	4
5	6	7	8
9	10	11	12
13	14	15	16

Der Zuschauer kann mehrmals eine Zahl aus der Matrix frei wählen.

1	~~2~~	3	4
5	~~6~~	7	8
~~9~~	(10)	~~11~~	~~12~~
13	~~14~~	15	16

Die gewählte Zahl wird eingekreist. Alle anderen Zahlen in den jeweiligen Reihen – waagrecht und senkrecht – werden gestrichen.

ZAUBERTRICK 7

Die Matrix

Der Effekt: Zunächst treffen Sie feierlich Ihre Vorhersage. Dazu notieren Sie eine Zahl auf einem Blatt Papier. Niemand soll die Zahl sehen. Legen Sie den Zettel gefaltet in ein Glas, das Sie weit wegstellen: „Ich werde den Zettel nicht mehr berühren." Der Zuschauer darf nun eine Zahl aus der Matrix frei wählen. Um die gewählte Zahl zeichnen Sie einen Kreis. Die anderen Zahlen in der Reihe (senkrecht und waagrecht) werden gestrichen – sie stehen also bei der nächsten Wahl nicht mehr zur Verfügung. Aus den verbleibenden Zahlen entscheidet sich der Zuschauer erneut für eine Zahl. Wieder wird diese gewählte Zahl eingekreist und die senkrechten und waagrechten gestrichen. So verfahren Sie bis zur letzten Zahl, die Sie auch mit einem Kreis versehen. Werden die vier markierten Zahlen jetzt addiert, lautet die Summe 34. Und raten Sie mal, was auf Ihrer Vorhersage steht: die 34.

Das Geheimnis: Es kommt immer 34 raus, ganz egal, welche Zahlen die Mitspieler wählen. Probieren Sie es aus. Es klappt immer. Vorausgesetzt, Sie lassen sich nicht verwirren und bleiben konsequent bei Ihrem System: Gewählte Zahl einkreisen, die waagrechten (d. h. links und rechts von der gewählten Zahl) und die senkrechten (d. h. über und unter der Zahl) streichen.

Zurück zum Referendum. In der Fernsehansprache, einige Tage vor der Volksabstimmung, beschwört Tsipras die griechischen Wähler:

„Griechische Bürger,
Ich rufe euch auf, zu entscheiden – mit Souveränität und Würde, wie die griechische Geschichte es verlangt –, ob wir das erpresserische Ultimatum akzeptieren sollen, das endlose strenge und demütigende Austerität vorsieht, ohne jede Chance, dass wir jemals wieder auf eigenen Füßen stehen, sozial wie finanziell. (...)

Griechenland, die Wiege der Demokratie, sollte eine widerhallende demokratische Botschaft an die europäische und weltweite Gemeinschaft senden.

Und ich lege mich darauf fest, dass ich das Ergebnis dieser demokratischen Entscheidung respektieren werde, was immer es sein mag.

Ich bin mir absolut sicher, dass eure Entscheidung der Geschichte unseres Landes gerecht werden wird und eine Botschaft der Würde in die ganze Welt versendet.“[9]

Wow! Das Publikum liebt es, an großen, bedeutenden Ereignissen teilzuhaben. Diesen Wunsch bedient Tsipras. Er deutet das anstehende Referendum zu seinen Gunsten und stilisiert es zu einer epochalen Entscheidung. Die Ansprache vermittelt das Gefühl der Erhabenheit und schmeichelt dem Stolz jedes Griechen. Er, der griechische Bürger, ist gefragt. Seine Meinung ist wichtig. Entscheidet er sich für das „Oxi“, zeigt das, wie souverän und demokratisch er ist. Diese Entscheidung, seine Entscheidung, ist von historischer Bedeutung. Nicht nur Europa, die ganze Welt schaut zu.

Der Schriftsteller Petros Markaris tut das Referendum ab: „Alles Theater“, sagt er.[10] In der Tat: Obwohl das Referendum als Ablehnung der Sparmaßnahmen zu verstehen ist, übersendet die griechische Regierung nur vier Tage nach der Abstimmung einen von Ministerpräsident Tsipras unterzeichneten Vorschlag an die Euro-Gruppe. Der Inhalt stimmt weitgehend mit dem im Referendum abgelehnten Vorschlag überein, ist also genau das Gegenteil der Volksabstimmung. Hatte der Regierungschef nicht gesagt, er wolle die demokratische Entscheidung seiner Bürger respektieren, wie immer sie auch ausfalle? Der Wirtschaftsnobelpreisträger Paul Krugmann – lange Zeit scharfer Kritiker der harten Sparmaßnahmen für Griechenland – wendet sich enttäuscht von der griechischen Regierung ab: Mit dem dritten Hilfspaket habe sich Griechenland „deutlich schlechtere Bedingungen“[11] eingehandelt.

Die vermeintlich ach so große Bedeutung des Referendums und die hochfliegende Fernsehansprache des Regierungschefs stehen in krassem Gegensatz zur Realität: denn das Referendum bewirkt faktisch nichts. Genauso wenig wie die Wahl der Zahlen innerhalb des Zaubertricks mit der Matrix – das Ergebnis steht fest. Immerhin dürfen sich die neun Millionen wahlberechtigten Griechen für einen Moment wichtig fühlen. Sie dürfen sich der Illusion hingeben, gefragt zu werden und an etwas Bedeutsamem teilzuhaben. Eine überwältigend große Illusion ist das. Es ist eine 110-Millionen-Euro-Illusion. Denn das ist die Summe, die das landesweite Referendum in etwa kostete.

Eines allerdings leistet die Abstimmung aber doch: Mit dem „Nein“ im Gepäck ist die Position des Premiers gestärkt, beim eigenen Volk und innerhalb der EU. Kurz vor seiner ersten Rede im Europa-Parlament – dem „wahren Tempel der europäischen Demokratie“ *(Tsipras)*[12] – wird er wie ein Popstar empfangen. Viele Politiker haben Schilder mit „Oxi“ oder „No“ vor sich. Neben den linken Politikern applaudieren auch Rechtsextreme und Eurogegner kräftig. Das Referendum, so sagt Tsipras vor dem EU-Parlament, habe gezeigt, dass „die Mehrheit des griechischen Volkes einen Ausweg aus der ausweglosen Situation verlangt und diese Entscheidung müssen wir umsetzen“.

Karikatur: © Kostas Koufogiorgos

Nachspiel:

Bereits während der Verhandlungen in Brüssel erinnern Syriza-Parteimitglieder ihren Parteichef Tsipras an das Referendum. Bei der Abstimmung zum dritten Rettungspaket Mitte August 2015 verweigert ihm ein Viertel seiner Koalition aus Syriza und Anel ihre Gefolgschaft. Nur mit den Stimmen der Opposition kann der Premier das dritte Paket durchbringen. Tsipras zieht danach die Konsequenzen und setzt Neuwahlen an. Er weiß um seine Popularität: Bei einer Wiederwahl könnte er den linken Parteiflügel von Syriza loswerden. Auch dieser Plan geht auf: Tsipras wird erneut zum Regierungschef von Griechenland gewählt.

Die Zusammenfassung klingt kurios: Zuerst wählen die Griechen eine Regierung, die sich gegen die Sparpolitik richtet. Einige Monate später bekräftigen sie (via Referendum) die Ablehnung eines neuen Sparprogramms. So weit, so konsequent. Dann missachtet die Regierung den Wählerwillen und akzeptiert ein härteres Sparprogramm als das zuvor abgelehnte. Trotzdem gewinnt Alexis Tsipras die Wahl mit exakt demselben Ergebnis wie bei seiner Wahl im Januar.

Das zeigt wieder einmal: Nicht die Fakten entscheiden, nicht das tatsächliche Handeln, sondern der Eindruck, den der Politiker hinterlässt. Für dieses Wir-sind-wieder-wer-Gefühl lieben und wählen die Landsleute ihren jungen Premier. Sogar, wenn er das Gegenteil dessen tut, was sie fordern oder er ihnen versprochen hat. Sie schenken ihm vorbehaltlos ihr Vertrauen. Das muss man erst einmal schaffen: Immerhin hat der griechische Politiker seine Landsleute in einer nahezu ausweglosen Situation mental gestärkt. Und seine Täuschungen haben die Griechen nicht bemerkt. Wie bei einem exzellenten Zauberer.

ZAUBERTRICK 8

Die Kreuzforce

Nehmen wir an, Sie möchten, dass ein Zuschauer eine bestimmte Karte wählt, sagen wir das Herz-Ass. Diese Karte ist Ihre Force-Karte. Wie stellen Sie das an?

Das Herz-Ass liegt oben auf dem Spiel (in den Abbildungen ist die Lage der Forcier-Karte jeweils mit einem „x“ versehen). Fordern Sie den Zuschauer auf, das Spiel „irgendwo in der Mitte“ abzuheben.

Jetzt liegen zwei Päckchen nebeneinander auf dem Tisch.

Ergreifen Sie den ehemals unteren Teil und legen Sie ihn quer auf den ursprünglich oberen Stapel (das sieht aus wie ein Kreuz; daher der Name „Kreuzforce"). Beiläufig sagen Sie: „Wir markieren mal die Stelle, bei der Sie abgehoben haben." Jetzt spielen Sie auf Zeit und sprechen mindestens zehn Sekunden lang: „Alexis Tsipras ist seit Januar 2015 an der Macht. Manche sagen, er sei ein Zauberer. Er verzaubert die griechischen Bürger, besonders die Frauen. Macht macht eben sexy..." Und so weiter.

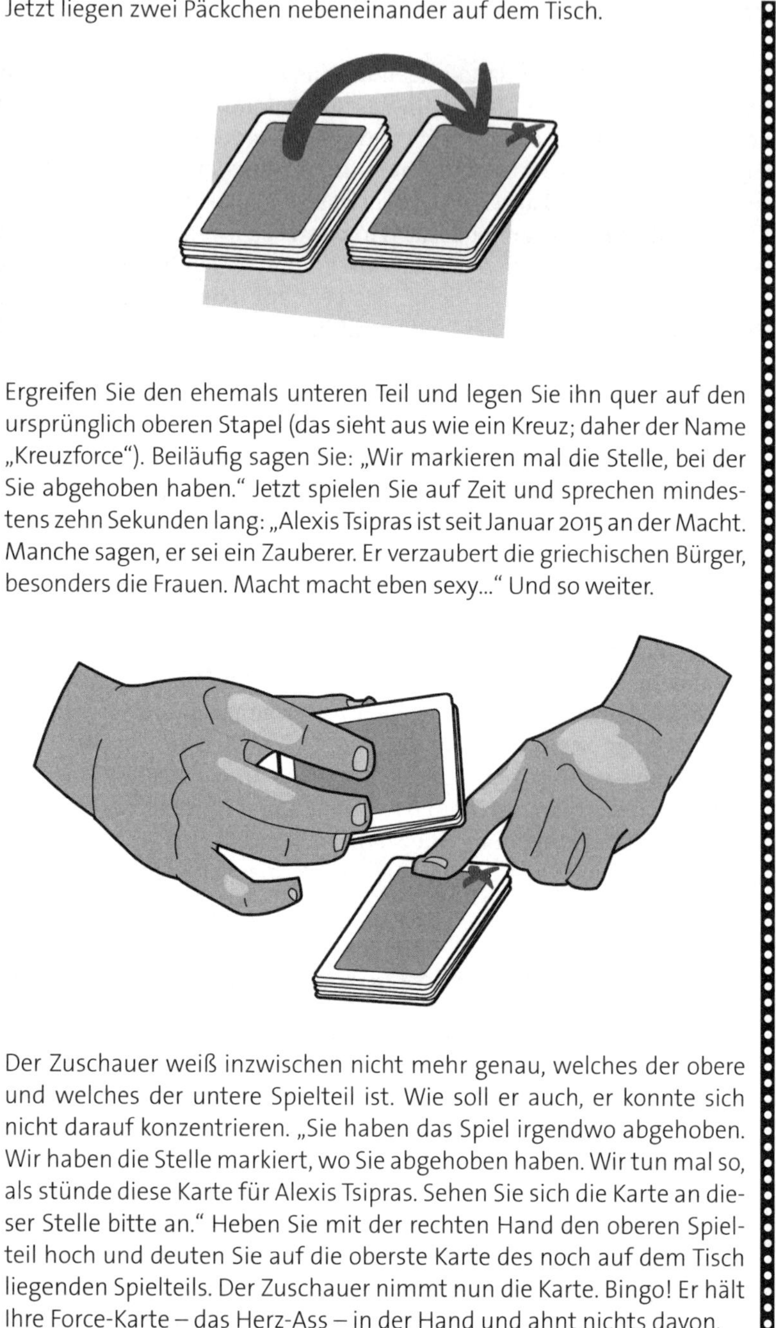

Der Zuschauer weiß inzwischen nicht mehr genau, welches der obere und welches der untere Spielteil ist. Wie soll er auch, er konnte sich nicht darauf konzentrieren. „Sie haben das Spiel irgendwo abgehoben. Wir haben die Stelle markiert, wo Sie abgehoben haben. Wir tun mal so, als stünde diese Karte für Alexis Tsipras. Sehen Sie sich die Karte an dieser Stelle bitte an." Heben Sie mit der rechten Hand den oberen Spielteil hoch und deuten Sie auf die oberste Karte des noch auf dem Tisch liegenden Spielteils. Der Zuschauer nimmt nun die Karte. Bingo! Er hält Ihre Force-Karte – das Herz-Ass – in der Hand und ahnt nichts davon.

Von da an ist alles Show und natürlich verkaufen Sie Ihr geheimes Wissen bestmöglich: „Haben Sie sich Ihre Karte gut gemerkt? Schön. Dann mischen Sie jetzt das Kartenspiel, so dass ich nicht wissen kann, wo sich Ihre Karte befindet. Gut gemischt? Sehr gut. Ich buchstabiere nun mit den Karten den Namen Alexis. A-L-E-X-I-S." (Dabei legen Sie jeweils eine Karte nach der anderen mit dem Gesicht nach oben auf den Tisch.) Vielleicht ist das Herz-Ass bereits unter den ersten sechs Karten. Das können Sie gut für einen spannenden Showdown verwenden: „Sie haben gemischt und trotzdem kommt Alexis immer nach oben, wenn man seinen Namen buchstabiert. Ich habe das Gefühl, das ist Ihre Karte. Das A steht für das Ass – und ab heute auch für Alexis. Der Mann kann wirklich zaubern."

Wenn das Herz-Ass nicht unter den ersten sechs Karten ist, buchstabieren Sie einfach zusätzlich den Nachnamen: T-S-I-P-R-A-S. Vielleicht ist die gewählte Karte unter diesen Karten. Machen Sie etwas daraus. Falls sie nicht dabei ist, ist es auch nicht schlimm. Vielleicht ist die letzte aufgedeckte Karte auch eine Herz-Karte. Das könnten Sie als „Indiz" dafür sehen, dass der Zuschauer eine Herz-Karte gewählt haben muss. Oder, oder, oder. Spielen Sie mit der Situation. Vertrauen Sie Ihrer Eingebung. Sie sind schließlich der Zauberer.

11. Vorsicht Feind! Groß, böse, mächtig!

Das Licht im Zuschauersaal geht aus. Der Vorhang öffnet sich. Ein magisches Theaterspektakel ist angesagt. Leider tritt im Laufe des Abends nicht nur der Zauberer auf. Ein lästiger Besserwisser drängt sich auf die Bühne. Ist er betrunken? Will er sich auf Kosten des Magiers profilieren? Offenbar ist er fest entschlossen, dem Zauberer auf die Schliche zu kommen und die „billigen Tricks" zu entlarven.

Der Magier zeigt dem Publikum eine leere Röhre vor. Leer? Das wollen wir doch mal sehen: Der dreiste Gegenspieler ist von einem geheimen Versteck in der Röhre überzeugt und reißt dem Akteur triumphierend das Stück aus der Hand. Allerdings findet er daran nichts Verdächtiges, so sehr er sich auch müht. Kleinlaut gibt der argwöhnische Zuschauer dem Magier das Requisit zurück. Und der zieht Sekunden später doch glatt einen riesigen Blumenstrauß aus der Röhre. Unglaublich! Der Kontrahent verlässt zerknirscht die Bühne. Das Publikum johlt und spendet dem Zauberer begeistert Applaus. Selbst Fachleute stehen vor einem Rätsel: „Wie hat der Kollege das bloß geschafft? Er muss wirklich ein Meister seines Faches sein."

Das Beispiel stammt aus dem sechsbändigen Lehrbuch *Tarbell Course in Magic* von Harlan Tarbell.[1] Es zeigt, wie nützlich ein Gegenspieler – überspitzt gesagt: ein Feind – bei der eigenen Täuschung sein kann. Der freche Zuschauer ist nämlich ein Verbündeter des Magiers. Niemand verdächtigt ihn – warum auch? Dagegen wird jede Bewegung des Magiers argwöhnisch beäugt. Das lässt sich nutzen. Unter dem Vorwand alles genauestens zu untersuchen, bugsiert der vermeintliche Gegner den Blumenstrauß in die Röhre. Niemand im Publikum hat es bemerkt. So kann der Zauberer mit einer großen Geste und viel Tamtam den Blumenstrauß „magisch" erscheinen lassen. Das, liebe Leser, ist großes, magisches Theater. Auch wenn das Geheimnis schrecklich banal klingt, erfordert es doch von den Beteiligten eine sorgfältige Inszenierung, glaubhaftes Schauspiel und eine sichere Lenkung der Wahrnehmung des Publikums.

Und in der Politik? Da gibt es Gegner und Feindbilder in Hülle und Fülle. Es spielt noch nicht einmal eine Rolle, ob der Feind real vorhanden ist oder nicht. Das Gefühl einer diffusen Bedrohung reicht und lässt sich für eigene Täuschungen erstaunlich gut nutzen. Auch wenn es nur der Selbsttäuschung und Autosuggestion im Wahlkampf dient. Für Frank Stauss ist das die Grundqualifikation für einen Wahlkämpfer. Die Politiker der anderen Lager sind nicht „Gegner“ oder „Mitwettbewerber“, sondern Feind („FeindFeind-Feind“[2]). Nur so könne man sich im kräftezehrenden Wahlkampf immer wieder motivieren. Er habe von der Clinton/Gore-Kampagne in den USA eines gelernt: „Wenn dein Gegner am Ertrinken ist, wirf dem Hurensohn einen Amboss zu.“ Der Hass sei übrigens ebenso rasch verflogen, wie er entstanden sei. Am Wahltag ist alles vorbei und man geht wieder ein Bierchen trinken.

Mysteriöse Objekte?

„Die Angsterzeugung“, sagt Rainer Mausfeld, Professor für Allgemeine Psychologie an der Universität Kiel, „ist ein ganz wichtiger Teil des politischen Geschäfts.“[3]

Im Oktober 2014 und im Frühjahr 2015 wurden in schwedischen Hoheitsgewässern mysteriöse Objekte gesichtet. Es habe sich wohl um ein russisches U-Boot gehandelt, so mutmaßte das schwedische Militär. Auch die *Tagesschau* berichtete darüber. In den nordischen Staaten ist die Angst vor russischen Aggressionen von jeher groß. Prompt wurden in der Folge die schwedischen Verteidigungsausgaben um 665 Millionen Euro aufgestockt. Später erwies sich das mutmaßliche russische Unterwasserfahrzeug als harmloses, ziviles Schiff. Der Etat für die Militärausgaben wurde aber nicht wieder gekürzt. Die vermeintlichen russischen U-Boote treiben – wie Markus Kompa[4] schreibt – die neutralen Schweden an die Seite der NATO.

Auch innerhalb der Parteien finden sich natürlich Fronten. Jeder Politiker kennt die sarkastische Steigerung *Feind, Todfeind, Parteifreund.* Angela Merkel und Horst Seehofer sind zerstritten. Helmut Kohl und Richard von Weizsäcker konnten sich auf den Tod nicht ausstehen. Auch das Verhältnis von Willy Brandt und Herbert Wehner war belastet. Aber uns interessieren die Feinbilder außerhalb der eigenen Lager.

Eine kleine Auswahl gefällig?

+ Als sich der griechische Ministerpräsident Alexis Tsipras noch in der Opposition befand, waren vor allem Frau Merkel, Herr Junker und Herr Schulz seine Lieblings-Feindbilder – alles ach so böse Menschen.

+ Der republikanische Politiker Donald Trump warnte während seines Wahlkampfs 2016 davor, Muslime in die USA einreisen zu lassen. Dabei ist die Religionsfreiheit in der US-Verfassung, der *Bill Of Rights,* verankert.

Journalisten sind für ihn „Abschaum“ und Mexiko schicke nichts als Schmuggler und Vergewaltiger ins Land. Mich persönlich erinnert Trump immer wieder an den ehemaligen italienischen Ministerpräsidenten Silvio Berlusconi, der ebenfalls im vorherigen Leben erfolgreicher Unternehmer und Milliardär war. Berlusconi wetterte mit Vorliebe gegen „linke Richter“ und „Umstürzler“ – insgesamt wurde er über 30 Mal wegen u. a. Bestechung und Steuerhinterziehung angeklagt. Als Motiv für seinen Einstieg in die Politik nannte er die „kommunistische Gefahr“.

+ Das Feindbild USA wirkte stabilisierend auf die Regierung in Kuba und trug dazu bei, dass sich Fidel Castro 49 Jahre lang im Amt behaupten konnte – länger als jeder andere Regierungschef (von Monarchen einmal abgesehen). Der kubanische Staatspräsident überlebte elf US-Präsidenten. Die Auseinandersetzung zwischen beiden Ländern nahm zuweilen absurde Züge an. Der amerikanische Geheimdienst CIA wollte den leidenschaftlichen Taucher Castro mit explodierenden Muscheln töten. Auch vergiftete Tauchanzüge, Stiefel, Zigarren und Kugelschreiber sollten Castro aus dem Weg räumen – der Kubaner hatte jedoch Glück und überlebte alle Anschläge.

Das verschollen geglaubte Handbuch der CIA, ursprünglich verfasst von dem großen Magier John Mulholland

Vor einigen Jahren tauchte ein verschollen geglaubtes Handbuch der CIA auf. Zur Zeit des Kalten Krieges gab der Chef des Geheimdienstes, Allen Dulles, dem Profi-Zauberer John Mullholland folgenden Auftrag: Er solle sein Wissen über Tarnung und Täuschung an den Secret Service weitergeben. Über mehrere Jahre arbeitete Mullholland für die „Agency“ an diversen geheimen Manövern und an tödlichen Gadgets, um feindliche Politiker und Agenten auszuschalten.[5] Über diese Arbeit verfasste Mullholland ein Handbuch mit dem Titel *Praktische Anwendungsmöglichkeiten der Illusionskunst*. Die Entdecker dieses geheimen CIA-Dokuments – H. Keith Melton und Robert Wallace – haben das Werk für die Öffentlichkeit zugänglich gemacht.[6]

+ Auch im Deutschland der Nachkriegszeit wurden natürlich von allen Lagern Feindbilder bemüht: Die DDR nannte die innerdeutsche Mauer „antifaschistischen Schutzwall“. Die Bundesrepublik war voller „Faschisten“, „Kriegstreiber“, „Ausbeuter“, „Revanchisten“, „Erfüllungsgehilfen des US-Imperialismus“ etc.

In der Bundesrepublik gelang es keinem so gut wie dem „Kanzler der Einheit", Helmut Kohl, die „kriegerische Kampfstimmung" zu schüren. Nach dem Motto: Wer nicht für uns ist, ist gegen uns[7] – die Sozen, die Presse, die Grünen, die Linken, die Intellektuellen, die Gewerkschaften etc. Wie sehr das Freund-Feind-Denken in Helmut Kohl verankert ist, zeigte sich bereits in dessen Jugend. Er hatte seinen Hund wie folgt dressiert: Sobald sich ein SPD-Genosse näherte, zischte er „Soz" und das Tier begann zu knurren.[8]

Die Liste der Beispiele lässt sich beliebig fortsetzen, aber belassen wir es erst einmal dabei. Jeder Hollywood-Regisseur weiß: je mächtiger der Feind, umso größer der Held.

Ein politischer Gegenspieler sorgt für Dramen und das Publikum liebt solche öffentlichen Auseinandersetzungen. Sie sind viel unterhaltsamer als ausgewogene, sachorientierte Debatten. Wer es nicht glaubt, muss sich nur die Wutrede des ehemaligen belgischen Premiers Guy Verhofstadt gegen Alexis Tsipras ansehen – Millionen User haben das Video im Internet schon angeklickt.

Nicht wundern, lieber Leser, wenn dieses Kapitel vergleichsweise kurz wird. Der Zauberer hat keinen natürlichen Gegner, geschweige denn einen politischen. Wer sollte solch ein Gegner auch sein? Im Englischen gibt es den Begriff des *hecklers.* Das sind Zuschauer, die durch Zwischenrufe die Show stören und den Zauberer herausfordern. Wer aber ständig auf der Bühne mit Störenfrieden zu kämpfen hat, macht etwas falsch. Ein echter Zauberer sucht (und gewinnt) den Zuschauer als Verbündeten. Ohne den Zuschauer als Mitspieler, der sich freudvoll auf das Gefühl des Sich-Wunderns einlässt, entsteht keine Magie.

Aber was ist mit dem *Maskierten Zauberer*? Im Fernsehen lief die Sendung *Aus der Zauber – Die geheimen Tricks der großen Magier (Breaking the Magician's Code: Magic's Biggest Secrets Finally Revealed).* Der amerikanische Zauberer Val Valentino trug eine Maske und erklärte Geheimnisse der Zunft. Ist das nicht ein Gegner aller Zauberer? Nein, denn die erklärten Methoden waren plump und veraltet – und außerdem ist Zauberkunst viel komplexer als in den Sendungen dargestellt. Für ein Buch wie das Ihnen vorliegende gelten laut Magischem Zirkel andere Maßstäbe. Zwar verrate ich Ihnen hier wertvolle Trickprinzipien, aber eben nur für Menschen, die sich dafür interessieren und die sich die Mühe machen, sie zu lesen. Trickerklärungen im Fernsehen dagegen verschleudern Geheimnisse wahllos an jeden, ohne jeden Respekt vor der Zauberkunst. Der wirkliche Feind des Zauberers ist allenfalls der schlechte Vorführer: der selbsternannte „Künstler", der ohne viel Wissen und Können Aufmerksamkeit erregen will, um womöglich Minderwertigkeitsgefühle zu kompensieren. Ganz nach dem Motto: „Ohne Proben ganz nach oben".

Beim Thema „Feind" gibt es aber eine bemerkenswerte Gemeinsamkeit zwischen Politik und Zauberkunst: Wie der Gegenspieler oder der Feind als solcher inszeniert wird. Ein Feind, der gefährlicher dargestellt wird, als er ist, oder den es in dieser Form überhaupt nicht gibt. Das amerikanische Zauber-Duo Penn & Teller wurde unter anderem auch deshalb bekannt, weil sie sich als *bad guys of magic* positionieren.[9] Obwohl sie die Zauberkunst lieben und starke Illusionen präsentieren, behaupten sie, dass alle Zauberer sie hassen würden. Dies stimmt aber nicht und die beiden wissen es! Helmut Kohl schien überall Feinde zu sehen. Dabei war er ideologisch viel toleranter, als es den Anschein hatte. Seine Freundschaften mit den Sozialisten François Mitterrand und Felipe González waren legendär. Auch mit Boris Jelzin und Michail Gorbatschow kam er gut aus, obwohl diese aus ideologischer Sicht das Böse schlechthin verkörperten.

Der Entfesselungskünstler Harry Houdini hatte Kontrahenten, die ihm das Leben schwer machten und ihn immer wieder mit neuen Fesseln und Handschellen herausforderten. Interessanterweise wurden diese vermeintlichen Gegner tatsächlich von ihm bezahlt.

Es klingt zynisch, aber Terror und Angst können in der Tat einem Politiker von Nutzen sein. Nach den Terroranschlägen in Frankreich im Januar 2015 war Staatspräsident François Hollande so beliebt wie lange nicht. George W. Bush verzeichnete nach den Terroranschlägen am 11. September 2001 die höchsten Zustimmungswerte, die jemals für einen US-Präsidenten gemessen wurden. So konnte er sich auf einen breiten Rückhalt im Kampf gegen den Terrorismus verlassen. Mit fadenscheinigen Beweisen und falschen Behauptungen nutzte er Angst und Hysterie, um 2003 gegen den Irak Krieg zu führen. Angeblich stand ein Angriff mit Massenvernichtungsmitteln auf die USA bevor.

Auch Wladimir Putin kamen der Bombenterror und der Tschetschenien-Krieg möglicherweise nicht ungelegen. Ohne diese Krisen wäre er kaum zum Präsidenten Russlands aufgestiegen. So aber war der Krieg das zentrale Thema im Wahlkampf. Der große Gegenspieler, der gefährliche Feind ist für den Politiker so bedeutsam, dass manch einer glaubt, Putin habe nachgeholfen. Der ehemalige Geheimdienstagent Alexander Litwinenko beschuldigte den russischen Präsidenten, die Serie der (nie aufgeklärten)

Bombenanschläge auf Moskauer Wohnhäusern gehe auf Putins Konto. Er habe den Befehl dazu gegeben. Dann habe er die Angst und Empörung genutzt, um gegen die Tschetschenen Krieg zu führen. Litwinenko wurde 2006 in London mit dem radioaktiven Polonium-210 vergiftet – mit Billigung des Kremls, wie ein britischer Untersuchungsbericht nachwies.

Robert-Houdin und die große Politik

Es gibt nur wenige Beispiele, bei denen Zauberkünstler den Machthabern unmittelbar helfen, einen realen Feind zu besiegen: Die nachfolgende Geschichte hat nahezu jeder angehende Magier in seiner Jugend verschlungen. Lesen Sie, wie ein Zauberer große Politik machte.

Als der Zauberkünstler Jean Eugène Robert-Houdin seinen Ruhestand im Haus in der Nähe von Blois in Frankreich antrat, erhielt er 1856 von der Regierung einen ungewöhnlichen Auftrag: In Algerien drohte ein Aufstand von rebellischen Marabuts. Kaiser Napoleon III. schlug vor, dass Robert-Houdin an der „Befriedung" eines Stamms im Französischen Algerien mitwirken sollte. Die Marabuts behaupteten, magische Fähigkeiten zu haben, die ihnen von Allah verliehen worden waren. Der Zauberkünstler sollte nun beweisen, dass die französische Magie überlegen sei.

In Algerien angekommen, behauptete Robert-Houdin, er könne einem besonders starken und skeptischen Marabut die Kraft nehmen. Dieser war zuerst in der Lage, eine Box des Magiers mit Leichtigkeit zu heben. Nach einem Zauberspruch schien der Mann jedoch seiner Kräfte beraubt. Er versuchte die Kiste erneut zu heben. Es ging nicht. Der Mann wandte all seine Kraft an, keuchte und wurde rot vor Zorn – umsonst, er bewegte die Kiste keinen Millimeter. Das Geheimnis war ein Elektromagnet unterhalb der Bühne; solche Magnete waren zu der Zeit noch weitgehend unbekannt. Auf ein heimliches Zeichen hin erhielt der Mitspieler einen elektrischen Schlag und flüchtete unter „Allah! Allah!"-Rufen entsetzt von der Bühne.

Robert-Houdin ließ auch mit einem Gewehr auf sich schießen. Das tödliche Geschoss schien ihm nichts anzuhaben. Dann schoss er auf eine Wand, auf der sich ein Blutfleck bildete. Die Marabuts waren von der Macht der französischen Magie überzeugt, legten die Waffen nieder und der Zauberer erhielt seinen verdienten Lohn.

12. Con yourself into belief – Glaube deiner eigenen Lüge

Richard Wiseman ist ein Psychologe, der seine Laufbahn als professioneller Illusionist begann. Er ist durch seine zahlreichen Forschungen zu Alltagsfragen bekannt geworden. In seinem Buch *Quirkologie* beschreibt er folgendes Experiment:

„Ich zeigte einer Gruppe meiner Studenten eine Videoaufnahme, auf der ein Zauberkünstler scheinbar mit reiner Geisteskraft (in Wirklichkeit aber mit einem Taschenspielertrick) einen Metallschlüssel verbog. Anschließend legte er den Schlüssel auf einen Tisch, trat einen Schritt zurück und sagte: ‚Sehen Sie, es ist erstaunlich, der Schlüssel verbiegt sich immer noch.' Anschließend wurden alle Studenten gefragt, was sie gesehen hatten. Über die Hälfte von ihnen war überzeugt, sie hätten genau beobachtet, wie der auf dem Tisch liegende Schlüssel sich noch weiter verbog, und sie hatten keine Ahnung, wie der Zauberkünstler einen derart eindrucksvollen Trick zuwege bringen konnte. Damit war auf dramatische Weise gezeigt, wie ein professioneller, langjährig erfahrener Illusionist einen solchen Satz mit einem derartigen Selbstvertrauen äußern kann, dass die Menschen meinen, sie würden das Unmögliche mit eigenen Augen beobachten."[1]

Aus eigener Erfahrung kann ich bestätigen: Ja, genau so ist es; das Schlagwort heißt tatsächlich „Selbstvertrauen". Große Zauberer und Politiker benötigen einen immensen Glauben an die eigenen Fähigkeiten.

Bartolomeo Bosco war der wohl erste internationale magische Superstar im Europa des 19. Jahrhunderts. Er war ein „Finger- und Zungenheld", der mit viel Humor und seiner Persönlichkeit besonders die Frauen beeindruckte. Er sprach ein Kauderwelsch aus gebrochenem, aber doch verständlichem Deutsch, Französisch und Italienisch. Ein Zeitgenosse schrieb:

Bosco „gefiel außerordentlich, aber keinem so sehr als sich selbst. Er sah sich zum millionten Male selbst mit Bewunderung zu, und war zum millionten Male von sich selbst überrascht. Er gehörte nicht zu jenen Escamoteuren [„Taschenspieler, Zauberkünstler", Anm. d. Autors], die selbst wissen, dass sie täuschen, nein, er war überzeugt, das ist Hexerei. Er sagte zu sich selbst: ‚Das begreif' ich nicht!' (...) und war sich selbst stets neu, stets unbegreiflich, stets erstaunenswert."

Ein ähnliches, unerschütterliches Selbstvertrauen besaß der Magier Max Malini. Er verfügte über die Unverfrorenheit, ohne einen Cent in der Tasche in den besten Hotels abzusteigen. Was er aber hatte, waren Empfehlungsschreiben von Präsidenten und Königen sowie ein unbedingtes Vertrauen in seine Kunst. Malini ging davon aus, dass er schon irgendwie an ein Engagement kommen würde. Tatsächlich war es dann auch so.

„Ich hätte es geschafft", sagte Gerhard Schröder, als der SPD-Kanzlerkandidat Rudolf Scharping dem amtierenden Kanzler Helmut Kohl unterlag. Immer wieder empfahl er sich als Kanzler: „Ich kann das, ich will das und ich schaff' das auch." In der Tat schaffte er es 1998 und wurde der siebte Regierungschef der Bundesrepublik. Auch Bundeskanzler Helmut Schmidt schien keinen Selbstzweifel zu kennen, wenn er „Arschlöchern" (Originalton Schmidt) wie dem US-Präsidenten Jimmy Carter mal wieder die Welt erklärte. Frei von jeglicher Unsicherheit war auch Helmut Kohl. Das zeigen viele Äußerungen seiner Zeitgenossen, beispielsweise von Friedbert Pflüger, der ein Gespräch mit Kohl vor der Bundestagswahl 1983 beschreibt:

„Er vermittelt den Eindruck eines Mannes, der ganz genau weiß, was er will, und überzeugt ist, dass er es besser kann als jeder andere. Kein Zweifel kommt auf, bei ihm nicht und auch nicht bei mir."[2] Oder, wie Walter Kohl über seinen Vater Helmut sagt: „Er war und ist ein Mensch, der sich mit sich selbst im Reinen befindet. Ambivalenz, Zwiespältigkeit, Hin- und Hergerissen sein – das sind innere Zustände, die er nicht zu kennen scheint."[3]

Persönlich finde ich, dass Selbstzweifel und -kritik durchaus wichtig und berechtigt sind: Sie können vor Selbstgefälligkeit schützen und als Korrektiv dienen, um Fehleinschätzungen zu korrigieren. Aber eben alles zu seiner Zeit. In den Momenten, wo es darauf ankommt, dürfen Zweifel keinen Platz mehr haben. Selbst ein Grübler wie Willy Brandt packte entschlossen zu, als der „Mantel der Geschichte" an ihm vorbeiwehte und er Kanzler werden konnte. Angela Merkel bringt es knapp auf den Punkt: „Nur der, der von sich selbst überzeugt ist, kann auch andere überzeugen."

„Wenn ich den Glauben habe, dass ich es schaffen kann, werde ich mit Sicherheit die Fähigkeit dazu erwerben, selbst wenn ich sie anfangs womöglich nicht hatte." *(Mahatma Gandhi)*

Wie wichtig Vertrauen beziehungsweise Selbstvertrauen ist, zeigt sich im englischen Wort *con man* (auf deutsch: *Hochstapler, Betrüger* oder *Schwindler*). So werden Zauberer zuweilen genannt. Die Silbe *con* stammt von *confidence*, also *Vertrauen, Selbstvertrauen* oder auch *Geheimnis*: Der *con man* benötigt eben neben dem Vertrauen seines „Opfers“ auch großes Selbstvertrauen. Die Redewendung „to con somebody into doing something“ besagt, dass man jemanden durch einen faulen Trick dazu bringt, etwas Bestimmtes zu tun. Wir geben dieser negativen Bedeutung einen positiven Dreh, beschwindeln uns selbst und konditionieren uns so, unseren Täuschungen zu glauben. Wie Frank Stauss zu berichten weiß, kennen Politiker im Wahlkampf diese Technik nur zu gut:

„Nur die Kraft der Autosuggestion, der Tunnelblick, macht es Kampagneros und dem Kandidaten überhaupt erst möglich, die permanente Achterbahnfahrt der Emotionen zu überstehen – und manchmal auch die Aussichtslosigkeit einer kräftezehrenden Anstrengung, deren Sinnlosigkeit mitunter viele Tage vor dem eigentlichen Ende feststeht. Autosuggestion bedeutet nicht, dass man die Aussichtslosigkeit manches Unterfangens nicht wahrnimmt. Man darf sie auch nicht mit Blindheit verwechseln. Sie ermöglicht es einem aber überhaupt erst, morgens aufzustehen und weiterzumachen. Monate am Stück durchzuarbeiten und zu hoffen, zu hoffen, zu hoffen.“[4]

Glauben Sie an den Erfolg, denken Sie positiv.

Der geniale Zauberer Tommy Wonder weist darauf hin, dass positive Szenarien auch bei Gehaltsverhandlungen helfen können.[5] Malen Sie sich in Gedanken aus, dass Ihr Arbeitgeber damit einverstanden ist, dass Sie mehr Geld erhalten. Dieses mentale Bild hilft Ihnen, positive Signale auszusenden, die nichts anderes besagen als: „Mein Chef wird der Einkommenserhöhung zustimmen.“ Diese Sicherheit wird der Arbeitgeber spüren und er wird es so viel schwieriger haben, Ihnen Ihre Bitte abzuschlagen: Die Menschen gehen meist den Weg des geringsten Widerstands. (Schreiben Sie mir, wenn es geklappt hat, damit wir Ihr Gehalt gerecht zwischen uns aufteilen können.)

Auf die Zauberei bezogen rät Tommy Wonder während des Übens nur an die Höhepunkte der Präsentation zu denken. Denn so vergisst man die Methode und beginnt wie ein echter Zauberer zu denken. Wir lenken unsere Zuschauer mental weg von der Technik, hin zu den schönen Höhepunkten, die sie erleben werden. So entsteht wahre Zauberei. Ja, in diesem Moment kann der Zauberer wirklich zaubern. Obwohl er geheime Techniken anwendet, blendet er diese völlig aus. Weil er in diesem Moment von der Wahrhaftigkeit seiner Illusionen überzeugt ist, wirken seine Täuschungen ungeheuer echt und glaubwürdig. Das ist das Geheimnis des Con-yourself-into-belief. Und das ist auch eine der wichtigsten Botschaften dieses Buches: Glaube selbst an Deine Täuschungen. Erst dann wirst Du andere davon überzeugen.

Mein Kollege Thimon von Berlepsch verweist in diesem Zusammenhang auf eine Redewendung der Amerikaner: "Fake it 'til you make it." Das entspricht der Als-Ob-Methode aus dem NLP, dem Neurolinguistischen Programmieren: Wenn Du etwas Bestimmtes erreichen möchtest, hilft es, so zu tun, als ob Du es bereits erreicht hättest.

„Obgleich alles, was man im Laufe einer Vorstellung sagt, nichts als ein Lügengewebe ist, so muss der Vorführende doch ausreichend in die Rolle schlüpfen, die er spielt, und selbst seinen fiktiven Feststellungen glauben. Dieser Glaube an seine eigene Rolle wird sich auf den Zuschauer übertragen."[6] *(Jean Eugène Robert-Houdin, der „Vater" der modernen Magie)*

Um die Rolle glaubhaft zu spielen, bedarf es einer aktiven inneren Einstellung und den Willen, sich mental und emotional ganz auf die Situation einzulassen. Vollständig im Hier und Jetzt sein: „Jedes Mal, wenn du auftrittst, muss dein Verstand durch die passenden Gedanken und Emotionen reisen. Das ist wesentlich, nicht weil es jemanden interessiert, was wirklich in deinem Kopf vorgeht, sondern weil so die Gefühle automatisch dein Gesicht und deinen Körper kontrollieren und zwar auf die perfekt angemessene Weise." Schauspielkunst, so Tommy Wonder weiter, sei eben nicht einfach Grimassenschneiden, sondern bedeute in der jeweiligen Situation das Richtige zu denken und zu fühlen.[7] Wie wichtig das für einen Politiker ist, zeigt sich am Beispiel von Bundestagspräsident Philipp Jenninger, der eine ehrgeizige Rede zwar mit den besten Absichten, aber eben nicht angemessen genug vortrug und danach seinen Rücktritt erklären musste.

Was für eine Wucht es hat, im richtigen Moment die passenden Gedanken abzurufen, lässt sich am dreifachen Zauberweltmeister Fred Kaps und am amerikanischen Präsidenten Barack Obama beobachten: Beide haben dieses unnachahmliche, überwältigend sympathische Lachen. Auf Obama bezogen erklärt die Wirkungsexpertin Monika Matschnig, sein Lächeln wirke niemals aufgesetzt, „weil er in der Lage ist, es in den Augen beginnen zu lassen. Wer nur die Mundwinkel auseinander zieht, wirkt nicht authentisch."[8] Dank Mentaltraining habe der Politiker die Gabe, auf Knopfdruck die Augen lächeln zu lassen. Wahrscheinlich könne sich Obama innerhalb von Sekunden innerlich auf gute Laune konditionieren.

Ein wertvolles Werkzeug: Das Silent Script

Wenn Du einen Vortrag hältst und Du beginnst dich selbst zu langweilen: Stopp! Die Zuschauer spüren das und werden sich unwillkürlich auch langweilen. Wenn Du dich bei einer Täuschung schuldig fühlst: Stopp! Dein Gegenüber wird es spüren. Es gibt eine Technik, die Dir beim Con-yourself-into-belief helfen kann. Denn nicht jeder ist von sich so überzeugt wie Gerhard Schröder oder Helmut Kohl. Bei dem hilfreichen Werkzeug handelt sich um das sogenannte „Silent Script", auch „Innerer Monolog" genannt. Henning Nelms hat diese Technik aus der Schauspielkunst bereits 1969 für Zauberkünstler adaptiert. Mit dem passenden Skript wehrt man verräterische Gedanken während der Vorführung ab.

Probieren Sie einmal Folgendes aus – in Anlehnung an den einprägsamen Buchtitel meines Kollegen Thorsten Havener: „Denken Sie nicht an einen blauen Elefanten". Je öfter ich Sie auffordere, NICHT an den blauen Elefanten zu denken, desto hartnäckiger drängt sich das Bild von dem blaugefärbten Rüsseltier auf. So geht es uns auch, wenn wir partout etwas verheimlichen wollen ... *Hoffentlich werde ich nicht ertappt! Was mache ich bloß, wenn etwas schief geht?* Es ist ganz und gar unmöglich, gezielt solch negativen Gedanken zu vermeiden. Da hilft nur eines: die unerwünschten Gedanken durch andere, positive Gedanken zu ersetzen.

Nehmen wir an, Sie halten einen Ball heimlich in der Hand versteckt. Wenn Sie den Ball „vergessen" wollen (ihn quasi vor ihrem eigenen Bewusstsein verstecken wollen), denken Sie gezielt an etwas anderes: „Moment, da steht ja ein Glas auf dem Tisch. Das sieht aus wie ein Weinglas. Ah, ich weiß. Damit zeige ich jetzt eine tolle Illusion. Na, die werden staunen ..."

Diese Gedanken, dieser innere Monolog ist fester Bestandteil der Probe. Neben dem eigentlichen Vortrag sollte auch dieser Text aufgeschrieben werden. Wie gesagt: Den Text werden die Zuschauer niemals zu hören bekommen. Dennoch lohnt sich die Mühe ungemein. Damit haben Sie ein wertvolles Werkzeug, das Ihre Täuschungen um vieles glaubhafter macht. Der Zauberkünstler erlebt das Wunder gleichsam mit den Zuschauern immer wieder neu. Selbst wenn er es schon etliche Male gezeigt hat.

13. Das Enigma namens Angela

Angela Dorothea Merkel, eine erstaunliche Karriere: In 15 Jahren von 0 auf 100. Zuweilen erinnert sie mich an Audrey, die Topfpflanze (aus dem Film „Little Shop of Horrors“ – sie frisst Fleisch). Bei Helmut Kohl studiert sie in nächster Nähe, wie man sich seine Macht sichert. Mit 51 Jahren wird sie Bundeskanzlerin, die erste Frau und Naturwissenschaftlerin in diesem Amt. Keiner ihrer Vorgänger hat es in so jungen Jahren zum Regierungschef gebracht. Sie erwirbt während der Finanzkrise in der Bevölkerung großes Vertrauen. Sie gilt als uneitel, intelligent, sachorientiert und detailkundig. Sie hat Selbstironie, ist jedoch nicht selbstgefällig. Die britische Rundfunkanstalt BBC nennt Merkel einen „global superstar“, die Menschen hierzulande sagen „Mutti“; sie ist beliebt und die inzwischen am längsten amtierende Regierungschefin in der Europäischen Union. Aufgrund ihrer Haltung in der Flüchtlingskrise mehren sich aber kritische Stimmen. Das berühmte Magazin Time *kürte sie als erste Deutsche nach Willy Brandt zur „Person des Jahres“ – nicht zuletzt wegen ihrer Willkommenskultur.*

Alle haben sich in ihr getäuscht. Angela Merkel, so schreibt Evelyn Roll in ihrer glänzenden Biografie, hat dieses „rätselhaft unschuldige Pokergesicht, das im Fernsehen immer ein bisschen doof und arglos aussieht“[1]. Sie wirkt, als käme sie von einem anderen Stern, heißt es in Jutta Langs Film über die Politikerin.[2]

Immer wieder hören wir, Äußerlichkeiten wie Frisur und Kleidung seien der Kanzlerin nicht besonders wichtig. Die Lust einer Julia Klöckner oder Ursula von der Leyen an der Selbstdarstellung fehlt bei ihr gänzlich. Ihre Bewegungen wirken oft tapsig-ungelenk, irgendwie mechanisch. Eine Bewegungslegasthenie habe sie als Kind gehabt. Auch eine Treppabwärts-Phobie, wie sie selbst erklärt. Wenn sie auf dem Fußballplatz begeistert in die Hände klatscht, sieht das drollig aus.

Merkels Habitus führt dazu, dass viele ihre überragende Intelligenz, ihre Zielstrebigkeit und auch ihren Machtwillen unterschätzten. Lothar de Maizière, der erste und zugleich letzte demokratisch gewählte Ministerpräsident der DDR wundert sich noch heute: So viel Durchsetzungsvermögen hatte er Angela nicht zugetraut. Ihr Förderer und Mentor Helmut Kohl hätte es eigentlich besser wissen müssen; auch er wurde lange unterschätzt. Nie hätte er geglaubt, dass sein „Mädchen“ ihn – den Kanzler der Einheit – einmal ganz nüchtern und ohne großes Federlesen vom Sockel seiner Wichtigkeit stoßen würde (siehe Merkels *F.A.Z.*-Artikel im Dezember 1999, auf den später noch einmal eingegangen wird).

Auf ihrem Weg an die Macht steuert Angela Merkel die Wahrnehmung ihrer Mitspieler wie eine Zauberin. Sie macht sich klein, lenkt die Aufmerksamkeit von sich weg. „Ihr könnt mich jederzeit verhindern“[3], sagt sie zu mächtigen Parteifreunden des sogenannten Andenpakts (ein Männerbündnis innerhalb der CDU, bestehend aus politischen Schwergewichten wie u. a. Volker Bouffier, Roland Koch, Christian Wulff, Friedbert Pflüger, Günther Oettinger, Franz Josef Jung). „Merkels Dauerauftrag an sich selbst“, schreibt Dirk Kurbjuweit, „ist die Reduktion, runterdimmen, kleinmachen, entdramatisieren.“[4] Entspricht das einfach ihrem Naturell? Oder ist es Kalkül? Vermutlich eine Mischung aus beidem. Diese Haltung bewirkt jedenfalls eine Beißhemmung der Unions-Alphatiere. Sie wird auf diese Art an allen vorbeiziehen.

Schon früh hat Merkel gelernt, sich zu tarnen – und gleichzeitig alle anderen zu täuschen. Ihr Vater Horst Kasner, ein evangelischer Theologe in der DDR, war ein unabhängiger Kopf, der gegen sich und andere sehr hart sein konnte. Während viele vor dem Mauerbau aus der DDR flüchteten, ging er den anderen Weg. Von Hamburg siedelte er nach Quitzow über, einem kleinen Dorf in Brandenburg. Er wollte dort sein, wo er am dringendsten gebraucht wurde. Kasner besaß Bücher, die im „Arbeiter- und Bauernstaat“ verboten waren. Die kleine Angela musste auf der Hut sein, dass sie sich nicht in der Schule verplauderte: „Man durfte ja dem Lehrer auf keinen Fall erzählen, dass bei Pfarrers zu Hause der Westsender gesehen und auf Honecker geschimpft wurde, und auch nicht, was für Witze am Abendbrottisch erzählt wurden.“

Einmal sollte die Musterschülerin Angela nach den großen Ferien 1968 erzählen, was sie bei der tschechischen Gastfamilie erlebt hatte – just in diesen Tagen waren russische Truppen in Prag einmarschiert. Sie habe einen traurigen Sommer gehabt, begann die Vierzehnjährige: „Dann sah ich schon an dem Blick des Lehrers, dass die Sache brenzlig wurde, und bin natürlich abgeschwiffen.“ (sie meinte „abgeschweift“). Es sind Erlebnisse wie diese, die ihre berühmte Pokermiene erklären.

Das arglos-treuherzige Gesicht hilft ihr auch bei der Bewältigung der Finanzkrise. In den USA melden die Lehman Brothers Insolvenz an. Die US-Regierung hatte bereits drei Banken mit vielen Milliarden Dollar unterstützt. Nun weigert sich George W. Bush, eine weitere Bank zu retten. Die Auswirkungen der Lehman-Jahrhundertpleite sind weltweit zu spüren, auch in Deutschland. Die Bundesbank unterrichtet das Kanzleramt, dass die Nachfrage nach 500-Euro-Scheinen an den Bankschaltern deutlich zunehme. Das ist ein gefährliches Indiz für die wachsende Unsicherheit in der Bevölkerung. Droht womöglich ein Run auf die Banken? Je nach Definition betragen die Spareinlagen der Deutschen um die 1.600 Milliarden Euro. Diese Einlagen sind im Jahr 2008 nicht sicher; der Bund könnte nicht einfach so für die Summe aufkommen. Trotzdem tritt Angela Merkel gemeinsam mit Finanzminister Peer Steinbrück vor die Presse und verkündet im Oktober:

„Wir sagen den Sparerinnen und Sparern, dass ihre Einlagen sicher sind. Auch dafür steht die Bundesregierung ein."

Das Publikum vertraut dieser Garantieerklärung; so wird eine Panik verhindert. Rückblickend meinte die Spitzen-Politikerin: „Wir haben mit dem unschuldigsten Gesicht das größte Ding gemacht."[5] (Wenig später nach Merkels und Steinbrücks Erklärung bringt die Große Koalition sehr schnell das Gesetz zum 500-Milliarden-Euro-Rettungsschirm für deutsche Banken auf den Weg.)

Lustige Zahlenspiele

Das Kabinett Merkel I (Große Koalition mit der SPD, 2005 – 2009) überrascht gleich zu Beginn mit verblüffender Mathematik. Im Wahlkampf kündigte die CDU eine Erhöhung der Mehrwertsteuer um 2% an. Die SPD ist strikt dagegen und wirbt mit dem Spruch „Merkelsteuer, das wird teuer". Gesetzt den Fall, überlegt sich der geneigte Wähler, die CDU hat in den Koalitionsgesprächen Erfolg, macht das nach Adam Riese 2+0=2. Also eine Erhöhung von zwei Prozentpunkten. Tatsächlich wird die Mehrwertsteuer aber um drei Prozentpunkte erhöht, von 16 auf 19 Prozent. Nanu, 2+0=3? Ist mein Taschenrechner defekt? Selbst das Smartphone zeigt (trotz mehrmaliger Eingabe) immer nur ein Ergebnis: zwei.

Erstaunlich! Beide – Merkel und SPD-Chef Franz Müntefering – verweigern eine Erklärung. Zählen wir aber eins und eins zusammen (ohne Taschenrechner!) stehen wir auf einmal – Hokuspokus – vor einem gewaltigen Berg aus Münzen und Geldscheinen, insgesamt 19,4 Milliarden Euro. So viel Geld hatte der Bund 2007 zusätzlich in der Kasse, nachdem die Erhöhung der indirekten Steuer in Kraft getreten war. Und 2008 waren es zusätzlich rund 22,8 Milliarden, 2009 dann 23,3 Milliarden mehr und so weiter. Die Umsatzsteuer ist die bedeutendste Einnahmequelle für den Bund; der besagte 1. Januar 2007 markiert die größte Steuererhöhung seit 1949. Alles in allem also ein vielversprechender und unterhaltsamer Start in das erste Kanzlerjahr Merkels.[6]

Der Journalist Nikolaus Blome kennt die Kanzlerin durch seine Funktion als Korrespondent und Hauptstadtbüro-Leiter für *Die Welt* und *Bild*: Seinem Buch über Merkel gibt er den Titel *Die Zauder-Künstlerin*. Nur ein Buchstabe scheint sie von einer Zauber-Künstlerin zu unterscheiden. Vordergründig gibt es da noch mehr Abweichungen: Sie ist nicht kreativ; sie vermeidet großen Streit und dramatische Auseinandersetzungen. Aber gerade Dramen sind natürlich für eine Theaterform wie die Zauberkunst wesentlich. Konflikte, unüberwindbare Hindernisse, Streit sind „großes Kino" für die Bühne. Streitigkeiten mit der CSU nennt die Kanzlerin „kleine Ausbuchtungen"[7]. Auch misst sie der Sprache – für einen Sprechzauberer naturgemäß sehr wichtig – keine große Bedeutung bei. Jedenfalls glaubt sie nicht sonderlich an die Macht des Wortes:

„Die Idee, dass ein Mensch die Menschen mit Worten so berührt, dass sie ihre Meinung ändern, habe ich nie geteilt. Aber schön ist sie trotzdem."[8]

Und während viele Zauberer mit Superlativen verschwenderisch umgehen, sich „bester Mentalist der Welt" oder gar „Weltwunder" nennen, stapelt Merkel gerne tief. Nur um keine Erwartungen zu enttäuschen. Sie muss schließlich auch nicht werben, damit die Menschen zu ihr ins Theater kommen.

Nun zeichnet sich die Zauberei durch unterschiedliche Facetten und Ebenen aus: Neben dem Entertainment und der Inszenierung hat unsere Kunst auch eine mechanische Komponente. Zum einen sind da die Requisiten, manche davon wahre Wunderwerke der Mechanik. Gefertigt werden sie von Spezialisten wie John Gaughan, der für Zauberkünstler auf der ganzen Welt spezielle Gerätschaften entwickelt. Nicht zu vergessen: Einer der größten Zauberer, Jean Eugène Robert-Houdin[9], war von Haus aus Uhrmacher und verblüffte seine Zeitgenossen mit großartigen, mechanischen Wunderwerken. Daneben bestehen Zaubershows in der Regel aus einer genau festgelegten (durchaus mechanischen) Abfolge von Handlungen. Idealerweise wirken diese Abläufe allerdings nicht mechanisch, sondern zufällig und spielerisch. Wer aber eine Magie-Show mehrmals besucht, bemerkt Muster, die sich wiederholen: Jedes Mal fällt „aus Versehen" ein Tuch auf den Boden, jedes Mal sucht der Protagonist nach dem Filzstift, erst in der linken, dann in der rechten Hosentasche. So läuft das in jeder

Show ab, wie ein Uhrwerk. Bei einem professionellen Auftritt hat eben jede Handlung ihren besonderen Grund, alles baut aufeinander auf und dient dazu, die Logik auszuhebeln und ein Wunder zu inszenieren. Hier berührt sich Merkels Welt mit der Magie. Ihre Sache ist nicht die Inszenierung, sehr wohl aber die der Mechanik. Der SPD-Politiker Peer Steinbrück sagte einmal über sie: „Ich würde mich jederzeit in ein Flugzeug mit ihr als Pilotin setzen, da fühle ich mich sicher, denn sie hat mechanisch alles im Griff."[10] Im Zusammenhang mit der Kanzlerin taucht der Begriff Mechanik immer wieder auf:

„Sie ist wie eine Westpolitikerin geworden", sagt Lothar de Maizière über Merkel. „Sie hat Spaß daran, wie jemand, der eine Marionette bewegt. Wenn ich an dieser Strippe ziehe, dann wackelt's da. Es ist der Spaß an der Herrschaft der Mechanik, aber auch an der Herrschaft über Menschen."[11]

Der Kabarettist Dieter Nuhr fragte die Kanzlerin für das Magazin der *Süddeutschen Zeitung*, ob sie mehr Macht oder Ohnmacht empfände: „Weder noch", war die nüchterne Antwort, „sondern die ständige Aufforderung, Probleme zu lösen."[12]

Sie sieht sich als Aufgabenlöserin, sie will, dass die Mechanik funktioniert: „Je schwieriger diese Aufgaben sind, desto spannender und interessanter findet das Merkel, desto freudiger geht sie ans Werk. In dieser Hinsicht ist sie mehr Wissenschaftlerin als Politikerin", sagt Dirk Kurbjuweit. Oder eben Zauberin, denn hier findet sich eine weitere Parallele zu unserer Kunst. Der Magier John Carney beschreibt Magie als „problem solving", also als eine ständige Suche nach besseren Methoden (und Effekten). Wie Recht er hat!

Tempo und Timing

Merkel wirkt in vielen Fragen zögerlich. Sie könne eben – sagt sie selbst – erst dann entscheiden, wenn sie fertig gedacht habe.[13] Das Zögern gibt ihr Zeit zu beobachten. Das tut sie gerne: Fließende Prozesse zu betrachten. Und zu warten, um dann den richtigen Moment abzupassen. Das ist die Kunst des Timings. Der legendäre Max Malini (1873 – 1942) war ein Meister darin. Er wurde einmal gefragt, was das Geheimnis seiner Zauberei sei. „I wait", sagt er lapidar: „Ich warte."[14] Genauso ging er auch vor, wenn er einen Eisblock aus einem geliehenen Hut hervorzauberte. Da stand der Meister-Magier an der Bar und hatte unter seiner Kleidung den Eisblock versteckt. Das Eis schmolz, der Anzug wurde nass. Malini kümmerte das nicht. Er lauerte so lange, bis er sich unbeobachtet wähnte. In diesem kurzen Moment beförderte er zügig (nicht hastig) den gefrorenen Wasserblock in den Hut des Zuschauers: „Den Moment erkannt. Zugegriffen. Gemacht." Man könnte an dieser Stelle sagen: „Wie Merkel", denn genau so beschreibt Nikolaus Blome ihre Arbeitsweise.[15]

„Gutes Timing ist unsichtbar – schlechtes Timing riecht man hundert Meter gegen den Wind."[16] *(Tony Corinda, englischer Mentalist; Autor von* Thirteen Steps to Mentalism*)*

ZAUBERTRICK 9

Der Münzpropeller
(eine kleine Übung in Sachen Timing und Geschwindigkeit)

Der Effekt: Eine Münze erscheint. Bei kreisenden Bewegungen erscheint auf der Grafik ein rundes Objekt. Dieses Objekt verwandelt sich in ein Geldstück. Lassen Sie sich von der Einfachheit nicht abschrecken; die Sache sieht einfach klasse aus.

Das Geheimnis: Ganz hinten im Buch finden Sie die Kopiervorlage für den „Münzpropeller". Kleben Sie zunächst die Grafik auf einen festen Karton in der Größe einer Visitenkarte. Der Trick selbst beruht auf einer optischen Täuschung. Wenn Sie die Karte waagerecht halten und kreisende Bewegungen ausführen, entsteht auf dem Propeller ein rundes Objekt. Je nach Geschwindigkeit wirkt das Objekt größer oder kleiner. Die Münze liegt dabei unbemerkt unter der Karte.

Detaillierter: Legen Sie die Münze mittig auf den Mittel- und Ringfinger der rechten flachen Hand – Linkshänder bitte links. Krümmen Sie die Finger nun leicht ein und klemmen die Münze so fest. Ihre Haltung sollte dabei ganz natürlich wirken. Jetzt legen Sie die Karte über die Münze. Achten Sie darauf, dass die Münze nicht „aufblitzt". Die Karte halten Sie mit Daumen und Zeigefinger fest. Jetzt kommt es auf Timing und Koordination an. Bewegen Sie die Karte im Kreis. Dabei wird auf dem „Propeller" ein rundes Objekt sichtbar, die optische Täuschung.

Stoppen Sie mit einem plötzlichen Ruck die kreisende Bewegung: Die reale Münze fliegt aus ihrem Versteck. Wenn Sie alle Bewegungen gut koordinieren, hat sich die Münze plötzlich materialisiert. Das ist sehr visuell und sieht verrückt aus. Unbedingt ausprobieren!

Im Jahr 1990 fungiert Angela Merkel als Pressesprecherin der Partei „Demokratischer Aufbruch", die später mit der CDU-Ost fusionierte. Als am 18. März 1990 „ihre" Partei kläglich scheitert, hält sich Merkel nicht lange bei den Verlierern auf. Noch am gleichen Abend sucht sie die Nähe zum Sieger Lothar de Maizière. Gutes Timing! Dann möchte sie dem großen Helmut Kohl vorgestellt werden. Am 2. Oktober 1990, einen Tag vor der Wiedervereinigung, trifft sie sich erstmals mit ihm. Wiederum gutes Timing! Am 18. Januar 1991 wird sie überraschend als Ministerin vereidigt – Kohl hatte das alte Bundesministerium für Jugend, Familie, Frauen und Gesundheit gedrittelt, um es zwischen Gerda Hasselfeldt, Hannelore Rönsch und Angela Merkel aufzuteilen. Zwar übernimmt Merkel nur ein kleines „Restministerium", aber der Einstieg in die große Politik ist geschafft. Später erhält sie ein ganzes Ministerium und wird – für alle überraschend – Bundesumweltministerin.

Den eigentlichen Grundstein für ihre Kanzlerschaft legt sie jedoch am 22. Dezember 1999. Genau zum richtigen Zeitpunkt zaubert sie etwas Unerwartetes, Sensationelles aus dem Hut: Sie veröffentlicht einen Artikel in der *Frankfurter Allgemeinen Zeitung*, in dem sie sich von Helmut Kohl distanziert. Dessen Spendenaffäre war zu einer Zerreißprobe für die Partei geworden. Merkel verkündet, die Partei müsse nun laufen lernen und ohne Helmut Kohl auskommen:

„Die Partei muss also laufen lernen, muss sich zutrauen, in Zukunft auch ohne ihr altes Schlachtross, wie Helmut Kohl sich oft selbst gerne genannt hat, den Kampf mit dem politischen Gegner aufzunehmen. Sie muss sich wie jemand in der Pubertät von zu Hause lösen, eigene Wege gehen und wird trotzdem immer zu dem stehen, der sie ganz nachhaltig geprägt hat – vielleicht später sogar wieder mehr als heute."[17]

Dies war ein mutiger Aufruf zur Abnabelung vom ehemaligen Kanzler, der 25 Jahre die Geschicke der CDU geführt hatte. Es war eines ihrer größten politischen Risiken überhaupt, ohne Rückendeckung und ohne sich mit Wolfgang Schäuble abzusprechen. Durch diesen Text wurde „Angie" zum ersten Mal in ihrer Karriere zur beliebtesten Politikerin Deutschlands. Ohne den *F.A.Z.*-Artikel, ohne ihr perfektes Timing wäre Angela Merkel wohl niemals CDU-Parteichefin und damit auch nicht Bundeskanzlerin geworden.[18]

High Noon beim Marmeladebrötchen

Die nachfolgende Geschichte ist ein politisches Lehrstück. Es zeigt, wie Angela Merkel – dank ihres Timings – die Wirklichkeit zu ihren Gunsten deuten wird: Merkel will schon im Jahr 2002 Kanzlerkandidatin werden. Wichtige Männer der CDU haben jedoch längst gegen sie entschieden: Wo käme man denn da hin? Eine Frau. Eine Ostdeutsche. Einer der ihren soll es werden, Edmund Stoiber, der bayerische Ministerpräsident. Die CDU-Alphatiere wollen Merkel zum Verzicht bewegen, einer nach dem anderen spricht bei ihr vor. Merkel hält dennoch an ihrem Vorsatz fest, sogar öffentlich: „Ich bin bereit zur Kanzlerkandidatur."[19] Die Männer werden nervös. Merkel wirkt so eigenartig selbstsicher. Würde sie um jeden Preis auf ihre Kandidatur bestehen? Würde Stoiber womöglich aufgeben?

Endlich telefoniert Roland Koch, der hessische Ministerpräsident, mit ihr. Lange Zeit hat er sich zurückgehalten. An diesem Mittwoch, dem 9. Januar 2002, wird Angela Merkel die Bedeutung von Seilschaften in der Demokratie schmerzhaft bewusst. Koch sagt Merkel auf den Kopf zu, dass sie keine Chance auf die Kandidatur habe. Sie habe außerdem keine Berechtigung dazu. Es kommt zu einer heftigen Auseinandersetzung, Koch schreit ins Telefon. Merkel weiß, dass sie verloren hat. In dieser Situation begreift sie schlagartig, dass ihr nur noch ein kleines Zeitfenster bleibt, um zu handeln. Nur ein winziger Moment, um die Deutungshoheit nicht zu verlieren. Würde sie jetzt stur auf die Kandidatur beharren, wäre sie als Parteivorsitzende geschwächt – *a lame duck*, wie die Amerikaner sagen. „Wenn Angela Merkel in der Politik etwas gelernt hat", so beschreibt Evelyn Roll den Politkrimi weiter, „dann das, dass man auch in der übelsten Lage noch die Handelnde bleiben muss, das Subjekt des politischen Prozesses. Wer zugibt, dass er zum Objekt geworden ist, wer als Objekt wahrgenommen wird, hat seinen Führungsanspruch verloren."[20] Und weiter: „Also muss man, selbst und gerade in der größten Bedrängnis, immer agieren, nie reagieren."[21]

Zeit für den Showdown: Für Donnerstag wird heimlich eine Chartermaschine organisiert. Die Beamten des Bundeskriminalamts – zuständig für ihre Sicherheit – werden ausgetrickst. Sie hätten sich sonst mit der Polizei in München kurzgeschlossen und die wiederum hält Kontakte zur Presse. *Pssst, kein Wort!* Niemand darf etwas erfahren. Unter einem fremden Namen bucht sich Merkel ins Airport Hotel ein. Von der Tiefgarage gelangt sie ungesehen ins Zimmer. Merkel telefoniert mit Stoiber: Sie will sich noch an diesem Abend mit ihm treffen. Stoiber wimmelt sie ab: Nein! Keine Zeit, Gäste kommen zum traditionellen Neujahrsempfang. Sie bleibt aber hartnäckig. Am Freitagmorgen klingelt sie um acht Uhr morgens bei Stoibers an der Wohnungstür. Was dann passiert, geht als „Wolfsratshauser Frühstück" in die Annalen deutscher Politikgeschichte ein. Angela Merkel bietet dem CSU-Vorsitzenden die Kanzlerkandidatur an. Noch einmal zur Verdeutlichung: Sie bietet ihm die Kandidatur an. Das ist wichtig. Es ist ihre Entscheidung, ein schlauer Zug. Innerhalb von 24 Stunden hat sie die Interpretationshoheit zurückerobert: „Showdowns in der Politik", so Roll, „funktionieren wie Showdowns im Western. Einer ist um die entscheidende Sekunde schneller als der andere. Und nichts ist, wie es vorher war."[22]

Die „Parteifreunde" sind auf einmal wieder voll des Lobes für Merkel. Im Wahlkampf unterstützt die CDU-Chefin Stoiber auf die loyalste Art und Weise. Er wähnt sich am 22. September 2002 bereits als Kanzler, doch dann verliert er knapp gegen Amtsinhaber Gerhard Schröder. Es tritt das ein, wovor sich Stoiber insgeheim gefürchtet hat, eine vergleichbare Situation wie 1980. Damals hatte CSU-Kandidat Franz Josef Strauß verloren und musste den Weg räumen für Helmut Kohl. Die Parteivorsitzende Merkel übernimmt von Friedrich Merz unterdessen auch den Fraktionsvorsitz. Sie ist nun in der Union mächtiger als je zuvor. Gutes Timing hilft der Zauberin.

Am 22. November 2005 wird Angela Merkel zur Bundeskanzlerin gewählt. Sie musste sich oft die Kritik anhören, sie habe wenig Charisma und sei spröde. Aber das ist laut Frank Stauss für den Wähler nicht der springende Punkt: „Der Wähler schert sich einen feuchten Kehricht um Charisma. Viel wichtiger als Charisma ist Timing. Denn auch ohne eine klassische charismatische Ausstrahlung zu besitzen, kann es in der Wählerschaft eine Sehnsucht nach dem geben, was man verkörpert."[23]

Timing! Wir haben darüber gesprochen: Den richtigen Moment, den sogenannten Kairos, zu finden, ist eine Sache. Die Handlungen in einer bestimmten Geschwindigkeit auszuführen eine andere. Hohes Tempo ist ein sehr wirkungsvolles Mittel, um das Publikum zu überwältigen. In der Zauberei denke ich dabei sofort an den Wirbelwind-Illusionisten Horace Goldin oder den niederländischen Illusionisten Hans Klok. Er zeigt eine

Illusion nach der anderen, so schwindelerregend schnell aufeinander, dass das Publikum regelrecht erschlagen ist. Die Zuschauer haben keine Chance, die einzelnen Tricks zu analysieren und deren Geheimnis zu lüften.

Wenn sich die Regierungschefin einmal entschieden hat, gibt es kein Zögern und Zaudern. Dann geht sie in einem rasanten Tempo vor. Geschwindigkeit ist eine ihr sehr vertraute Größe, schon in ihrer Doktorarbeit beschäftigte sie sich damit. (Die Arbeit erschien unter dem charmanten Titel *Untersuchung des Mechanismus von Zerfallsreaktionen mit einfachem Bindungsbruch und Berechnung ihrer Geschwindigkeitskonstanten auf der Grundlage quantenchemischer und statistischer Methoden.* Noch Fragen?) Die Art und Weise, wie sie die Rettungspakete für Griechenland durch's Parlament peitscht, wird im Jahr 2011 sogar von Bundespräsident Christian Wulff kritisiert. Einige Abgeordnete ließen verlauten, sie hätten in der Hektik dieser Tage nie Zeit gefunden, sich auch nur oberflächlich mit der Materie vertraut zu machen. Mehr oder weniger blind seien sie ihrer Fraktionsführung gefolgt.

Im ersten Kapitel „Sage nie vorher, was Du tun wirst!“ haben wir bereits behandelt, wie wichtig es in der Politik ist, Menschen zu „überrumpeln“. Das lässt sich auch 2010 bei der Laufzeitverlängerung für die Atomkraftwerke beobachten. Merkel hatte als Oppositionsführerin schon Jahre zuvor Gerhard Schröder angedroht, seinen „Atomkonsens“ rückgängig zu machen. Jetzt, im Kabinett Merkel II, hat sie die Gelegenheit dazu. Schröder hatte zu seiner Zeit seine Vereinbarung mit den Energieversorgern einen „Meilenstein seiner Kanzlerschaft“ genannt – nun kann Merkel den Meilenstein schleifen – eine kleine diebische Freude darf an dieser Stelle wahrscheinlich unterstellt werden. Die Novelle, also die Gesetzesänderung, erfolgt sehr schnell: Die Laufzeiten der 17 Kernkraftwerke in Deutschland werden durchschnittlich um zwölf Jahre verlängert. Im Gegenzug zahlen die Energiekonzerne eine Brennelementesteuer. Dieses Mal ist es Bundestagspräsident Norbert Lammert, der das überhöhte Tempo kritisiert: In nur einem Tag wird die Vereinbarung zur Laufzeitverlängerung im Bundestag durchgedrückt. Die Abgeordneten haben (wieder einmal) keine Zeit, sich in Details einzuarbeiten. Merkel treibt das Tempo aus gutem Grund energisch voran. Der Streit um die Atomlaufzeiten darf die wichtige Landtagswahl in Baden-Württemberg nicht zusätzlich belasten. Immerhin steht die schwarz-gelbe Koalition in Baden-Württemberg bereits wegen des umstrittenen Bahnhofsprojekts „Stuttgart 21“ unter Druck.

Fukushima. Und plötzlich ist nichts mehr, wie es vorher war

11. März 2011, 14:47 Uhr Ortszeit: Ein Erdbeben und ein nachfolgender Tsunami führen im japanischen Kernkraftwerk Fukushima zur Nuklearkatastrophe. In drei von sechs Reaktorblöcken kommt es zur Kernschmelze. In der Folge kommt es auf der ganzen Welt, auch in Deutschland, zu verschärften Debatten über die Kernenergie. Angela Merkel ist über das Unglück bestürzt. Gleichzeitig ist ihr bewusst, dass die verheerende Katastrophe von Fukushima auf das Konto der politischen Gegner einzahlt. Die Zahl der Kernkraftgegner wächst enorm, die scharfe Kritik richtet sich gegen die erst wenige Monate alte Laufzeitverlängerung für hiesige Kraftwerke. Merkel hat Angst vor dem größten anzunehmenden politischen Schaden: In 16 Tagen sind Landtagswahlen in Baden-Württemberg und in Rheinland-Pfalz. Eine Woche davor wird in Sachsen-Anhalt gewählt.

Von jeher gilt Baden-Württemberg als klassische CDU-Hochburg. Das Land ist für die Christdemokraten das, was Bremen für die Sozialdemokraten ist: Eine sichere Bank in punkto Wählerstimmen. Darauf kann sich die CDU schon seit über einem halben Jahrhundert verlassen. Die Schwaben wählen schwarz. Außerdem können sie ja alles im „Ländle", außer Hochdeutsch. Mit anderen Worten: Sie können auch Wirtschaft; die Region zählt zu den stärksten und wettbewerbsfähigsten in ganz Europa. Umso dringender soll der nächste Ministerpräsident wieder ein CDU-Mann sein. Nun demonstrieren jedoch einen Tag nach dem Unglück 60.000 Menschen in Baden-Württemberg gegen die Atomkraft. Eine prekäre Situation, besonders für den Ministerpräsidenten vor Ort. Stefan Mappus hatte sich immer für die Kernkraft stark gemacht.

Drei Tage nach dem Unglück gibt die Kanzlerin bekannt, dass alle 17 deutschen Kernkraftwerke für die Dauer von drei Monaten einer Sicherheitsprüfung unterzogen werden. Im Rahmen dieser Prüfung sollen die sieben ältesten Kernkraftwerke und das umstrittene Kraftwerk Krümmel vorübergehend stillgelegt werden. Merkel fällt diese Entscheidung in Form des sogenannten Atom-Moratoriums. Es ist kein Gesetz, sondern eine Art Notstandsparagraf. Gemeinsam mit Umweltminister Norbert Röttgen beruft sie sich hier auf § 19 Abs. 3 des Atomgesetzes zur Abwehr von Gefahren für Leben, Gesundheit oder Sachgüter.

Die Entscheidung überrascht. Wenn die Bewegungen einer Zauberin hastig sind, schöpfen die Zuschauer natürlich Verdacht. Woher soll die neue Gefahrenlage plötzlich kommen? Warum das hektische Vorgehen von einer Kanzlerin, die sonst taktisch alles vom Ende her bedenkt? Warum geht sie das

Risiko ein, dass der Bund, die Länder – der Steuerzahler! – Schadenersatzforderungen in Millionenhöhe an die Kraftwerksbetreiber leisten müssen?

Noch zwei Tage zuvor hatte die Kanzlerin immerhin gesagt: „Wir wissen, wie sicher unsere Kraftwerke sind. Wir wissen, dass wir weder von derart schweren Erdbeben noch von derart gewaltigen Flutwellen bedroht sind (…).“[24] Wurden nicht auch bei der Laufzeitverlängerung 2010 die Atomkraftwerke als sicher eingestuft?!

Merkel will sich das Heft des Handelns aber nicht aus der Hand nehmen lassen. Sie agiert ähnlich wie damals, als sie Stoiber die Kanzlerkandidatur anbot. Sie weiß, dass ihre Entscheidung sehr klar, sehr eindeutig sein muss, um die Wähler zu überzeugen. So entschließt sie sich zu diesem mutigen, ja radikalen Schritt: dem Ausstieg aus der Kernenergie, wohl wissend, dass sie damit vielen in den eigenen Reihen vor den Kopf stoßen wird. Aber die Bevölkerung weiß sie hinter sich.

Der ehemalige Präsident des Bundesverfassungsgerichts, Hans Jürgen Papier, nennt Merkels Entscheidung, die älteren Meiler stillzulegen, eine „illegale Maßnahme“[25]. Er warnt vor den Schadenersatzforderungen der Betreiber. Die Bundesregierung könne nicht ein Gesetz vorläufig außer Kraft setzen – das könne nur das Bundesverfassungsgericht. Die Stilllegung nach dem gültigen Atomgesetz ist nur dann möglich, wenn ein rechtswidriger Zustand oder eine akute Gefährdung vorliegen. Dazu müssten dringende Gefahren direkt von den betroffenen Kraftwerken ausgehen. Diesen Nachweis bleibt die Bundesregierung schuldig. Nur der Bundestag hätte die Stilllegung beschließen dürfen. So sehen es auch Bundestagspräsident Norbert Lammert, der Würzburger Rechtsprofessor Kyrill-Alexander Schwarz und Ulrich Schellenberg, Vizepräsident des Deutschen Anwaltvereins.

Alt-Bundeskanzler Helmut Schmidt sieht nach der Kanzlerinnen-Entscheidung das Vertrauen der Nachbarländer in Deutschland erschüttert. Es sei absolut nicht notwendig gewesen, das Gegenteil dessen zu beschließen, was 14 Tage vorher noch gegolten habe.[26]

Helmut Kohl warnt in einem ungewöhnlich langen Kommentar in der *Bild*-Zeitung vor einer überstürzten Entscheidung.[27] Joachim Gauck meint, man könne wichtige politische Entscheidungen wie den Ausstieg aus der Kernenergie nicht von der Gefühlslage der Nation abhängig machen. Das aber tue Merkel.[28]

Nun ist, wie wir wissen, Angela Merkel Naturwissenschaftlerin. Sie trifft ihre Entscheidungen stets rational, nicht emotional. Man traut ihr ohne Weiteres zu, Zusammenhänge zu erkennen, die andere nicht sehen. Vielleicht hat die Katastrophe dieses eine Mal etwas in ihr ausgelöst wie einst in Martin Luther, dem großen Reformator. Vor 500 Jahren war er von einem nahen Blitzeinschlag so erschüttert, erfüllt von Todesangst, dass er auf der Stelle schwor, sein Leben zu ändern und Mönch zu werden. Warum sollte die Regierungschefin nicht einmal eine Entscheidung emotional fällen dürfen? War der GAU in Fukushima für Merkel eine solche „Erleuchtung", ein solches Erweckungserlebnis?

Was die Kanzlerin selbst dazu sagt:

„In Fukushima haben wir zur Kenntnis nehmen müssen, dass selbst in einem Hochtechnologieland wie Japan die Risiken der Kernenergie nicht sicher beherrscht werden können. Wer das erkennt, muss die notwendigen Konsequenzen ziehen. Wer das erkennt, muss eine neue Bewertung vornehmen. Und deshalb sage ich es für mich: Ich habe eine neue Bewertung vorgenommen. Denn das Restrisiko der Kernenergie kann nur der akzeptieren, der überzeugt ist, dass es nach menschlichem Ermessen nicht eintritt. Wenn es aber eintritt, dann sind die Folgen sowohl in räumlicher als auch in zeitlicher Dimension so verheerend, so weitreichend, dass sie die Risiken aller anderen Energieträger bei weitem übertreffen. Das Restrisiko der Kernenergie habe ich vor Fukushima akzeptiert, weil ich davon überzeugt war, dass es in einem Hochtechnologieland mit hohen Sicherheitsstandards nach menschlichem Ermessen nicht eintritt. Jetzt ist es eingetreten." *(Regierungserklärung, 9. Juni 2011)*

Wie? Das ist alles? Ein Risiko bedeutet doch zwangsläufig immer auch Gefahr und Wagnis? Sonst wäre es kein Risiko. Auszuschließen war die Gefahr also nie. Merkel war offenbar überzeugt, dass der größte anzunehmende Unfall nicht passieren würde. Niemand hat das Recht, einem Politiker echte Betroffenheit und Bestürzung abzusprechen, allerdings kommt mir da eine Äußerung von Frau Merkel aus dem Jahr 2009 in den Sinn. Auch wenn sie aus dem Zusammenhang gerissen sein mag – sie fiel im Zuge der Bombardierung im Kundus und der Frage, ob es auch unter Zivilisten Tote gegeben habe. Daraufhin sagte sie: „Wenn es zivile Opfer gegeben haben sollte, dann werde ich das natürlich zutiefst bedauern."[29]

Sie klingt da wie ein Automat, in den man ein Geldstück eingeworfen hat: oben Münze rein, unten Emotion(en) raus. Man erwartet von ihr tiefes Bedauern und diese Erwartung erfüllt sie. Die Kanzlerin ist nicht der Typ

Mensch, der nach einem Reaktorunglück, das 8.750 Kilometer Luftlinie entfernt stattgefunden hat, eine unüberlegte Entscheidung trifft. Zum Vergleich: Tschernobyl ist von Berlin nur 1.148 km entfernt; die Kernenergie wurde von der Kohl-Regierung trotz Super-GAU 1986 nicht in Frage gestellt. Merkel ist sicher nicht gleichgültig gegenüber dem Leid der japanischen Bevölkerung, das darf man nicht glauben. Doch die einschneidende, persönliche Erschütterung war Fukushima für sie nicht. Dafür ist ihre Regierungserklärung zu blass. Was hätte sie uns nicht alles als Physikerin erzählen können. Dass sie ihr Leben lang einer Illusion aufgesessen sei. Dass sie wirklich an die Kernenergie geglaubt habe. Von ihrem Schock hätten wir hören wollen, als ihr Weltbild nach Fukushima zusammengebrochen war. Von dem schlechten Gewissen, weil sie uns vorher diesem Risiko ausgesetzt hatte. Es hätte ein flammender Appell gegen die Kernenergie und ihre Gefahren werden können – angesichts der 180-Grad-Kehrtwendung auch werden müssen. Das alles geschah nicht.

Und dann verplaudert sich noch ein Mitwisser, Bundeswirtschaftsminister Rainer Brüderle. Während einer Sitzung beim Bundesverband der Deutschen Industrie begründet er das Moratorium mit dem Druck, unter dem die Politik angesichts der Landtagswahlen stünde. Die Entscheidungen seien daher nicht immer rational.

Warum Merkels Begründung für den Ausstieg nicht überzeugt

Warum war die Täuschung nicht glaubwürdig? Warum ist offensichtlich, dass Merkel nur aus wahltaktischen Gründen aus der Kernenergie ausgestiegen ist? Eine Technik, mit deren Hilfe sich glaubwürdige Täuschungen und Geschichten entwickeln lassen, führt zur Antwort auf diese Fragen.

Nehmen wir an, Sie wollen Schriftsteller werden und eine Geschichte erfinden (z.B. über New York). Menschen, die besonders originell sein möchten, versetzen sprichwörtlich Berge. In ihren Geschichten steht plötzlich der Mount Everest in New York oder ein Passant stößt auf den Eiffelturm. Aber: Das wirkt unglaubwürdig und konstruiert. Das Publikum verliert das Interesse. Um eine überzeugende Darstellung zu entwickeln, ist es notwendig, sich innerhalb des Kreises zu bewegen. Das heißt Gebäude, Gegenstände und Menschen zu wählen, die zur landläufigen Vorstellung von New York passen. Die Ereignisse müssen logisch und kohärent sein, also in sich stimmig und widerspruchsfrei. Exakt das Gleiche gilt für die Illusionen in Politik und Zauberei.

New York

Lärm
gelbe Taxis
Wolkenkratzer
American Dream
Leuchtreklame
Central Park

Eiffelturm

Der Eiffelturm passt nicht in den Kreis und auch nicht zu unserer Vorstellung von New York. Deshalb sollte der Geschichtenerzähler besser darauf verzichten (oder den Eiffelturm wirklich gut begründen)!

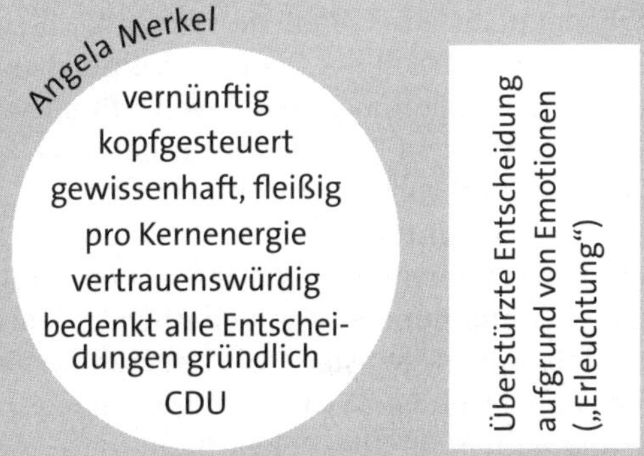

Angela Merkel

vernünftig
kopfgesteuert
gewissenhaft, fleißig
pro Kernenergie
vertrauenswürdig
bedenkt alle Entscheidungen gründlich
CDU

Überstürzte Entscheidung aufgrund von Emotionen („Erleuchtung")

Eine spontane, emotionale Entscheidung passt nicht zu Merkel. Sie gehört nicht in den Kreis. Sie ist nicht kohärent. Dadurch wirkt ihre Begründung zum Ausstieg aus der Kernenergie unglaubwürdig – eben wie der Eiffelturm in New York.

Die Stilllegung der Atomkraftwerke demonstriert zwar die Entscheidungsfreude der Kanzlerin, aber auch, dass sie allein von wahltaktischen Strategien geleitet wurde. Es ist verblüffend, wie souverän die Regierungschefin damit durchkommt. Stefan Mappus dagegen nicht: Er kann den Baden-Württembergern seinen wunderbaren Wandel in einen Kernkraftgegner nicht glaubhaft machen. Eigenartig genug, dass er sich auf den Kurswechsel eingelassen hat. Den Grünen dagegen glaubt man, sie stehen schon seit ihrer Gründung für einen Anti-Atomkurs. Es kommt, wie es kommen muss: Die grüne Partei verdoppelt ihren Stimmenanteil in Sachsen-Anhalt, in Rheinland-Pfalz verdreifacht sie ihn sogar. In Baden-Württemberg wird es ein besonders „schwarzer Tag“ für die CDU: Mit Winfried Kretschmann erringt erstmals ein Grünen-Politiker das Amt des Ministerpräsidenten. Er wird mit einer Grün-Rot-Koalition regieren: Der Wechsel beginnt und vier Jahre später muss auch CDU-Spitzenkandidat Guido Wolf erkennen, dass die Kretschmann-Wahl nicht nur ein „Betriebsunfall“ war.

Täuschung hin oder her, die Bürger vertrauen ihrer Kanzlerin weiterhin. Die Energiewende wurde jedoch durch ihren hektischen Ausstieg aus der Kernenergie erschwert. *Der Spiegel* stellt im Jahr 2014 fest, dass der Ausstoß an klimaschädlichem Kohlendioxid in Deutschland seit dem Fukushima-Unglück nicht gesunken, sondern stetig gestiegen ist. Das grenzt schon an Zauberei. Merkels Täuschung ist nicht wirklich gut, aber sie ist gut genug. Zwar verliert die CDU in Baden-Württemberg, aber die Kanzlerin hält sich weitgehend schadlos, vor allem weil sie im Großen und Ganzen als ehrlich wahrgenommen wird. Weil sie sympathisch und vernünftig wirkt. Und weil sich die Mehrheit der Deutschen einmal entschieden hat, ihr unbedingt zu vertrauen. Komme, was da wolle. Es muss stimmen, was Peter Müller schreibt: „Wie kein Kanzler vor ihr hat Angela Merkel verinnerlicht, dass die Deutschen von der Politik am liebsten in Ruhe gelassen werden wollen.“[30] Schließlich tut sie ja das, was die Mehrheit der Bürger und die Mehrheit der Parlamentarier von ihr wollen. Am 30. Juni 2011 beschließen Bundestag und Bundesrat mit deutlicher Mehrheit, dass acht Kernkraftwerke sofort stillzulegen sind. Alle anderen Kernkraftwerke sollen bis 2022 abgeschaltet werden. Die vier großen Energiekonzerne (RWE, E.ON SE, EnBW und Vattenfall) überziehen Bund und Länder mit einem ganzen Bündel an Klagen.

Mensch Merkel!

Im Märchen von L. Frank Baum kommt ein Zauberer mit dem Heißluftballon in das Land Oz. Ist vielleicht die Bundesrepublik das Land Oz und Merkel die Zauberin?

Sie liebt Geheimnisse – in diesem Punkt ist sie Willy Brandt ganz nah. Geradezu stolz sagt sie: „Man weiß in den alten Bundesländern über 35 Jahre meines Lebens kaum etwas.“[31] Im Fragebogen des *F.A.Z.*-Magazins bezeichnet sie „Verschwiegenheit“ als ihre Haupttugend und das schätzt sie bei (und fordert sie von) anderen. Bei ihrer Trauerrede auf den verstorbenen Vizekanzler und Außenminister Guido Westerwelle lobt sie dessen Eigenschaften: „Nicht ein einziges Mal ist aus unseren Gesprächen etwas an die Öffentlichkeit gelangt, was nicht für die Öffentlichkeit bestimmt war."

Manchmal habe ich den Eindruck, Merkel will aus Furcht, ihr Pakt mit den Wählern könnte zerbrechen, ihre Geheimnisse schützen. Wie in der Geschichte vom *Zauberer von Oz,* wo die Bewohner der Smaragdstadt niemals erfahren dürfen, dass er kein echter Zauberer ist.

Der Öffentlichkeit versicherte sie im Wahlkampf 2013 in einer Art magischen Beschwörung: „Sie kennen mich." Oh nein, gerade das tun wir nicht. Wie auch? Wir wissen nicht, warum die Regierungschefin bei einer schwarz-gelben Regierungskoalition mit Mehrheit im Bundesrat keine wirkliche Steuerreform in Angriff nahm. Wir können uns nicht erklären, warum sie sich als Klimakanzlerin inszeniert, dann aber die EU-Abgasregelung blockiert. Es bleibt ein Rätsel, warum sie den Irak-Krieg von George W. Bush unterstützt, sich aber dem Libyen-Einsatz von Barack Obama verweigert. Sicher, die Kanzlerin besetzt mehrere Rollen mit vielen Identifikationsmöglichkeiten: die fleißige Deutsche, die Frau als Chefin, die Verständnisvolle, die Knallharte, die kluge Naturwissenschaftlerin und so weiter. Aber kennen wir sie deshalb? Das ist eine Illusion; etwas, das sie mit David Copperfield gemein hat, der trotz jahrzehntelanger Präsenz in der Öffentlichkeit als Mensch merkwürdig unbekannt und unnahbar geblieben ist. Ein „Enigma namens Angela" nennt sie Nikolaus Blome.[32] Natürlich sehen wir sie oft im Fernsehen, aber „ihre wahre Persönlichkeit", so Richard Schütze, „und ihre sachpolitischen Überzeugungen bleiben im Vagen. Man kann in Merkel Versöhnliches, Skurriles, Intellektuelles und Humorvolles entdecken."[33] Sie sei ein „unbekanntes Wesen"[34], schreibt Berthold Kohler in der *Frankfurter Allgemeinen Zeitung.* Joachim Gauck vermisst bei ihr „Erkennbarkeit"[35] und Horst Seehofer resigniert bei dem Versuch, sie und ihr Handeln zu verstehen: „Ich werde nicht mehr schlau aus ihr."[36] Merkel selbst genießt es scheinbar, unberechenbar zu sein. Sie habe das selbst einmal in einem kleinen Kreis vergnügt erzählt, wie Gertrud Höhler zu berichten weiß.[37] Merkel will sich definitiv nicht entschlüsseln lassen. Eine Aussage des Fotografen Konrad Rufus Müller illustriert dies sehr bildlich. Müller hat in seiner Laufbahn sämtliche Kanzler der Bundesrepublik fotografiert. Er beobachtet lange, das hat er mit Merkel gemein:

„Ich beobachte wochenlang, monatelang. Meine Arbeit besteht aus dem Warten auf den richtigen Moment. Alle Kanzler haben das geschätzt. Nur Frau Merkel nicht. Ich habe sie zwar zweimal fotografiert, einmal hatte ich dafür sieben Minuten Zeit, einmal acht. Sie lässt sich nicht beobachten. Ich glaube, sie hat Angst davor, jemanden sehr nah an sich heranzulassen."[38]

Aber sind nicht gerade diese Eigenschaften das Vorrecht einer Zauberin: Unnahbar zu sein, und auch unberechenbar? Für andere nie ganz greifbar oder verständlich, eben ein Rätsel zu sein? Das macht Merkel perfekt. Eine Zauberin lässt sich nie völlig vereinnahmen, weder von einer Partei noch von den Bürgern. Sie ist uns keine Erklärung schuldig – im Gegenteil. Die Zumutungen dieser Welt, die kausalen Gesetzmäßigkeiten von Ursache und Wirkung sind für einen echten Zauberer nicht relevant. Wir sehen es ihm nach, solange er unsere Wünsche erfüllt wie der Zauberer auf der Showbühne:

„Showmanship consists basically of trying to give people what they want“[39]. Also verkürzt: Gib den Menschen, was sie wollen. Das hat Merkel immer getan. Sie machte das, was die Mehrheit der Deutschen wollte. Nur in der Flüchtlingskrise ist es anders, da setzt sie zum ersten Mal alles auf eine Karte. Dieses Thema scheint ihr so wichtig zu sein, dass sie sogar das über Jahre erworbene Vertrauen in die Waagschale wirft: „Wenn wir jetzt anfangen, uns noch entschuldigen zu müssen, dass wir in Notsituationen ein freundliches Gesicht zeigen, dann ist das nicht mein Land.“[40]

Donnerwetter! Die Botschaft ist: Verlasst euch auf mich oder ich verlasse euch. Uns droht der Liebesentzug. Als wolle sie prüfen, wie belastbar die Beziehung zwischen ihr und uns, den Wählern, ist. Womöglich steigt sie in ihren Heißluftballon und kommt nie wieder zurück. Natürlich gehört es zum Berufsbild des Kanzlers, Optimismus zu verbreiten. Aber das hier hat eine andere Dimension.

„Yes, we can“, sagt Barack Obama. „Wir schaffen das“, sagt Angela Merkel. „Wir schaffen das, weil es zu unserer Identität gehört, Größtes zu leisten.“[41] Wenn man ihr zuhört, ob in der Sendung von Anne Will oder auf dem Parteitag, verlieren sich die Zweifel. Die Aufgabe des Magiers ist von jeher, das Unmögliche möglich zu machen und das Publikum dabei zu berauschen. In Merkels Worten, „Ich sage wieder und wieder: Wir können das schaffen, und wir schaffen das.“

Nur weil die Bürger von Oz überzeugt sind, dass der Herrscher zaubern kann, bauen sie die Smaragdstadt. Nur weil wir in der Finanzkrise geglaubt haben, dass die Einlagen sicher waren, wurden sie es. Der Zauber schafft eine eigene Realität, solange alle an ihn glauben. Das Zauberwort dabei heißt „Vertrauen“. Dieses Mal gibt uns die Kanzlerin – ganz gleich, ob wir Vogelscheuche, einfacher Blechmann oder mutloser Löwe sind – neues Selbstvertrauen – wie im Land Oz: „Wir schaffen das.“

„Die wahre Kunst der Zauberei", schreibt Jim Steinmeyer, „ist erst durch den rätselhaften Pakt zwischen dem Akteur und dem Publikum komplett."[42] Eben dieses geheimnisvolle Abkommen mit uns, ihrem Publikum – das ist die eigentliche und die größte Magie der Angela Merkel.

Meinungsforschung: Die Sonntagsfrage

Das Kapitel über Angela Merkel habe ich mit „Das Enigma namens Angela" überschrieben. Der Titel lehnt sich an die Chiffriermaschine Enigma (griech. *Rätsel*) an, die im Zweiten Weltkrieg eingesetzt wurde. Dank der Maschine konnten geheime, verschlüsselte Nachrichten verschickt werden. Im folgenden Trick von Franz Braun werden ebenfalls geheime Daten klug verschlüsselt.

ZAUBERTRICK 10

Die Sonntagsfrage

Der Effekt: Der Mitspieler wählt im Geheimen eine Partei. Mit einfacher Mathematik verschlüsselt er seine Wahl. Trotzdem findet der Zauberer die gewählte Partei und sogar das Alter des Mitspielers heraus.

Das Geheimnis: Es ist ein Trick für den kleinen Kreis, bei dem der Vorführende scheinbar nichts tun muss, außer Anweisungen zu geben. Ähnliche Zahlenspiele existieren in zahlreichen Varianten. Trotzdem durchschauen selbst intelligente Menschen das angewandte System nicht. Die Aufgaben sind so leicht wie nur möglich gehalten, die Rechenoperationen sind gut motiviert. Spielen wir den Ablauf einmal durch:

„‚Wenn am nächsten Sonntag Bundestagswahl wäre...' Immer wieder versuchen Meinungsforscher, das Ergebnis der kommenden Wahl vorherzusagen. Da viele Menschen bei Umfragen vorsichtig geworden sind, will man die Befragungen künftig geheim durchführen. Ich möchte das Verfahren einmal demonstrieren: Auf dieser Liste finden Sie die bekannte Parteien. Hinter jeder Partei steht eine Zahl."

Übergeben Sie Ihrem Mitspieler den Zettel. Selbstverständlich können auch mehrere Zuschauer mitspielen. In diesem Fall bekommt jeder eine Kopie mit den Parteien. Bitten Sie den Zuschauer, sich in Gedanken für eine Partei zu entscheiden. Dazu merkt er sich die dazugehörige Zahl neben der Partei. Und weiter:

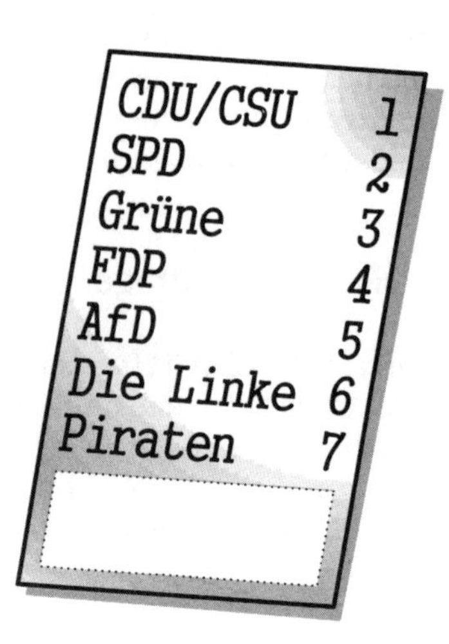

„Multiplizieren Sie die Zahl Ihrer Partei mit 5 – Sie wissen ja, dass man in der Politik schon mal Fünfe gerade sein lässt.

Zu diesem Ergebnis addieren Sie eine 6 – bekanntlich spielt auch Sex in der Politik eine Rolle.

Haben Sie das Ergebnis? Ihre neue Zahl verdoppeln Sie. Bekanntlich sind Politiker vor Wahlen immer besonders großzügig.

An die so ermittelte Zahl hängen Sie eine 0 an – denn Nullen hängen sich gerne an Parteien an.

Okay? Jetzt addieren Sie noch Ihr Alter – das Alter hat meistens einen großen Einfluss auf die Wahl der Partei. Bitte notieren Sie Ihr Ergebnis in dem Kästchen.

Auf diese Weise ist es unmöglich zu erkennen, für welche Partei Sie sich entschieden haben. Keine Chance. Die Geheimhaltung ist garantiert."

Nun enthüllen Sie Ihr Wissen auf möglichst dramatische Weise. Ihrer Phantasie sind dabei keine Grenzen gesetzt. Sie können es auch so machen wie ich:

„Wie kann ich Ihre geheimen Angaben entschlüsseln. Dazu zerlege ich den Zettel in seine Bestandteile."

Zerreißen Sie den Zettel. Schließen Sie Ihre Hand um die Fetzen zur Faust. Drücken Sie kurz zu (Achtung, das ist die magische Geste!). Lassen Sie den zerrissenen Zettel beiläufig auf den Tisch fallen und verkünden Sie das Ergebnis:

„Sie haben die Partei xyz gewählt."

Außerdem nennen Sie noch das Alter des Mitspielers – aber bitte mit Taktgefühl. Einer Dame können Sie diese Mitteilung ins Ohr flüstern und ihr dabei ein kleines Kompliment machen. Oder Sie schreiben das Alter auf einen Extra-Zettel und malen ein Herz darum. Ihre Mitspielerin wird ihr Alter auf dem Zettel dann gerne bestätigen.

Wie aber erfahren Sie die Partei und das Alter? Ganz einfach: Sie ziehen vom Endresultat 120 ab. Die erste Ziffer entspricht der gewählten Partei und die beiden anderen Ziffern verraten Ihnen das Alter.

Tipps:

+ Natürlich können Sie statt des Alters ebenso die Schuhgröße verwenden (oder etwas Anderes, das sich in einer zweistelligen Zahl angeben lässt).
+ Wenn Sie wollen, können Sie die Parteien auch in einer anderen Reihenfolge aufführen, andere Parteien hinzufügen oder weglassen.

14. Freifahrtschein ins Paradies

Welche Rolle spielt eigentlich das Publikum bei einer Täuschung? Beginnen wir zunächst mit einem Experiment. Sie sehen neun, zu einem Quadrat angeordnete Abbildungen von Politikern. Ihre Aufgabe besteht darin, alle Bilder mit vier geraden Linien zu verbinden ohne den Bleistift abzusetzen. Los geht's! Probieren Sie es aus (umso größer ist nachher das Aha-Erlebnis).

Und, hat es geklappt? Sollten Sie es nicht geschafft haben, habe ich ein Trostpflaster: Sie sind nicht allein, den meisten Menschen geht es ähnlich – Rätselfüchse einmal ausgenommen. Außerdem finden Sie die Auflösung ganz hinten im Buch.

Warum kommt man nicht ohne Weiteres auf die Lösung? Wir gehen unwillkürlich davon aus, dass man innerhalb des Quadrats bleiben muss. Aber warum? Niemand hat es verlangt. Warum geht unser Blick so selten über den Tellerrand hinaus, warum verlassen wir die gewohnten Schemata nicht? Wir alle tragen eine Fülle „geheimer Befehle“ und Erwartungen in unseren Köpfen. Das ist die Summe all unserer Konditionierungen und Erfahrungen im Laufe unseres Lebens. Diese (Vor-)Urteile steuern unsere Wahrnehmung, unseren Blick auf die Welt und ihre Akteure:

Der Löffelverbieger Uri Geller behauptet immer wieder, übersinnliche Kräfte zu haben. Gerade hat Geller im Fernsehen mal wieder einen Löffel verbogen. Der Moderator der Sendung fragte den englischen Zauberkünstler David Berglas, ob er das auch könne. Berglas konnte und verbog – scheinbar nur mit Gedankenkraft – ebenfalls einen Löffel. „Na ja“, meinte der Moderator etwas abschätzig, „aber du bist ja Zauberer.“

Ist das nicht verrückt? Da demonstrieren zwei Männer das gleiche Phänomen und der eine zeigt vermeintlich ein Wunder und der andere vermeintlich „billige Tricks“ (obwohl Berglas der weitaus bessere Zauberer ist). Ein weiteres Beispiel, wie Vorurteile die Wahrnehmung einer Vorführung beeinflussen: In der Sendung *Verstehen Sie Spaß?* und in früheren Shows habe ich Glühbirnen aufgegessen: Das klingt schräg und ist nicht ungefährlich (Besser nicht nachmachen!). Aber eines besonderen Tricks bedarf es trotzdem nicht. Mit etwas Mut und der richtigen Kautechnik lässt sich das schon bewerkstelligen. Trotzdem behaupteten manche Zuschauer steif und fest, die Glühbirnen seien aus Zuckerglas (obwohl die Birnen vorher geleuchtet haben). In den Köpfen dieser Zuschauer war fest verankert: Harry Keaton ist Zauberer, also arbeitet er mit Tricks. Dies stimmt zwar meistens, aber eben doch nicht immer.

„Die Politiker versprechen mehr, als sie halten können, weil die Leute mehr verlangen, als sie erwarten dürfen“ *(Alexander Demandt)*

Auch Wähler und Politiker begegnen einander mit einem festen Set an Vorstellungen und Klischees:

„Der gemeine Wähler ist ein untreuer Geselle, wankelmütig, unberechenbar, bindungslos wandert er mal zur einen, mal zur anderen Partei. Mal wählt er gar nicht, mal entscheidet er sich erst in letzter Minute. Im Grunde ist der Wähler den Parteien ein Gräuel. Und das beruht auf Gegenseitigkeit: der gemeine Wähler hält die meisten Politiker für karrieregeile Nichtskönner, die nur an sich denken.“ *(Michael H. Spreng)*[1]

Spreng formuliert überspitzt und bringt es so auf den Punkt. Und trotzdem, ohne diesen ungeliebten Wähler geht gar nichts. Es ist wie bei einem Zauberer. Der Zuschauer macht die Täuschung erst möglich. Ist beispielsweise ein Gemälde vollendet, steht es für sich – der Maler wird nicht mehr gebraucht. Ein Zauberer dagegen kann schlecht vor dem Spiegel zaubern und überrascht ausrufen: „Wahnsinn, wie habe ich das nur wieder gemacht?“ Der Kopf des Zuschauers ist gewissermaßen die Leinwand, auf der die Täuschung entsteht. „Magie existiert nur in den Köpfen der Zuschauer“[2], sagt der englische Zauberkünstler und Mentalist Derren Brown.

Es ist eine Art Volkssport geworden, Politiker als „Betrüger“ zu beschimpfen. Aber nicht allein der Politiker ist schuld an dem „Betrug“, der Wähler fordert diesen geradezu ein. „Der Wähler“, schreibt Christoph Seils im Monatsmagazin *Cicero*, „will auf dem Weg zur Wahlurne glauben, dass blühende Landschaften schnell und ohne gigantische Investitionen machbar sind, dass sich die Atomkraftwerke sofort abschalten und die Bundeswehrsoldaten vom einen auf den anderen Tag aus Afghanistan zurückholen ließen. Er will glauben, dass Steuererhöhungen wirklich nur die Reichen treffen und die Mietpreisbremse nicht nur gut klingt, sondern bei der Bekämpfung der Wohnungsnot mehr ist als weiße Salbe. Er will, dass der Solidaritätszuschlag abgeschafft wird, aber will gar nicht wissen, wie der Finanzminister das Einnahmeloch in Höhe von 13 Milliarden Euro schließt.“[3]

Wir wollen an Illusionen glauben, obwohl wir es eigentlich besser wissen müssten. So versprach Helmut Kohl im Jahr 1990, die Wiedervereinigung sei ohne Steuererhöhungen zu finanzieren – ein Jahr später wurden sie erhöht. 1998 kündigte die SPD im Wahlkampf eine Rentenerhöhung an, stellte aber nach dem Wahlsieg fest, dass diese nicht finanzierbar sei. Die Grünen hatten im gleichen Jahr den sofortigen Atomausstieg versprochen und vertrösteten ihre Wähler auf die vage Aussicht einer Energiewende.

Der Wähler fordert „die Wahrheit“ und will sie doch nicht hören. „Keiner von uns würde gewählt, wenn er immer die Wahrheit sagte. ‚Der Staat ist pleite‘ und ‚Wir werden jetzt eure Rente kürzen‘“, sagt der Politiker Friedbert Pflüger.[4] „Wer dem Wähler ein hohes Maß an unangenehmen Anpassungsprozessen zumutet, der wird abgestraft“, sagt der Journalist Johann Legner.[5]

Der SPD-Politiker und ehemalige Kanzlerkandidat Peer Steinbrück hatte ja Recht, als er, gemessen an dessen Verantwortung, mehr Gehalt für einen Bundeskanzler forderte. Jeder Sparkassendirektor würde mehr verdienen. Dummerweise äußerte er das mitten im Wahlkampf. Was hat das für einen Aufschrei im Blätterwald gegeben. Merkel fügte süffisant-listig hinzu, Steinbrück könne sich ja als Sparkassendirektor bewerben. Da hätte sich der Kandidat besser an das Motto von Voltaire gehalten: „Nicht alles, was wahr ist, sollst du sagen. Aber alles, was du sagst, soll wahr sein."

Und was war das noch für eine Aufregung um Franz Müntefering. Er sagte, es sei „unfair", CDU und SPD an ihren Wahlkampfversprechen zu messen. Beide hätten nicht die absolute Mehrheit erreicht, so dass allein der Koalitionsvertrag als Messlatte gelten dürfe. Das klang zynisch und doch benannte „Münte" nur das Offensichtliche: „Ein ‚Wahlversprechen' ist nämlich in Wahrheit eine ‚Wahlabsichtserklärung'. Die Parteien erklären, was sie tun wollen, wenn sie denn nur die Macht dazu hätten" *(Stefan Sasse).*[6] Weiterhin bemängelt der Autor die fehlende Möglichkeit, „sinnvoll einzuordnen und zu überprüfen, welche Wahlversprechen warum nicht eingelöst wurden."

Wir, die Wähler, sind ungehalten, wenn unsere Schemata und Illusionen zerstört werden. „Der Schein", sagte Erasmus von Rotterdam, ein Zeitgenosse von Martin Luther, „fesselt die Menschen mehr als die Wirklichkeit."[7]

+ Wir wollen ja glauben, dass ...

... unsere Politiker hehre Ziele haben und ausschließlich für das Wohl des Volkes arbeiten. Wie sonst ist der Aufschrei zu erklären, als Kanzleramtschef Ronald Pofalla direkt von der Politik in den Vorstand der Deutschen Bahn wechseln wollte? Woher sonst rührt die Kritik an Gerhard Schröder, der kurz nach seinem Ausscheiden als Regierungschef bei der Nord Stream AG / Gazprom einen Posten annahm? Also einen Posten in einer Firma, deren Projekt Nord Stream – also die Pipeline für russisches Erdgas in der Ostsee – er schon als Kanzler positiv dargestellt hatte.

+ Wir wollen ja glauben, dass ...

... die Kriege unseres wichtigsten Handelspartners USA nur dazu dienen, Demokratie und Menschenrechte zu verbreiten ... „In der internationalen Politik geht es nie um Demokratie oder Menschenrechte. Es geht um die Interessen von Staaten. Merken Sie sich das, egal, was man Ihnen im Geschichtsunterricht erzählt."[8] *(Egon Bahr)*

+ Wir wollen ja glauben, dass …

… Moral und Wohlstand kein Widerspruch sind. Deutschland ist ein wichtiger Partner von Usbekistan. Unser Land nimmt große Mengen usbekischen Erdgases ab. Wegen der gewaltsamen Auflösung einer Demonstration in eben diesem Staat – über 400 Menschen verloren ihr Leben – verhängte die Europäische Union ein Embargo über das zentralasiatische Land. Außenminister Frank-Walter Steinmeier bewirkte eine Lockerung der Sanktionen.[9]

+ Wir wollen ja glauben, dass …

… Wunder möglich sind. So als hätte die Politik nur die Aufgabe, einen Fahrschein auszustellen: „Einmal ins Paradies – One Way". Aber bitte erster Klasse und umsonst. Wenn dann der Zug in die richtige Richtung rollt, wenn der Wohlstand im Allgemeinen groß und die Sorgen klein sind, dann drücken wir bei Täuschungen schon mal gerne ein Auge zu.

Oder etwas anders formuliert: Wir suchen nicht den ehrlichen Politiker. Aber wir wollen seinen Schwindel nicht bemerken.

15. Bilder für die Ewigkeit: Die magische Geste

Symbolische Gesten machen Politik für alle Menschen anschaulich und verständlich. Unterschätzen Sie die Macht solcher symbolhaften Handlungen nicht. Die Verleihung des Friedensnobelpreises an Willy Brandt beispielsweise hängt eng mit seiner bedeutenden Geste in Warschau zusammen. Vor dem „Ehrenmal der Helden des Ghettos" kniete der Bundeskanzler völlig unerwartet nieder.

Wissenschaftler haben herausgefunden, dass Menschen zu 55 Prozent auf Gesten, Körperhaltung und Mimik reagieren. Tonfall und Stimme wirken bis zu 38 Prozent. Da bleiben gerade mal sieben Prozent für die Worte und Inhalte. Hätten Sie das gedacht? Sieben Prozent, mehr nicht! Zwar kann ein Politiker mit der falschen Wortwahl ein für allemal seine Karriere ruinieren, aber die Wähler achten vor allem auf seine Körpersprache. Auch die auf Google angefragten Suchbegriffe bestätigen die Bedeutsamkeit von Gesten: In der Woche vor der letzten Bundestagswahl wurde vor allem nach Angela Merkels „Raute" und Peer Steinbrücks „Mittelfinger" gesucht (auf diese Gesten wird später noch einmal eingegangen).

Versierte Politstars lernen in Bildern zu denken, um die Aufmerksamkeit des Publikums zu lenken. Manche scheinen schon früh ein Talent für „sprechende Bilder" entwickelt zu haben. In der Magie gibt es – wie Sie

„Don't Forget To Point" – Kohl und Merkel wissen offenbar, wo es langgeht

inzwischen wissen – unterschiedliche Methoden, die Wahrnehmung zu lenken; siehe Kapitel 3 „Ich danke für Ihre Aufmerksamkeit' – Ach je!". Die wohl einfachste (wenn auch sehr plumpe) Möglichkeit ist, mit dem Zeigefinger auf einen Gegenstand zu deuten. *Die Fertigen Finger*, ein deutsches „Zauber-Kollektiv" mit vielen kreativen Kollegen, veröffentlichten einmal ein Buch mit dem (durchaus ironischen) Titel: *Don't Forget To Point – Vergiss nicht zu deuten*.

Helmut Kohl und Angela Merkel scheinen sich an die Zauberregel halten zu wollen: Sie deuten, was das Zeug hält. Fast wirkt es, als wollten sich beide darin übertreffen. Auf dem Foto zeigen sie aber nicht etwa auf einen konkreten Gegenstand, beide Finger weisen vielmehr auf etwas hin, das wir nicht sehen und das sich außerhalb des Bildes befindet. Eine magische Geste ist dies noch nicht. Aber durch den fehlenden konkreten Bezug gewinnt die Bewegung an symbolischem Gehalt. Die Botschaft heißt dann: „Da geht es lang, ich kenne den Weg." Die Gebärde kann auch als Fingerzeig in die Zukunft gelesen werden. Politiker inszenieren sich nun einmal gerne als Macher, als Gestalter einer künftigen und besseren Welt.

Peer Steinbrück sorgte mit seinem Finger für ein echtes Kontrastprogramm im Wahlkampf. Wir unterstellen ihm jetzt einfach, dass es ihm offenbar zu langweilig wurde, immer nur den Zeigefinger einzusetzen. Der Politiker zeigt uns auf dem Foto den Mittelfinger. Dies ist kein Witz! Dabei war der ausgestreckte Mittelfinger schon in der Antike bekannt als *digitus impudicus*, als unverschämter Finger. Dank seiner Länge wurde der mittlere Finger von den Ärzten dazu verwendet, um Salben in Körperöffnungen einzuführen. So wurde er zum „Stinkefinger" und hielt angeblich Dämonen fern.

Steinbrücks Geste wurde sehr kritisch aufgenommen. Das Beispiel zeigt, wie wichtig es ist, die Symbolkraft von Gebärden zu verstehen und ihre Wirkung ernst zu nehmen. Steinbrücks Finger wirkt, als suche er die Konfrontation mit uns. Dabei sollen wir ihn doch wählen,

Steinbrück: Wahlkampf mit dem Mittelfinger

oder? Will er uns nun als Verbündete für seine Politik oder nicht? Steinbrück ist ein intelligenter Mann. Was immer ihm bei diesem Fotoshooting durch den Kopf ging, sein Ziel hat er damit sicher nicht erreicht.

Eher zufällig ist eine der wohl bekanntesten Handgesten der Welt entstanden, so passend hat es zumindest *The Guardian*[1] formuliert: die Merkel-Raute. Andere Politiker, zum Beispiel Guido Westerwelle, Gordon Brown und Recep Tayyip Erdoğan haben die Geste wohl mehr zum Scherz kopiert. Dabei liegen die Fingerkuppen aufeinander, die Hände bilden eben eine Raute vor dem Bauch. Die Gebärde wird auch „Raute der Macht", „Merkel-Diamant" oder „Merkelizer" genannt. Unzählige Interpretationen hat diese Handhaltung hervorgerufen. Mal steht die Raute für Macht, Kraft, Ruhe oder für ein Dach. Samy Molcho, Experte für Körpersprache, sieht in der Haltung eine „Schutzpyramide vor dem weichen Bauch".[2] Dann wieder soll die Handhaltung ein geheimes Erkennungszeichen der Freimaurer repräsentieren. In England blicken manche Menschen zuweilen mit Argwohn auf Deutschland. So erklärt sich auch die folgende Deutung: Die Raute sei ein magischer und gefährlicher Ring wie in Tolkiens *Herr der Ringe*: „One ring to rule them all" (das Wirtschaftsmagazin *The Economist*).[3]

Die übersteigerten Interpretationen der Merkelschen Raute verblüffen angesichts der nüchternen Erklärung der Urheberin: „Es war immer die Frage, wohin mit den Armen. Und daraus ist das [die Raute, Anm. d. Autors] entstanden." Ihre Geste, so sagt sie selbst, zeige „vielleicht eine

Die Merkel-Raute als überdimensionales Wahlplakat in Berlin

gewisse Liebe zur Symmetrie“ (Merkel über die Raute in der Frauenzeitschrift *Brigitte*).[4]

Die Handlungen einer Spitzenpolitikerin haben immer eben auch Symbolcharakter, ob sie nun will oder nicht. Die Geste löst sich von der Person, verselbstständigt sich und wird Allgemeingut. Anfangs wurde Merkels einstudiert wirkende Geste belächelt. Inzwischen haben die Wahlkampfstrategen den Wert der Raute erkannt: Das Plakat mit der riesigen Kanzlerinnen-Geste schaffte es sogar bis auf's Titelblatt der *New York Times*. Lutz Meyer leitete für Angela Merkel die Wahlkampagne 2013. Für ihn hat das Plakat eine klare Aussage: „Deutschlands Zukunft liegt in guten Händen. Das haben die Menschen gut verstanden.“[5]

Das Plakat ist 70x20 Meter groß und setzt sich aus 2.150 kleinen Bilder von Merkel-Unterstützern zusammen. Auf dem Berliner Plakat erhalten Merkels Hände den Status einer Ikone. Ist die Merkel-Raute magisch? Was zeichnet eine magische Geste nun aus?

Die magische Geste

Was für den König das Zepter ist, ist für den Zauberer der Zauberstab. Der Zauberstab ist der verlängerte Arm des Magiers: Die Bewegung mit dem magischen Stab ist eine eindeutige Zaubergeste. Nun ist beides – Zepter samt König und entsprechend der Zauberstab – weitgehend aus der Mode gekommen.[6]

Für den Zauberstab hat sich Ersatz gefunden. Magische Gesten lösen das Wunder aus oder begleiten es. Nahezu alles ist möglich: ein Fingerschnipsen, ein Pusten, eine Berührung, selbst eine kurze Pause (im Theater *freeze* genannt) oder sogar das Hochziehen einer Augenbraue. Die Magie kann sich auch dank „Zaubersalz“ entwickeln oder mit Hilfe von Rauch. Es gibt keine festgeschriebenen Regeln, sondern nur das künstlerische Empfinden des Akteurs und eine Art innerer Logik.

In gewisser Weise setzt die Geste ein magisches Ausrufezeichen. Sie hilft dem Publikum, das Geschehen nachzuvollziehen: „Aha, gerade geht es magisch zu. Das ist keine Technik, kein Zufall – nein, es ist Magie!“ Die Geste sagt aber auch: „Ich, der Magier, bin der Auslöser für diese wunderbaren Ereignisse, niemand sonst.“ Selbst wenn Helfer im Publikum am Effekt beteiligt sind, Assistentinnen, geheime Gerätschaften oder wie auch immer geartete Bühnentechniken, spielt dies für die Symbolik keine Rolle.

Mit der Geste unterstreicht der Magier seine (scheinbar vorhandene) Macht. Übrigens, eine magische Geste ist immer etwas Besonderes: Sie sollte niemals inflationär eingesetzt werden, sondern nur dann, wenn Magie ausgelöst werden muss. Sie ist eindeutig und bedarf keiner Erklärungen; jeder versteht sofort ihre Bedeutung.

Auf die Politik übertragen, „verdichtet" die magische Geste ein Geschehen. Sie bringt lange Verhandlungen und politische Entwicklungen auf den Punkt. Die magische Geste ist auf dem politischen Parkett etwas Seltenes, ein scheinbar zufälliges Ereignis. In diesen Momenten kommt der Politiker der ureigenen Aufgabe eines Magiers sehr nahe: Sein Publikum zu fesseln, zu faszinieren und sprichwörtlich zu verzaubern.

Halten wir also fest: Die magische Geste in der Politik

+ bezieht sich auf einen konkreten Anlass,
+ passt zur jeweiligen Situation,
+ ist vom Urheber beabsichtigt,
+ berührt und fasziniert das Publikum,
+ bedarf keiner Erklärung, sondern wird sofort verstanden.

Damit ist klar, dass die berühmte Merkel-Raute zwar einen sehr hohen Wiedererkennungswert hat, aber keine magische Geste ist. Die Raute ist einfach eine, unabhängig vom Anlass, oft zu beobachtende Handhaltung der Kanzlerin. Sie war auch nie von Merkel als besondere Gebärde gedacht.

Eine der wirkungsmächtigsten magischen Gesten ist der Kniefall Brandts im Jahr 1970 in Warschau. Das Bild ist in unser kollektives Gedächtnis gebrannt. Es ist zu einer Legende geworden. Alle Kriterien für eine magische Geste sind erfüllt. Es war eine besondere Handlung, Brandt hatte die Handlung bei keiner anderen Gelegenheit ausgeführt. Die Biografie des Kanzlers, seine Geste und die neue Ostpolitik fügen sich stimmig zu einem großen Bild zusammen. Brandt selbst musste vor den Nationalsozialisten fliehen und war nicht für deren Verbrechen verantwortlich. Trotzdem bittet er stellvertretend für alle Deutschen auf Knien um Vergebung.

Eine weitere große, magische Geste stammt von Winston Churchill, dem bedeutenden britischen Staatsmann und Literatur-Nobelpreisträger. Er hatte schon früh vor Hitler gewarnt und die Briten auf einen Kampf gegen das nationalsozialistische Deutschland eingeschworen. Sein erklärtes Ziel war der Sieg. Dafür stand sein berühmtes V-Zeichen (engl. für *victory*). Das Zeichen war ein treffender, starker Ausdruck für den Behauptungswillen

Die magische Geste: Bundeskanzler Willy Brandt kniet vor dem jüdischen Ehrenmal

der Briten und der Biografie Churchills. Schon im Ersten Weltkrieg hatte er gegen Deutschland und Österreich-Ungarn gekämpft; er liebte das Militär. Im Zweiten Weltkrieg hatte er neben dem Amt des Premierministers auch den Posten des Verteidigungsministers inne. Er kündigte „nichts als Blut, Mühsal, Tränen und Schweiß" an und forderte einen „Sieg um jeden Preis".[7]

Wenn zwei Menschen die gleiche Geste demonstrieren, ist es noch lange nicht dasselbe. Der US-Präsident Richard Nixon trat nach der Watergate-Affäre zurück. Es blieb ihm keine andere Wahl, so kam er einem Amtsenthebungsverfahren zuvor. Das mittlere Bild zeigt ihn bei seinem Abschied von seinen Mitarbeitern im Weißen Haus. Es ist ein letzter Gruß, als er nach seinem Rücktritt in den Hubschrauber steigt. Im Moment seiner größten Niederlage hebt er beide Hände zum Siegeszeichen. Ist das nun starrsinnig oder gar irrsinnig? Die Diskrepanz zu seiner Situation ist so augenscheinlich, dass es die Bezeichnung „groteske Geste" rechtfertigt.[8]

Bei Gerhard Schröder, dem siebten deutschen Bundeskanzler, wird das Victory-Zeichen Churchills zur „leeren Geste". Hier, bei seinem Wahlsieg, hat sie noch ihre Berechtigung. Aber schon zuvor und auch nach der Wahl

Links: Die magische Geste: Winston Churchill als Premierminister. Mitte: Die groteske Geste: Richard Nixon bei seinem Rücktritt. Rechts: Die leere Geste: Gerhard Schröder verwendet das Siegeszeichen inflationär

hat Schröder das V-Zeichen immer wieder verwendet, inflationär und losgelöst von der Situation: „Der Sieg ist mit mir", scheint Schröder mit der Siegesgeste in jedem beliebigen Moment ausdrücken zu wollen; die Geste verliert an Wirkungsmacht und wird zur bloßen Dekoration.

Dieses Bild der händchenhaltenden Staatsmänner ging um die Welt und wurde eine Ikone der 80er Jahre: Von Gefühlen der Trauer und Einsam-

Die magische Geste: Kohl und Mitterand in Verdun

keit übermannt, so beschreibt es Ulrich Wickert (damals Korrespondent in Frankreich), reichen sich Frankreichs François Mitterand und Deutschlands Helmut Kohl 1984 auf dem Schlachtfeld von Verdun die Hand.[9] Beide Politiker hatten den Zweiten Weltkrieg unterschiedlich erlebt: Mitterand war in der Résistance gegen Hitler-Deutschland aktiv, Kohl hatte den Verlust seines älteren Bruders zu beklagen.

Der Ort für die Geste war gut gewählt: Verdun ist wie kaum ein anderer mit historischer Bedeutung aufgeladen. Im Jahr 843 wurde hier im Vertrag von Verdun das Reich Karl des Großen aufgeteilt; 1916 lieferten sich Deutsche und Franzosen eine der heftigsten Schlachten mit 700.000 Toten. Symbolträchtige Orte begünstigen magische Gesten.

Nur in der Zauberei ist eine magische Geste jederzeit abrufbar. In der Politik bleibt eine solche Geste ein Glücksfall, sie ergibt sich aus besonderen Fügungen und kann nicht erzwungen werden. Das zeigte sich 1985 in Bitburg. Einige Monate nach Verdun strebte Kohl eine ähnlich spektakuläre Versöhnungsgeste zwischen Deutschland und Amerika an. Während eines Hubschrauberflugs über die Eifel suchte er einen Ort, der ihm geeignet erschien. Er entschied sich für den Soldatenfriedhof Kolmeshöhe bei Bitburg. Später sollte sich jedoch herausstellen, dass dort auch Angehörige der Waffen-SS beerdigt wurden. Kohl und der amerikanische Präsident Ronald Reagan wollten ihren Plan trotz Kritik nicht zurückziehen und

Die magische Geste: Staatenlenker aus aller Welt solidarisch gegen den Terror

besuchten den Friedhof. Zum symbolträchtigen Handschlag beider Staatsmänner kommt es aber nicht. Stattdessen reichen sich zwei „Platzhalter" über den Gräbern die Hände: Es sind zwei ehemalige Weltkriegsoffiziere und Vier-Sterne-Generale namens Matthew Ridgway und Johannes Steinhoff.

Die zwei tödlichen Anschläge auf die Redaktion des Satiremagazins *Charlie Hebdo* und danach auf einen Supermarkt führten dazu, dass eine Phalanx an Staatsoberhäuptern den Massenprotest von zwei Millionen Franzosen auf den Straßen von Paris anführten. Am Trauermarsch nahmen über 50 hochrangige Politiker teil. Darunter waren 44 Staats- und Regierungschefs aus dem Ausland, unter anderem Angela Merkel und die gesamte deutsche Regierungsspitze, selbstverständlich Frankreichs Präsident François Hollande, der ehemalige Präsident Nicolas Sarkozy, Malis Präsident Ibrahim Boubacar Keita, Israels Premier Benjamin Netanyahu, EU-Ratspräsident Donald Tusk, Palästinenserpräsident Mahmud Abbas, Matteo Renzi aus Rom, David Cameron aus London, Mariano Rajoy aus Madrid.

Habe ich gerade geschrieben, die Staatschefs führten den Massenprotest an? So sollte das Bild aussehen und exakt dies zeigten die Fotos auch. Streng genommen handelt es sich dabei um eine Illusion: Die Staats- und Regierungschefs gingen nicht voraus, sondern wurden in Paris in einer Nebenstraße fotografiert, umgeben von Sicherheitspersonal. Auf sozialen Netzwerken war dann auch empört von Fälschung und Betrug die Rede. Aber im direkten Kontakt mit der großen Anzahl an Demonstranten wäre die Sicherheit der vielen Spitzenpolitiker nicht gewährleistet gewesen. Selbst wenn die Politiker nicht in erster Reihe gegangen sind und nur auf dem Foto mit dem Volk vereint auftreten – der Symbolik tut es keinen Abbruch. Gerhard Matzig hat Recht, wenn er schreibt: „Zu sehen waren: unsere Werte, unser Glaube, unsere Stärke. Vor allem aber: unsere Geschlossenheit. Wir gegen die, das war die Botschaft. Und sie kam an."[10]

Das war einer der seltenen Momente, in dem sich die versammelte Politikprominenz in völligem Einklang mit dem Volk wissen durfte. Dank dieser Geschlossenheit, dank dieser Botschaft wurden wir Zeugen einer kollektiven, großen und magischen Geste. Ein weiteres Bild für die Ewigkeit.

16. Wer bin ich? – Warum die Selbsterkenntnis für Täuschungskünstler so wichtig ist

Mit dem Satz „Als ich neulich in China war, traf ich zufällig einen Chinesen…“, leitete ich im Alter von acht Jahren einen „weltberühmten“ Seiltrick ein. Mit der richtigen Betonung und einer guten Portion Ironie mag so ein Satz durchgehen – bei einem Erwachsenen. Aber dass der kleine Harry mal eben in China war – na ja! Die Zuschauer fanden es niedlich und sahen großzügig darüber hinweg. Danke dafür!

Die meisten Zauberer sind Autodidakten, ähnlich wie Politiker. Meist konzentrieren wir uns auf die Tricks und die entsprechenden Gadgets. Was oft fehlt, ist das Wissen um Rhetorik sowie Kenntnisse über Theatertechniken, Rollenspiel, die Inszenierung und dergleichen. Daher bin ich dankbar, dass ich als Jugendlicher Schauspielerfahrungen sammeln durfte (bei der Laienspielgruppe Studiobühne Dreieich). Später hatte ich das Vergnügen, mit vielen versierten Regisseuren an meinen Shows zu arbeiten.

Zu den wichtigsten Begegnungen meiner Profi-Laufbahn gehört aber die Begegnung mit dem Amerikaner Bob Fitch. Er hat auf der ganzen Welt viele große Zauberer gecoacht, so unter anderem David Copperfield. Bob machte sich zunächst als Tänzer, Schauspieler, Sänger und Zauberkünstler verdient; er wirkte bei insgesamt 27 Broadway-Shows mit. Als Regisseur und Coach verfolgt er ein wesentliches Ziel: Zu vermitteln, wie man das eigene „Ich“ in der Zauberkunst entdeckt. Worte allein machen noch keinen Schauspieler und Tricks allein erst Recht keinen Zauberer.[1]

Es geht darum, die eigenen Erfahrungen, die eigene Sicht auf die Welt bei jedem Auftritt sichtbar zu machen. Auf dem Weg zum Ziel kann man nicht scheitern, nur Entdeckungen machen. Dabei helfen folgende Fragen: „Wer bin ich? Wo bin ich? Warum bin ich hier?“ Die Erkenntnisse in den Workshops waren frappierend. Der gleiche Trick kann je nach Haltung des Akteurs zu seinem Kunststück völlig anders wirken. Was bedeutet mir ein Trick? Bin ich womöglich gelangweilt, weil ich ihn schon oft gezeigt habe? Bin ich stolz, weil ich jahrelang daran gearbeitet habe?

„Wir müssen uns selbst in unserer Magie finden (…). Ich muss die schwierigste und faszinierendste aller Fragen stellen: Wer bin ich? Sich dieser Frage zu stellen und daran zu arbeiten, die Antwort dazu zu finden, ist die größte Kunst von allen.“[2] *(Eugene Burger)*

Auch das Auftreten der Politiker wäre viel glaubhafter, wenn sie öfter den Mut hätten, sich als Mensch zu zeigen. Ist es nicht so, dass die Person des Politikers, seine Leidenschaft und seine Beweggründe oft hinter den Phrasen verblassen – leider?

„Oft kann ich die Person in den Worten nicht erkennen und die Haltung nicht hinter der Sprache", moniert Roger Willemsen in *Das Hohe Haus* die Reden vieler Abgeordneter.

Dem früheren Ministerpräsidenten von Hessen, Roland Koch, beispielsweise, hätte ich damals einen Mentor wie Bob Fitch gewünscht:

„Ich halte jedenfalls nichts davon", sagte Koch seinerzeit, „jeden Tag über die Verbesserung meiner Wirkung nachzudenken – unter beratender Beteiligung von Stylisten und Kommunikatoren. Ich kann den Wählern nur den Roland Koch anbieten, den es gibt – und nicht einen, der von Imageberatern zusammengebastelt worden ist."[3]

„Ja, genau!", möchte man fast sagen, denn Kochs Standpunkt klingt sehr authentisch. Hätte es da nicht gerade das Paradox gegeben, dass man ihn als Person nicht erkennen konnte. Dieser überaus intelligente Mensch brillierte einerseits bei Reden, sei es über die Finanzkrise oder, zu einem anderen Anlass, über das Schicksal des jüdischen Mädchens Anne Frank. Er fühlte sich sensibel in Themen ein und zählt den Dalai Lama zu seinen Freunden. Dann andererseits trat er während der Wahlkämpfe mit der Hau-drauf-Rhetorik eines konservativen Hardliners auf. Oder war das seine wahre Seite? Plumpe, bissige Parolen und Sprüche (wie z. B. „Ypsilanti, Al-Wazir und die Kommunisten stoppen.") verstörte selbst seine eigentlichen Anhänger aus dem Bürgertum. Möglicherweise wären die Wähler ihm treu geblieben, hätte Koch mehr von sich preisgegeben und eine Antwort gegeben auf die Frage: „Wer bin ich?"

Der Politiker verwendet viel Zeit und Energie darauf – wie ein Star im Showbusiness –, etwas Bestimmtes darzustellen, um wiederum etwas Bestimmtes zu bewirken. Wer alles lebt nur noch in seiner „Kunstfigur", während die eigentliche Persönlichkeit dahinter zurückbleibt? Öffentliche Personen sind viel unterwegs und oft getrennt von ihren Lieben. Das kann für sie selbst, den Partner, die Familie, für alle privaten Beziehungen sehr belastend sein. Politiker und Zauberer arbeiten auch am Wochenende und an Zeiten, in denen andere frei haben. Wenn sich dann die Partner entfremden und die Beziehung zerbricht („Du hast ja nie Zeit"), ist der große

Star schnell sehr einsam. Dem früheren Finanzminister Theo Waigel war es beispielsweise vor seiner Begegnung mit Irene Epple so ergangen.

Wessen Frau?

Vizekanzler Sigmar Gabriel arbeitet eng mit Bundeskanzlerin Angela Merkel zusammen. Seine vierjährige Tochter Marie zog daraus ihre eigenen Schlüsse. „Guck mal, Mama, da ist die Frau vom Papa", rief sie, als sie Merkel im Fernsehen gesehen hat. Daraufhin meinte Anke, Gabriels Ehefrau: „Aber ich bin doch die Frau vom Papa." Die kleine Marie dachte nach. Dann war ihr plötzlich alles sonnenklar: „Dann ist das halt die Arbeitsfrau vom Papa."[4]

Die sogenannten Parteifreunde bieten in Notlagen kaum Rückhalt. Echte Freundschaften sind selten, Gefühle verpönt, wie Jürgen Leinemann beschreibt: „‚Warum ist es so schlimm zu weinen?', habe ich einmal einen Bundestagsabgeordneten gefragt, der als Minister gehandelt wurde. Der schoss von seinem Schreibtischstuhl in die Höhe, stürmte zum Eingang des Büros, sah sich wie gehetzt nach Lauschern um und knallte dann die Tür zu. ‚Was für eine Frage', sagte er dann. ‚Als wüssten Sie nicht, wie viele hier nur darauf warten, dass ich mal Schwäche zeige, um mich dann fertig zu machen.'"[5]

Die öffentliche Rolle hat ihren Preis: „Die gesamte Gesellschaft nimmt teil an den Verletzungen", sagt Angela Merkel, „man ist sozusagen auf dem öffentlichen Markt."[6] Die Verletzungen betreffen nicht nur den einzelnen Menschen, sondern oft die ganze Familie.

Sie wollen Politiker werden? Dann könnte die nachfolgende Checkliste von Frank Stauss[7] helfen; und raten Sie einmal, welche der Fragen für Aspiranten auf ein politisches Amt ganz oben steht?

Die Checkliste für Kandidaten: (in bezeichnender Reihenfolge)

1. Wer bin ich? Was kann ich? Was kann ich nicht?
2. Was will ich?
3. Was haben die Menschen davon?
4. Was denken die Menschen heute über das, was ich will?
5. Was denken die Menschen heute über das, was ich nicht will?
6. Wie sieht die Wählerkoalition aus, die ich zum Sieg benötige?
7. Was wollen meine Gegner?

8. Wo ist mein strategisches Fenster: ich stark und andere schwach?
9. Wie lautet die zentrale Botschaft, die glaubwürdig zu mir passt und für die Menschen attraktiv ist? (Ein Satz, nicht mehr als 2 Kommata.)
10. Wie bringe ich die Botschaft unters Volk?

Der Autor weist mit gutem Grund darauf hin, dass eine Milliarde Euro Werbebudget nutzlos seien, wenn man nicht die Fragen eins bis neun richtig beantworten würde.

Was müssen Politiker nicht alles einstecken? Lästereien, Häme und Verleumdungen. Drittklassige Journalisten nehmen vor allem (strauchelnde) Politiker mit Vorliebe ins Visier. Sei es in den Kommunen, im Landtag oder im Bundestag – von den Kohls, Schröders und Merkels ganz zu schweigen: Sie brauchen extrem große Nehmerqualitäten. Umso wichtiger ist die Antwort auf die so einfache, so schwere Frage: „Wer bin ich?"

Bin ich Stresssituationen gewachsen, körperlich und psychisch? Habe ich Spaß am Aktenstudium oder am Proben? Und überhaupt, an den vielfältigen Facetten meines Berufs? Stehen der eigene Ehrgeiz und die Belastbarkeit im Einklang? Der ehemalige Ministerpräsident von Schleswig-Holstein, Uwe Barschel, zum Beispiel, wollte schon als Schüler Bundeskanzler werden, war allerdings als Politiker auf angstlösende Medikamente angewiesen[8] und somit für das Amt untauglich. Vielleicht würde eine ehrliche Antwort auf diese Fragen Parlamentarier davor bewahren, Drogen und Psychopharmaka zu konsumieren. Vor kurzem wurde zwei Abgeordneten nachgewiesen, Crystal Meth zu konsumieren – die Droge steigert das Selbstwertgefühl, nimmt Ängste und Müdigkeit.

Auf der Suche nach Antworten hilft ein schonungsloser Blick auf das eigene Leben. In der Schulzeit kam ich mir wie ein Außenseiter vor. Wir wohnten außerhalb, im elterlichen Zeitungsbetrieb gab es viel zu tun: Zeitungen austragen, Abonnenten werben, Artikel schreiben. Viel Zeit zum Spielen blieb da nicht. Zudem war ich der typische Spätentwickler. Beim Mannschaftssport war ich immer der Letzte, der gewählt wurde. Andere waren viel cooler, hatten schon früh ein eigenes Mofa und eine Freundin, die mit ihnen darauf um den Block fuhr. Wenn ich aber zauberte, war ich von der Clique anerkannt und die üblichen „Cool-Kriterien" hatten Pause.

Siegfried Fischbacher (von Siegfried & Roy) erzählt von dem Glücksgefühl, als sein Vater ihn das erste Mal wirklich wahrnahm: Das war der Moment als er magisch eine Münze in einem Wasserglas verschwinden ließ.[9]

Die Erfahrung, anders als „üblich" zu sein, nie ganz dazuzugehören – womöglich wirklich ein Außenseiter zu sein – scheinen viele Politiker mit Zauberern zu teilen. Putins Vater wurde im sowjetisch-deutschen Krieg verwundet und hatte Zeit seines Lebens Schmerzen in den Beinen. Putins Mutter war im Krieg beinahe verhungert und hatte ihre beiden Kinder verloren. Die Geburt von Wladimir war für die Eltern wie ein Wunder und sie versuchten, ihm alle Wünsche zu erfüllen. Diese Extreme zwischen Traumata und Vergötterung haben Putin mit Sicherheit geformt: Wladimir blieb sein Leben lang ein Einzelgänger. Angela Merkel, um ein weiteres Beispiel zu nennen, war zwar als Schülerin sozial gut integriert, hatte aber als Pfarrerstochter in der DDR immer eine Sonderstellung.[10] Um in diesem Staat überhaupt studieren zu dürfen, müsse sie besser als die anderen sein, schärfte ihr die Mutter ein.[11] Auch Willy Brandt wuchs in dem Bewusstsein auf, anders zu sein als andere. Er war, wie bereits im gleichnamigen Kapitel beschrieben, unehelich geboren. Seine Kindheit beschreibt er als „chaotisch"[12] oder gar „unbehaust"[13]. Solche Erfahrungen sind prägend; Brandt beispielsweise war gezwungen, sich früh selbst zu definieren und einen eigenen Weg zu finden. Es verwundert nicht, wenn der SPD-Politiker und Brandt-Vertraute Egon Bahr ein Kapitel seiner *Erinnerungen an Willy Brandt* mit einer Inschrift des Orakels von Delphi überschreibt: „Erkenne dich selbst".[14] Auch wenn Bahr und Brandt nie über diese Maxime gesprochen hätten, resümiert er:

„Aber genau dies musste er leisten, um Selbstbewusstsein zu entwickeln und sich durch aktuelle Aufgeregtheiten nicht irre machen zu lassen, sondern seinen Grundeinsichten zu folgen, vielleicht sogar Visionen, und dabei mit beiden Beinen auf dem Boden zu bleiben. Willy war ein Träumer mit Bodenhaftung, kein Ballonfahrer. Er verließ sich auf seinen inneren Kompass. Das gab ihm eine Selbstsicherheit, wie man sie selten findet, die Souveränität des ‚Ich'. Bei allen Unterschieden habe ich diese Selbstsicherheit sonst nur bei Adenauer und Kohl beobachtet."[15]

Die Antwort auf die große Frage „Wer bin ich?" können nur Sie geben. Vielleicht haben Sie die Antwort ja schon gefunden. Falls nicht, machen Sie sich auf den Weg. Egal, wer Sie sind oder was Sie auch tun: Finden Sie die Antwort heraus. Es wird eine besondere Antwort sein. Eine, die ganz allein Ihnen gehört. Mit eben dieser Antwort halten Sie den wichtigsten Schlüssel Ihres Lebens in der Hand, es ist der Schlüssel zum Glück.

17. Gesägt, getan: Wie Politiker die Säge ansetzen

Überall auf der Welt wird gesägt. Denn schon der Volksmund weiß: Sich regen bringt Sägen.

Manch einer sägt am Ast, auf dem er sitzt. Andere sägen am Stuhl ihres Chefs. Und der Minister? Der zersägt zwar nicht wirklich die Jungfrau, bedient sich aber zahlreicher anderer Zaubertricks.

Karikatur: © Heiko Sakurai

Die Säge-Nummer ist – obschon fast 100 Jahre alt – noch immer eine starke, zugkräftige Metapher, sodass Karikaturisten hier ein dankbares Motiv vorfinden, wie man an den abgebildeten Karikaturen sieht. Das Bild von der „Zersägten Jungfrau" erlaubt viele Möglichkeiten zur Interpretation, aber eines steht fest: Dieser Trick ist nicht im Mindesten politisch korrekt. Schon das zur Schau gestellte Verhältnis zwischen Mann und Frau ist höchst fragwürdig: Die Frau als Opfer – ausgerechnet eine unberührte Jungfrau – wird von dem Mann brutal mit einer Säge ermordet und steht von den Toten wieder auf. Die Täuschungen eines Politstars fallen notwendigerweise subtiler und weniger brachial aus; kein Minister hat eine Jungfrau zersägt. Am Erfolg des Sägetricks lässt sich allerdings auch ein Dilemma der Politik festmachen. Publikumswirksam sind oft die lauten, rabiaten Aktionen (und Parolen), also genau das Gegenteil der *political correctness*.

Karikatur: © Kostas Koufogiorgos

Donald Trump: Er kam, sah und sägte. Ich finde das unsäglich! (Der Elefant ist das Symbol für die Republikanische Partei) Karikatur: © Barry Blitt

18. Zugabe: Kuriose Fakten aus Politik und Zauberei

Neulich bekam ich eine Mail von einem Leser: Mein Buch habe ihm die Augen geöffnet. Er wisse endlich, wie Politik funktioniere und wolle nun für eine gerechte Welt einstehen. Immer mehr solcher Mails habe ich erhalten – Tausende und Abertausende wurden es. Was hatte das zu bedeuten? Mein geheim-mental-magisches Auge schälte sich aus meinem Körper und schweifte, befreit auch vom Astralleib, kreuz und quer durch die Lande. Und was durfte und darf das mentale Auge da hocherfreut sehen: Menschen aller Nationen liegen sich in den Armen. Sie schwören sich gegenseitig Gerechtigkeit, Wohlstand und Liebe. Mein Buch wird ins Chinesische übersetzt, ins Russische, Hebräische und Arabische. Kluge Menschen schreiben Magische Manifeste. Auf der ganzen Welt kommt es zu friedlichen Revolutionen. Es gibt keine Kriege mehr und keinen Hunger. Es ist genug für alle da. Sie, liebe Leser, haben durch den Kauf des Buches, das Gute in die Welt getragen. Dafür haben Sie sich – weiß Gott – eine Zugabe verdient. Und falls es Ihnen nicht aufgefallen ist: Sie hat schon angefangen!

Zugabe

Spukt es im deutschen Bundestag? Es sitzt ein Geist im Hohen Haus. Niemand hat den geheimnisvollen Mann je zu Gesicht bekommen, obwohl er seit über drei Jahrzehnten Mitglied des Parlaments ist – fast so lange wie Wolfgang Schäuble. Im Verzeichnis der Parlamentarier findet sich schwarz auf weiß der Name des Phantoms: Jakob Maria Mierscheid, SPD. An Selbstbewusstsein mangelt es diesem Politiker wahrlich nicht: „Ich bin weder eine Erfindung noch ein Patent, ich bin die Lösung.“ Und auch „eine Säule des Staatswesens“[1]. Wer ist der Unbekannte? Hier ist sein Geheimnis: Mierscheid ist eine Erfindung zweier SPD-Abgeordneter. Mit der fiktiven Figur wollten sie ihre Kollegen an das wahre Leben erinnern, „was durchaus auch mal lustig sein darf“[2]. Wussten Sie, dass ein herzliches Lachen unsere vom Reptilienhirn gesteuerten Kampfimpulse vertreibt? Der Ulk beider Abgeordneter entwickelte sich zu einem fraktionsübergreifenden Running Gag und sorgt bis heute für Lacher.

Große Ehrung: Der türkische Präsident Recep Tayyip Erdoğan erhielt 2010 vom libyschen Diktator Muammar al-Gaddafi den „Internationalen Gaddafi-Preis für Menschenrechte“. Ja, einen solchen Preis gab es tatsächlich. Also, ich kenne niemanden persönlich, der sich darüber freuen würde.

Die Sternendeuterin und der Präsident: Kurz nach dem Amtsantritt von US-Präsident Ronald Reagan wurde ein Attentat auf ihn verübt. Der Täter John Hinckley Jr. wollte mit diesem Akt sein Idol, die Schauspielerin Jodie Foster, beeindrucken. Nach den Schüssen auf Reagan schaltete seine Frau Nancy die Astrologin Joan Quigley ein. Denn diese hatte das Attentat auf das Staatsoberhaupt vorhergesehen. Von nun an stimmten die Reagans alle wichtigen Schritte und Entscheidung mit ihr ab. Unter anderem bestimmte die Sterndeuterin den Termin zur Unterzeichnung des Abkommens über die nukleare Abrüstung von 1987.

Doktortitel: Einigen Politikern wurden Täuschungen beim Abfassen ihrer Doktorarbeit nachgewiesen. Aber warum so bescheiden? Nur ein einzelner Doktortitel! Das lässt sich doch toppen. Der ugandische Diktator Idi Amin bestand prinzipiell auf folgender Anrede: „Seine Exzellenz, Präsident auf Lebenszeit, Feldmarschall Al Hadschi Doktor Idi Amin Dada, VC, DSO, MC, Herr aller Tiere der Erde und aller Fische der Meere und Bezwinger des Britischen Empires in Afrika im Allgemeinen und Uganda im Speziellen“ (die Abkürzungen stehen für diverse militärische Auszeichnungen des Vereinigten Königreichs). Den Titel des zaubernden Wunderheilers Walford Bodie hätte der gewalttätige Diktator sicher auch noch gerne gehabt: „Schutzpatron der leidenden Menschheit“.

Sowjetische Magie: Galina Breschnewa hatte schon als Kind einen Faible für den Zirkus. Die Tochter des sowjetischen Staatschefs Leonid Breschnew heiratete – zum Leidwesen ihres Vaters – Igor Kio, den berühmten Illusionisten des russischen Nationalzirkus. Nach neun Tagen ließ Breschnew die Ehe kurzerhand annullieren.

Statisticus Verschwindibus: Politiker, die sich dafür einsetzen, dass die Zahl der Arbeitsplätze steigt, haben bei den Wählern gute Karten. Dafür wird die Arbeitslosenstatistik manchmal kosmetisch aufpoliert. Im Jahr 1989 entstand folgender kurioser Begriff: Der „nichtarbeitslose Arbeitssuchende“. In die neue Kategorie wurden Arbeitslose eingeordnet, die wiederholt eine zumutbare Arbeit ablehnten; Ausländer, die erstmals in der Bundesrepublik Arbeit suchten; bestimmte Gruppen von Sozialhilfeempfängern sowie Arbeitslose, die älter als 58 Jahre waren und nicht jede zumutbare Beschäftigung aufnehmen wollten.

Der Zauberer im Wörterbuch: Der Meister der Selbstinszenierung, Entfesselungskünstler und Zauberer Harry Houdini befreite sich aus nahezu jeder Fessel. „Ich beneide Ihr Talent, sich aus einer Zwangslage zu befreien", gestand US-Präsident Woodrow Wilson einst dem Entfesselungskünstler.[3] Der Name Houdini wird im Amerikanischen als Synonym für die Redewendung seinen „Kopf aus der Schlinge ziehen" verwendet *(to houdinize)*.

Ein Magier wird Politiker: Der berühmte österreichische Zauberer Ludwig Döbler (1801 – 1864) ging nach einer sehr erfolgreichen Bühnenkarriere in die Politik. Der gefeierte Künstler wurde zum Bürgermeister der Gemeinden Eschenau und Traisen gewählt. Für seine kommunalpolitische Arbeit zeichnete ihn der Kaiser mit dem goldenen Verdienstkreuz aus. In Wien trägt die Döblergasse seinen Namen. Als Zauberer hatte Döbler viele Politiker bzw. Staatsoberhäupter begeistert, unter anderem Königin Victoria von Großbritannien, die die Zauberkunst über alles liebte. Johann Wolfgang von Goethe lud ihn 1831 zu einer Privatvorstellung ein und bat ihn zudem, seinem Enkel Walther Unterricht zu geben. Von dem Auftritt Döblers war Goethe so beeindruckt, dass er ihm kurz danach schrieb: „Bedarfs noch ein Diplom besiegelt? Unmögliches hast du uns vorgespiegelt." Ohnehin schätzte der Dichterfürst die Zauberei sehr. Sie sei – so Goethe zu seinem „Seelenfreund" Johann Peter Eckermann – „ein herrliches Mittel zur Übung in freier Rede und Erlangung einiger körperlichen und geistigen Gewandtheit, woran wir Deutschen ohnehin keinen Überfluss haben."[4]

Ramsauer für Ramsau: Der frühere Bundesminister für Verkehr, Peter Ramsauer, war bei der Bundestagswahl 2009 Spitzenkandidat der CSU. Sein bestes Ergebnis erzielte er in einem Ort, der seinen Namen trug: Ramsau. Sollte also Konrad Adenauer Recht behalten? Der erste deutsche Kanzler sagte: „Der Durchschnittswähler denkt primitiv; und er urteilt auch primitiv."[5] (Eine Anmerkung: „Primitiv" bedeutet in diesem Kontext „einfach", aber nicht zwangsläufig „dumm".)

Eifersucht: Friedrich der Große schätzte zwar die Gastspiele von Zauberern, ein besonders inniges Verhältnis entwickelte er aber nicht zu ihnen: Der italienische Zauberer Pinetti musste binnen 24 Stunden Berlin verlassen, weil er eine prächtigere Kutsche fuhr als der sparsame Friedrich.

Geheimnisvolles in Mölln: Die Umstände des Todes von Uwe Barschel, dem ehemaligen Ministerpräsidenten von Schleswig-Holstein, gelten bis heute als mysteriös: War es Mord oder Selbstmord? Das Bild des toten Politikers, bekleidet in einer vollen Badewanne liegend, bestürzte viele Menschen. Rätselhaft sind auch die Aussagen seiner Frau, Freya Barschel. Sie berichtet, dass die Lichter ihres Hauses in Mölln seit dem Tod ihres Mannes von selbst aus- und wieder angehen. Der Fernsehen schaltet sich ohne ihr Zutun ein und wieder aus. Inzwischen kommuniziert Frau Barschel mit ihrem verstorbenen Mann. Ein Medium aus der Schweiz fungiert dabei als Dolmetscher zwischen dem Dies- und dem Jenseits.

Lincoln und der Zauberer: Horatio G. Cooke, ein 18-jähriger Zauberer, verblüffte Präsident Abraham Lincoln mit seiner Fähigkeit, sich aus Seilfesseln zu befreien. Nachdem 1861 der amerikanische Bürgerkrieg begann, wurde Cooke von Lincoln zum *scout* ernannt, dem damals üblichen Begriff für Spion. Tatsächlich konnte der junge Magier seine Künste nutzen, nachdem seine Truppe in einen Hinterhalt geraten war. Er befreite die Männer und rettete sie so vor der Exekution. Der Zauberer wurde ein Freund des Präsidenten. Er gehörte auch zu den wenigen Menschen, die am Bett des Präsidenten saßen, als dieser nach einem Attentat starb. Nach Kriegsende wurde Cooke professioneller Magier.

Lincoln und Kennedy: Die Lebensläufe der US-Präsidenten Abraham Lincoln und John F. Kennedy weisen verblüffende Parallelen auf. Lincoln wurde 1846 in den Kongress gewählt, Kennedy genau 100 Jahre später, im Jahr 1946. Lincoln wurde 1860 Präsident, Kennedy 1960. Die Familiennamen beider Männer bestehen aus sieben Buchstaben. Beide Männer wurden an einem Freitag ermordet. Lincoln wurde im Ford-Theater ermordet, Kennedy starb in einem Lincoln, einer Automarke des Ford-Konzerns. Der Nachfolger im Amt des Präsidenten hieß in beiden Fällen Johnson: Andrew Johnson wurde 1809 geboren, Lyndon B. Johnson 1909. Was meinen Sie, lieber Leser, kann das Zufall sein?

Verbogene Gabeln im Bundestag: Schon ganz am Anfang seiner Karriere verbog der „PSI-begabte" Zauberer Uri Geller Besteck und „heilte" defekte Uhren. Besonders großen Erfolg hatte der Showstar in Deutschland. Seine Auftritte führten zu einer Debatte im Bundestag. Der Hamburger SPD-Abgeordnete Rolf Meinecke warnte im Parlament vor „parapsychischen Epidemien" und forderte vom Forschungsministerium eine wissenschaftliche Untersuchung. Die Antwort des zuständigen Staatssekretärs Volker Hauff fiel eher humorig aus. Er befand, die Ereignisse müssten sehr genau untersucht werden, vor allem weil „dadurch zwar die deutsche Besteckindustrie eine erhebliche Absatzförderung erfahren könnte, es aber zugleich im Bereich der Uhrmacher zu erheblichen Beschäftigungseinbrüchen kommen könnte".[6]

Christian Wulff und der Zauberer von Oz: Merkels Wunschkandidat für das Amt des Bundespräsidenten, Christian Wulff, bekam die geballte Macht der *Bild*-Zeitung zu spüren (später stimmten viele Medien mit ein) und musste zurücktreten. Für den Großen Zapfenstreich zu seinem Abschied wünschte er sich neben den drei üblichen Liedern noch ein viertes: „Over the Rainbow". Das Lied ist Teil der Filmmusik zum Märchen *Der Zauberer von Oz*.

Anhang

Wie Edgar Allan Poe den Schachtürken entlarvte

Im Kapitel über den früheren Verteidigungsminister Karl-Theodor zu Guttenberg haben wir darüber gesprochen, dass Politiker und Zauberer die direkte Lüge vermeiden. Das hartnäckige Vermeiden einer eindeutigen Aussage kann ein Indiz für eine Täuschung sein. Der große amerikanische Schriftsteller Edgar Allan Poe konnte auf dieselbe Art und Weise – rund 200 Jahre vorher – den berühmten Schachtürken entschlüsseln.
Erfunden wurde der Schachtürke im Jahr 1769. Sein Erfinder, der Ingenieur Baron Wolfgang von Kempelen, hätte nie geglaubt, dass sein Apparat zu einer Sensation in ganz Europa werden würde. Eigentlich wollte er lediglich seine Chefin, die Kaiserin Maria Theresia von Österreich, unterhalten und beeindrucken: Bei dem Automat handelte es sich um einen Roboter, der jeden Herausforderer im Schach besiegte. Der Ingenieur dachte bei der Konstruktion wie ein Zauberkünstler. Der Schachroboter weckte die Neugierde vieler großer Politiker: Selbst Friedrich II. spielte gegen ihn und verlor. Er war darüber so erbost, dass er die Maschine auseinandernehmen ließ. Das Geheimnis aber konnte er nicht entschlüsseln. Später übernahm Johann Mälzel den Automat und stellte ihn in London und wichtigen Städten in den USA aus.

Der Amerikaner John Gaughan hat den geheimnisvollen Apparat anhand alter Zeichnungen nachgebaut; so können wir den Schachtürken heute wieder bewundern. John selbst ist kein Zauberer, aber er konstruiert Requisiten für viele berühmte Zauberer. Seine erstaunlichen Maschinen sind mechanische Wunderwerke.[1] Im Falle des Schachtürken sehen die Zuschauer eine Puppe hinter einem Schachbrett. Sie stellt einen Türken dar. Das Schachbrett liegt auf einer schrankartigen Kiste. Wenn die Türen der Kiste geöffnet werden, ist ein komplizierter Mechanismus zu sehen: Zahnräder, Hebel, Zugstangen und dergleichen. Ein Mensch lässt sich nirgendwo entdecken. Trotzdem setzt der Roboter ruckartig seine rechte Hand in Bewegung, Er ergreift eine Schachfigur, setzt Zug um Zug. Und er gewinnt.

Der Automat faszinierte 1836 auch den amerikanischen Schriftsteller Edgar Allan Poe. Meist wird Poe nur als Horrorautor gesehen, er prägte aber zudem Genres wie Kriminalliteratur und Science Fiction. Poe hatte ein Faible für Geheimnisse und so zog ihn der Schachroboter geradezu

John Gaughan mit dem Schachtürken.

magisch an. Bei den Vorführungen des Schachtürken fiel Poe auf, dass der Eigentümer des Apparats regelmäßig eine Antwort schuldig blieb: Wenn man ihn direkt befragte – „Ist der Automat nun eine reine Maschine oder nicht?" – war die Antwort des Vorführenden immer gleich: „Ich werde nichts dazu sagen." Im Vorgriff auf seine berühmten Detektivgeschichten löste Poe das Rätsel Schritt für Schritt. Der Schachtürke fasziniert die Zuschauer, weil sie glauben, dass die Puppe ein Roboter sei. Der Demonstrator hat ein Interesse daran, den Schachtürken als Maschine zu präsentieren. Die Aktionen des Vorführenden können ihn nicht überführen, aber seine Worte könnten es. Deshalb verweigert er die Antwort. Das ist für Poe ein weiteres Indiz auf dem Weg zur Lösung: Eine sehr kleine Person und zugleich ein höchst begabter Schachspieler muss in einem geheimen Versteck der Kiste sitzen und den Arm des Roboters bewegen. Und genau das war das Geheimnis des Schachtürken. Diese und andere Beobachtungen hielt Poe 1836 in seinem Essay „Maelzel's Chess-Player" fest.[2]

Vielen Dank, dass Sie mich begleitet haben ...

.... danke, dass Sie dieses Buch gekauft und mich auf der magischen Entdeckungsreise begleitet haben. Hat Ihnen die Lektüre Spaß gemacht? Haben Sie es mit Gewinn gelesen? Das würde mich sehr freuen.

Als ich mit dem Projekt begann, hätte ich nie gedacht, dass es so viele Gemeinsamkeiten über alle Parteilinien und Landesgrenzen hinaus zwischen Politik und Zauberei gibt. Die Recherche hat mich eines Besseren belehrt. Normalerweise ist es meine Aufgabe, andere Menschen zu verblüffen. Hier habe ich selbst gestaunt. Beide, der Magier und der Politiker, können sicher viel voneinander lernen.

Bei der Recherche war ich oft beeindruckt. So bin ich auf Politiker gestoßen, die mutig für ihre Meinung einstanden – wenn nötig auch gegen ihre eigene Fraktion. Die meisten Politiker sind übrigens nicht faul, wie oft behauptet wird. Sie gehen stattdessen sogar manchmal an die Grenzen ihrer Belastbarkeit. Man darf eben nicht alle Vertreter eines Berufsstandes über einen Kamm scheren. Das gilt auch für die Berichterstattung und die Journalisten. Da habe ich kluge, reflektierte Texte gelesen von Medienvertretern, die ihre Rolle selbstkritisch hinterfragen und verantwortungsvoll schreiben. Ich bin auch schon auf Journalisten gestoßen, die sich besonders moralisch geben, aber unter dem Deckmantel der „Pressefreiheit" fast Rufmord betreiben. Es muss nicht sein, dass Politiker wegen politisch belangloser, privater Situationen oder einfach wegen menschlicher Ungeschicklichkeit quasi gestalkt und verunglimpft werden: Mehr Fairness, weniger Hysterie und etwas gesunder Menschenverstand wären auch mal etwas Schönes.

Die Arbeit des Magiers besteht ja eigentlich nicht aus Erklärungen. Für dieses Buch habe ich eine Ausnahme gemacht. Bitte verraten Sie die Geheimnisse also nicht weiter.

Mancher Leser hat sich vielleicht gewundert, wenn ich im Buch einigen gelungenen, politischen Täuschungen applaudiert habe. Hier wird – könnte man vermuten – eine Lanze für einen groben Machiavellismus gebrochen, Applaus also einer machtorientierten Politik gespendet, die alle (!) Mittel erlaubt und frei von moralischen Erwägungen ist. Zwar ist eine gelungene Taktik für einen Magier immer faszinierend und sogar begeisternd. Die Umstände und Zielsetzungen sind es jedoch oftmals nicht. Es gibt sicher Täuschungen, die etwa aus Gründen der Staatsräson berechtigt sind. Wo der Politiker aber das Wohl des Volkes aus den Augen verliert;

wo Menschen ihre Freiheit und Würde verlieren, wo Vorurteile und Hass regieren, da hört der Spaß auf.

Der Magier verzaubert das Publikum. Er lässt es staunen. Das ist seine Kernkompetenz: Weder der Schauspieler, noch die Opernsängerin oder der Akrobat können das bewirken. Die Spielregeln sind dabei fair. Der Zauberkünstler sagt, dass er täuschen wird. Und genau das tut er. So gesehen ist der Zauberer ehrlicher als der Politiker.

Vielleicht sehen wir uns einmal in meiner Show. Bis dahin wünsche ich Ihnen viele glückliche und magische Momente!

Mehr zum Thema Politik & Zauberei und zu meinen Programmen finden Sie unter www.harrykeaton.de

Die Kopiervorlagen in diesem Buch können Sie von der Homepage auch in Farbe herunterladen.

Wir unterstützen die Aktion www.schulen-helfen-schulen.de beim Bau von Schulen und Waisenhäuser in Tansania/Ostafrika. Machen Sie mit!

Ich danke sehr! Thank you! Merci beaucoup!

Ohne die Unterstützung von vielen klugen und besonderen Menschen wäre dieses Buch nicht möglich gewesen.

Der größte Dank geht an Anja Wiese. Sie brachte ihre wertvollen Erfahrungen als Regisseurin, Coach und Texterin ein. Wenn meine Gedankensprünge zu wild waren, hat sie darum gekämpft, die leeren Stellen zwischen den Sprüngen zu füllen. Nächtelang haben wir um viele Formulierungen und Textpassagen gerungen. Ihre Sorgfalt und das tiefgründige Denken sind eine große Bereicherung für dieses Buch.

Ein großes Dankeschön auch an Christine Demmer. Christine arbeitet als Wirtschaftsjournalistin, Coach, Autorin und Managementberaterin – in Deutschland und Schweden. Sie hat dieses Buchprojekt durch viele Höhen und Tiefen begleitet, viele Tipps gegeben und immer an das Thema geglaubt.

Herzlichen Dank an meine Ansprechpartner bei Frankfurter Allgemeine Buch, Bianca Labitzke und Britta Fietzke, für die vertrauensvolle Zusammenarbeit: Das Lektorat, die Koordination vieler Termine, die Pressearbeit und überhaupt der Umgang mit leicht chaotischen Autoren sind eine echte Herausforderung.

Danke für die Geduld

Danke an all jene, die ich über lange Zeit sträflich vernachlässigt habe. Während des Schreibens habe ich geglänzt – durch Abwesenheit. Ich gelobe Besserung!

Danke fürs Gegenlesen

Barbara Beaugrand, Andrea Ungereit-Hantl, Florian Schädlich, Sandra Ladwig, Jan Dannenberg-Isenbart, Hermann Kurz, Markus Kompa, Michaela Schmidt-Schläger

Danke fürs Gestalten

Peter Schuster (dank seiner großen Sammlung finden sich die wunderbaren Zauber-Cartoons im Buch). Er kennt zudem aus eigener Erfahrung beide Seiten: Die der Politik und die der Magie. Die Karikaturen selbst stammen von Heiko Sakurai, Kostas Koufogiorgos und Barry Blitt.

Karsten Schreurs zeichnete die gelungenen Illustrationen zu den Zaubertricks. Danke außerdem an Winfried Eberhardt, Bahman Börger, Sebastian Konopix, Anirudh Krishnadas, Vera Friedrich, Julia Desch, picture-alliance sowie Redux/Laif.

Danke für alles Mögliche

Den Effekt „Meinungsforschung: Die Sonntagsfrage“ verdanke ich Franz Braun, einem tollen, ungewöhnlichen Menschen, der auch mit 93 (!) Jahren nichts von seiner Neugier und geistigen Beweglichkeit eingebüßt hat. Veröffentlicht wurde der Effekt erstmals in der Fachzeitschrift *Magische Welt.*

Volker Huber, einer der bedeutendsten Sammler von Zaubergeräten, stellte aus seiner großen Sammlung den Nachbau des Füllhorns von Robert-Houdin zur Verfügung.

Erietti Skoulariotis übersetzte den Wahlzettel zum griechischen Referendum. Vielen Dank auch an Beate Kittel für den Kontakt.

Und ich danke Peter Waldecker, Oliver Domzalski, Oliver Erens, Roberto Giobbi, Michael Sondermeyer, Manfred Geiß, Andreas Fleckenstein, Horst Dieter Schlosser, Ingeborg Kurz, Lily & Mitika, Markus Kompa und Johannes Latsch (für die Unterstützung in der frühen Phase des Buches).

Danke für die unglaublichen Täuschungen

Viele Politiker haben – manchmal allerdings unfreiwillig – zwischen diesen Buchdeckeln beeindruckende Auftritte hingelegt. Daneben ist der Gedankenaustausch mit diesen und anderen Täuschungskünstlern eine echte, kreative Bereicherung in meinem Leben. Danke an den Magischen Zirkel von Deutschland.

Danke für Regie und Coaching

Bob Fitch, Jo van Nelsen, Anja Wiese, Jochen Anderle, Ed Bordo, Brigitte Leistikow, Detlef Winterberg, Michelle Dallaire, Gaston – ich bin mir ziemlich sicher, dass die Zusammenarbeit mit Euch auch diesem Buch zugute kam.

Danke fürs Zusehen

Ohne Euren Besuch unserer Shows, liebe Zuschauer, könnte ich diesen wunderbaren, verrückten Beruf nicht ausüben. Vielen herzlichen Dank für Eure Unterstützung.

Danke an mein Team

Für die vertrauensvolle Zusammenarbeit. Projekte wie dieses Buch wären nicht möglich, wenn mein Team mir nicht den Rücken freihalten würde. Hier sind Irmgard Ladwig, Boris Plaueln, Frank Pieper, Jürgen Niccum, Hanspeter und Gaby Balsser, Adrian Adjinischi und Barbara Beaugrand zu nennen.

Und schließlich einen großen Dank an alle, die wissen, dass sie gemeint sind (hier aber nicht ausdrücklich erwähnt werden).

Literatur

Adrion, Alexander: Die Kunst zu zaubern. Köln 1978
Adrion, Alexander (Hg.): Die Memoiren des Zauberers Robert-Houdin. Düsseldorf 1981 (das Buch basiert auf den Memoiren, die Robert-Houdin 1858 verfasste)
Albats, Jewgenia: „Der designierte russische Präsident Wladimir Putin lernte sein Handwerk beim berüchtigten KGB" vom 25. März 2000. In: http://www.berliner-zeitung.de/der-designierte-russische-praesident-wladimir-putin-lernte-sein-Handwerk-beim-beruechtigten-kgb-schild-und-schwert-16476430
Alt, Jürgen August: Zauberkunst. Eine Einführung. Stuttgart 1995
Ankenbrand, Nicolas: „Der schöne Blender" vom 29. Dezember 2013. In: http://www.faz.net/aktuell/wirtschaft/nicolas-berggruen-der-schoene-blender-12729568.html
Appenzeller, Gerd: „Ein Jahr Krim-Annexion. Zauberlehrling Putin" vom 14. April 2015. In: http://www.tagesspiegel.de/politik/ein-jahr-krim-annexion-zauberlehrling-putin/11635736.html
Apple jr, R. W: „Nixon Declares He Didn't Profit From Public Life". In: The New York Times vom 17. November 1973
Bahr, Egon: „Das musst du erzählen". Erinnerungen an Willy Brandt. Berlin 2013
Bahr, Egon: „Aus einem Vortrag vor Schülern in der Ebert-Gedenkstätte Heidelberg" vom 4. Dezember 2013. In: http://www.rnz.de/nachrichten/heidelberg_artikel,-Egon-Bahr-schockt-die-Schueler-Es-kann-Krieg-geben-_arid,18921.html
Bannas, Günter: „Angela Merkel wird 60: Ganz gut durchgekommen" vom 17. Juli 2014. In: http://www.faz.net/aktuell/politik/inland/angela-merkel-wird-60-ganz-gut-durchgekommen-13049265.html?printPagedArticle=true#pageIndex_2
Baring, Arnulf: Machtwechsel. Die Ära Brandt-Scheel. Stuttgart 1982
Bauer, Patrick: „Was kratzt es einen Kretschmann, wenn sich Beck berauscht" vom 4. März 2016. In: http://www.stern.de/politik/deutschland/ministerpraesident-winfried-kretschmann-ist-optimistisch-6732278.html
Bayern, Anna von: Karl-Theodor zu Guttenberg. Aristokrat, Politstar, Minister. Köln 2010
Beckmann, Reinhold (mit Sabine Paul): Zufall!? Eine Spurensuche in außergewöhnlichen Biographien. Hamburg 2013
Bellinger, Gerhard J.: Knaurs Lexikon der Mythologie. München 2005
Berbalk, Ottmar: „Stur und unbestechlich" vom 21. Dezember 2001. In: http://www.focus.de/politik/deutschland/deutsche-einheit-stur-und-unbestechlich_aid_191164.html

Berlepsch von, Thimon / Bachmann, Daniel Oliver: Der Magier in uns. Wie wir mit Neugier und Vorstellungskraft unsere Welt verändern können. München 2014

Bidder, Benjamin: „Russlands Präsident im TV-Marathon: Putins Wahrheiten" vom 16. April 2015. In: http://www.spiegel.de/politik/ausland/in-der-tv-fragestunde-erzaehlt-kreml-chef-putin-nichts-neues-a-1029026.html

Blechschmidt, Peter. „Rechtsstreit: Spiegel versus Wichert. Gespräch mit Guttenberg" vom 18. März 2011. In: http://www.sueddeutsche.de/medien/rechtsstreit-spiegel-versus-wichert-gespraech-mit-guttenberg-1.1074178

Blome, Nikolaus: Angela Merkel. Die Zauder-Künstlerin. München 2013

Bollmann, Ralph: Die Deutsche: Angela Merkel und wir. Stuttgart 2013

Borowsky, Peter: Deutschland 1969 – 1982. Hannover 1989

Boretti (Hammann, Erich): Vorhang. Neustadt/Wstr. 2013

Brandt, Rut: Freundesland. Erinnerungen. Düsseldorf, Wien 1996

Brandt, Lars: Andenken. München, Wien 2006

Brandt, Peter: Mit anderen Augen. Bonn 2013

Brandt, Willy: Erinnerungen. List, 2013

Brandt, Willy: Erinnerungen. Berlin, Frankfurt 2003 (In den Neuauflagen wurden die „Notizen zum Fall G" [Kanzlerspion Guillaume; Anm. d. Autors] eingefügt. Sie wurden, wie Volker Zastrow in der Einführung zu den Notizen schreibt, voraussichtlich zwischen dem 25. Mai und dem 14. September 1974 verfasst.)

Britland, David: The Mind & Magic of David Berglas. Burbank (Kalifornien) 2002

Braun, Franz: Zaubereien mit Pfiff – ohne Griff. Siegburg 1993

Brost, Marc / Hildebrandt, Tina: „Roland Koch: ‚Für einen Unternehmer ist das die Hölle'" vom 18. Juli 2015. In: http://www.zeit.de/2015/27/roland-koch-bilfinger-interview

Brown, Derren: Tricks of the Mind. London 2007

Brown, Derren: Absolute Magic. Humble (Texas) 2003

Bunte: „Sigmar Gabriel. Er lässt ungewöhnlich tief blicken" vom 4. Juli 2016. In: http://www.bunte.de/panorama/politik/sigmar-gabriel-er-laesst-ungwoehnlich-tief-blicken-333551.html

Burger, Eugene / Neale, Robert E.: Magic & Meaning. Seattle 1995

Carney, John: The Book of Secrets. 2. Aufl. (o. O.) 2004

Christ, Sebastian: „So täuscht Angela Merkel die Öffentlichkeit: Die schmutzigen PR-Tricks der Kanzlerin" vom 11. Mai 2015. In: http://www.huffingtonpost.de/2015/05/11/tricks-merkel_n_7256864.html

Clinton, Bill: Mein Leben. Berlin 2004

Clinton, Bill: Testimony. Washington 1998 (auch bekannt als Starr Report, benannt nach Kenneth Starr). In: http://www.washingtonpost.com/wp-srv/politics/special/clinton/icreport/icreport.htm

Clinton, Hillary Rodham: Gelebte Geschichte. München 2003

Connolly, Kate: „'Merkel diamond' takes centre stage in German election campaign" vom 3. September 2013. In: https://www.theguardian.com/world/german-elections-blog-2013/2013/sep/03/angela-merkel-diamond-german-election-campaign

Corinda, Tony: 13 Steps to Mentalism. New York 1968

Corn, David: Die Lügen des George W. Bush. Über Dichtung und Wahrheit in der amerikanischen Politik. München 2004

De Thier, Peter: „'Der beste Präsident aller Zeiten'" vom 9. September 2015. In: http://www.swp.de/ulm/nachrichten/politik/Der-beste-Praesident-aller-Zeiten;art4306,3417018

Der Spiegel: „Herr der Flut" vom 7. März 1962. In: http://www.spiegel.de/spiegel/print/d-32655070.html

Der Spiegel: „Tavor entzieht der Angst den Boden" vom 14. Dezember 1987. In: http://www.spiegel.de/spiegel/print/d-13525739.html

Der Spiegel: „Bundestagswahl 2017: Steinbrück sieht kaum Siegchancen für die SPD" vom 26. Juli 2015. In: http://www.spiegel.de/politik/deutschland/steinbrueck-glaubt-nicht-an-wahlsieg-der-spd-a-1045363.html

Der Spiegel: „Beschluss im Bundestag: Deutschland bekommt den Mindestlohn" vom 3. Juli 2014. In: http://www.spiegel.de/politik/deutschland/mindestlohn-bundestag-beschliesst-lohnuntergrenze-a-978934.html

Der Spiegel: „Fußnoten-Streit: Dr. Guttenberg nennt Plagiatsvorwürfe abstrus" vom 16. Februar 2011. In: http://www.spiegel.de/politik/deutschland/fussnoten-streit-dr-guttenberg-nennt-plagiatsvorwuerfe-abstrus-a-745919.html

Der Spiegel: „Wirtschaftsnobelpreisträger Krugmann: ‚Habe die Kompetenz der griechischen Regierung überschätzt'" vom 20. Juli 2015. In: http://www.spiegel.de/wirtschaft/soziales/griechenland-krugman-enttaeuscht-von-syriza-a-1044411.html

Der Spiegel: „Ein gern gesehener Agent" vom 13. September 1999. In: http://www.spiegel.de/spiegel/print/d-14763822.html

Der Spiegel 49/2009 (vom 30. November 2009): Wann dürfen Deutsche töten? Die Bundeswehr, Afghanistan und der Krieg im 21. Jahrhundert (Titelbild)

Der Spiegel 11/2014 (vom 10. März 2014): Der Brandstifter. Wer stoppt Putin? (Titelbild)

Der Spiegel 6/2015 vom 31. Januar 2015: Europas Albtraum Alexis Tsipras: Der Geisterfahrer (Titelbild)

Der Spiegel 23/2016 (vom 4. Juni 2016): Warum der Bruch zwischen Kanzlerin Angela Merkel und CSU-Chef Horst Seehofer kaum noch zu kitten ist. S. 12 – 21

Deutscher Bundestag, 7. Wahlperiode, 96. Sitzung, 26. April 1974. Aktuelle Stunde betr. Spionageverdacht gegen einen leitenden Mitarbeiter beim Bundeskanzleramt. Stenographischer Bericht, S. 6463 ff. Bonn 1974

Dewitz, Anne: „Die geheimen Zeichen der Kanzlerin" vom 31. Oktober 2009. In: http://www.abendblatt.de/vermischtes/article107582070/Die-geheimen-Zeichen-der-Kanzlerin.html

Die Zeit: „CDU-Parteitag: ‚Zur Identität unseres Landes gehört es, Großes zu leisten'" vom 14. Dezember 2015. In: http://www.zeit.de/politik/deutschland/2015-12/angela-merkel-karlsruhe-cdu-parteitag-rede

Di Lorenzo, Giovanni: „Verstehen Sie das, Herr Schmidt?" vom 19. April 2012. In: http://www.zeit.de/2012/17/Gespraech-Schmidt-di-Lorenzo

Di Lorenzo, Giovanni: Vorerst gescheitert. Interview mit Karl-Theodor zu Guttenberg. Freiburg im Breisgau 2011

Di Lorenzo, Giovanni: „Verstehen Sie das, Herr Schmidt?" vom 9. Januar 2014. In: http://www.zeit.de/2014/03/helmut-schmidt-deutsche-aussenpolitik/komplettansicht

Dohmen, Frank, Traufetter, Gerald: „Strommonster frisst Kanzlerin" vom 8. Dezember 2014. In: http://www.spiegel.de/spiegel/print/d-130754196.html

Edwards, Michael: „The Sphinx and the Spy. The Clandestine World of John Mulholland". In: Genii. The Conjuror's Magazine, April 2001

Eckermann, Johann Peter: Gespräche mit Goethe in den letzten Jahren seines Lebens. Bd. 3. Leipzig 1848

Ertel, Manfred: „Athens Wahlfavorit Tsipras: Mamas Liebling greift nach der Macht" vom 20. Januar 2015. In: http://www.spiegel.de/politik/ausland/alexis-tsipras-vor-griechenland-wahl-syriza-chef-im-portraet-a-1013303.html

Focus: „Kundus-Ausschuss: Guttenberg schrieb Brief zu Kundus-Panne" vom 18. März 2010. In: http://www.focus.de/politik/deutschland/kundus-ausschuss-guttenberg-schrieb-brief-zu-kundus-panne_aid_490885.html

Forkmann, Daniela / Saskia, Richter (Hg.): Gescheiterte Kanzlerkandidaten: Von Kurt Schumacher bis Edmund Stoiber. Wiesbaden 2007

Fraps, Thomas / Thun, Helge / Willich, Jörg. Das Buch oder Don't Forget to Point. München 1997

Frey, Eric: Clintons Amerika. Präsident einer neuen Generation. Frankfurt 1993

Friederichs, Hauke: „Der Lügenbaron" vom 22. Februar 2011. In: http://www.zeit.de/politik/deutschland/2011-02/guttenberg-wahrheit

Fröschle, Thomas alias Topas: Jungfrau gesucht, Säge vorhanden. Köln 2014

Füchtjohann, Jan: „Atomausstieg und Demokratie. Die große Ungeduld" vom 31. Mai 2011. In: http://www.sueddeutsche.de/kultur/atomausstieg-und-demokratie-die-grosse-ungeduld-1.1103495

Gálvez, Cristián: Du bist, was du zeigst! München 2007

Gardner, Martin: Mathematische Zaubereien. Köln 2004

Gassmann, Michael: „Berggruen presst das Letzte aus Karstadt raus" vom 13. Juli 2014. In: http://www.welt.de/wirtschaft/article130102395/Berggruen-presst-das-Letzte-aus-Karstadt-raus.html

Gauland, Alexander: Helmut Kohl. Ein Prinzip. Berlin 1994

Genscher, Hans-Dietrich: Erinnerungen. Berlin 1995

Gessen, Masha: Der Mann ohne Gesicht. Wladimir Putin. Eine Enthüllung. München 2012

Giobbi, Roberto: Große Kartenschule. Band 1 – 4. Reinach (Schweiz) 1992 – 1994; Band 5: 2003

Görtemaker, Manfred: Geschichte der Bundesrepublik Deutschland. Von der Gründung bis zur Gegenwart. München 1999

Goshman, Albert / Page, Patrick: Magic By Gosh. The Life And Times Of Albert Goshman. (o. O.) 1985

Guillaume, Günter: Die Aussage. Wie es wirklich war. Frankfurt 1993

Harpprecht, Klaus: Im Kanzleramt. Tagebuch der Jahre mit Willy Brandt. (o. O.) 2000

Havener, Thorsten / Spitzbart, Michael: Denken Sie nicht an einen blauen Elefanten! Hamburg 2010

Hecht, Judith: „‚Oxi' – ein Wort mit tiefer Bedeutung" vom 11. Juli 2015. In: DiePresse.com, www.diepresse.com/home/politik/eu/4774888/Oxi-ein-Wort-mit-tiefer-Bedeutung

Henscheid, Eduard: Helmut Kohl. Biographie einer Jugend. Zürich 1985

Herzog, Roman: „Ansprache von Bundespräsident Roman Herzog zur Verabschiedung von Bundeskanzler Helmut Kohl und der Mitglieder seines Kabinetts in der Villa Hammerschmidt in Bonn" am 26. Oktober 1998. In: www.kas.de (Konrad-Adenauer-Stiftung e. V.)

Hoang, Kim Son: Usbekistan: „Das verschwiegene Blutbad von Andischan" vom 13. Mai 2013. In: http://derstandard.at/1363710818175/Usbekistan-Das-verschwiegene-Blutbad-von-Andischan

Höhler, Gertrud: Die Patin. Wie Angela Merkel Deutschland umbaut. 3. Aufl. Zürich 2012

Hofmann, Klaus: Helmut Kohl. Eine politische Biographie. Bonn 1991

Houdini, Harry: The Unmasking of Robert-Houdin. New York 1908

Hugard, Jean: Houdinis „Unmasking". Fact vs. Fiction. York (Pennsylvania) 1989

Isikoff, Michael: Clintongate. Die Geschichte eines Skandals. München, Düsseldorf 1999
Jay, Ricky: Sauschlau & Feuerfest. Menschen, Tiere, Sensationen des Showbuiness. Offenbach 1988
Jesse, Eckhard / Mitter, Armin (Hg.): Die Gestaltung der deutschen Einheit. Bonn 1992
Johnstone, Keith: Improvisation und Theater. Deutsch von Petra Schreyer. 12. Auflage. Berlin 2015
Junk, Wiebke: „Spaßvogel Ronald Reagan: Fünf Minuten bis zum dritten Weltkrieg" vom 10. August 2009. In: http://www.spiegel.de/einestages/spassvogel-ronald-reagan-a-948428.html
Kalanag [Helmut Ewald Schreiber]: Kalanag. Ein Magier erzählt sein Leben. Hamburg 1962
Kalush, William / Sloman, Larry: The Secret Life of Houdini. The Making of America's First Superhero. New York 2006
Klein, Hans: Es begann im Kaukasus. Berlin, Frankfurt 1991
Klein, Stefan: Alles Zufall. Die Kraft, die unser Leben bestimmt. Hamburg 2004
Klemm, Ulf-Dieter / Schultheiß, Wolfgang (Hg.): Die Krise in Griechenland. Ursprünge, Verlauf, Folgen. Frankfurt 2015
Klug, Thomas: „60 Jahre Merkel-Sprech: ‚Wenn Mutti früh zur Arbeit geht'" vom 14. Juli 2014. In: http://www.deutschlandradiokultur.de/60-jahre-merkel-sprech-wenn-mutti-frueh-zur-arbeit-geht.976.de.html?dram:article_id=291754
Kohl, Helmut: Erinnerungen 1930 – 1982. München 2004
Kohl, Helmut: Mein Tagebuch. 1998 – 2000. München 2000
Kohl, Helmut: Ich wollte Deutschlands Einheit. Dargestellt von Kai Diekmann und Ralf Georg Reuth. 2. Aufl. München 2000
Kohl, Helmut: „Warum wir die Kern-Energie (noch) brauchen" vom 25. März 2011. In: http://www.bild.de/politik/2011/helmut-kohl/schreibt-ueber-die-atom-krise-17072266.bild.html
Kohl, Walter: Leben oder gelebt werden: Schritte auf dem Weg zur Versöhnung. München 2011
Kohler, Berthold: „Das unbekannte Wesen" vom 22. November 2015. In: http://www.faz.net/aktuell/politik/jubilaeum-in-krisenzeiten-das-unbekannte-wesen-13923316.html
Kompa, Markus: „Enten und U-Boote" vom 20. Juni 2016. In: http://www.heise.de/tp/artikel/48/48582/1.html
König, Jürgen: „Hollande scheitert an den Parteigrenzen", 30. März 2016. In: http://www.deutschlandfunk.de/verfassungsaenderung-hollande-scheitert-an-den-parteigrenzen.1783.de.html?dram:article_id=349783

Koschnick, Wolfgang: Eine Demokratie haben wir schon lange nicht mehr: Abschied von einer Illusion. Frankfurt 2016

Kurbjuweit, Dirk: „Gier ist geil“ vom 6. November 2006. In: http://www.spiegel.de/spiegel/print/d-49450817.html

Kurbjuweit, Dirk: „Die halbe Kanzlerin“ vom 28. November 2011. In: http://www.spiegel.de/spiegel/print/d-82244893.html

Kurtz, Gary: Leading With Your Head. Montreal 1992

Kuzmany, Stefan: „Guttenberg bei ‚Beckmann‘: Scheinfrager trifft Kriegserklärer“ vom 15. Dezember 2009. In: http://www.spiegel.de/kultur/tv/guttenberg-bei-beckmann-scheinfrager-trifft-kriegserklaerer-a-667095.html

Lachmann, Günther / Reuth, Ralf Georg: Das erste Leben der Angela M. 2. Aufl. München 2013

Lang, Jutta: Die Verwandlung. Merkels Weg nach oben. Spiegel-TV vom 12. September 2005

Langhans, Kai: Willy Brandt und die bildende Kunst. Bonn 2002

Langkau-Alex, Ursula: Der 20. Juli 1944, Willy Bandt und das sozialistische Exil in Stockholm. Ein Workshop der Hellen Panke in Verbindung mit der Internationalen wissenschaftlichen Korrespondenz zur Geschichte der sozialen und Arbeiterbewegungen, 16./17. April 2010, Berlin

Legner, Johann: Grexit. Was uns die Griechenland-Lüge kostet. München 2015

Leinemann, Jürgen: Höhenrausch. Die wirklichkeitsleere Welt der Politiker. 3. Aufl. München 2004

Leinemann, Jürgen: Helmut Kohl. Ein Mann bleibt sich treu. Berlin 2001

Lohse, Eckart / Wehner, Markus: Guttenberg. Biographie. München 2011.

Magischer Zirkel von Deutschland e.V. (Hg.): Mitgliederverzeichnis 2015, Frankfurt (Sitz der Geschäftsstelle)

Mählert, Ulrich: Kleine Geschichte der DDR. München 1998

Mai, Dominik: „Jakob Mierscheid. Ein phänomenales Phantom“ vom 25. Juli 2012. In: http://www.augsburger-allgemeine.de/politik/Jakob-Mierscheid-Ein-phaenomenales-Phantom-id21187341.html

Maser, Werner: Helmut Kohl. Der deutsche Kanzler. Frankfurt, Berlin 1993

Matzig, Gerhard: „Bild von Kundgebung in Paris — Ein gestelltes Foto darf Geschichte schreiben“ vom 13. Januar 2015. In: http://www.sueddeutsche.de/politik/bild-von-kundgebung-in-paris-ein-gestelltes-foto-darf-geschichte-schreiben-1.2302160

Mausfeld, Rainer: „Warum schweigen die Lämmer? Demokratie, Psychologie und Empörungsmanagement.“ Vortrag an der Christian Albrechts Universität Kiel am 22. Juni 2015, https://www.youtube.com/watch?v=Rx5SZrOsb6M

Melton, H. Keith und Wallace, Robert: Das einzig wahre Handbuch für Agenten. Tricks und Täuschungsmanöver aus den Geheimarchiven der CIA. München 2009. (Das Buch beruht auf zwei Handbüchern, die der Magier John Mulholland für die CIA verfasst hatte; die Zusammenarbeit begann im Jahr 1953.)

Merkel, Angela: „Die von Helmut Kohl eingeräumten Vorgänge haben der Partei Schaden zugefügt" vom 22. Dezember 1999. In: *Frankfurter Allgemeine Zeitung (germanhistorydocs.ghi-dc.org/pdf/deu/Chapter10_doc_7.pdf)*

Merkel, Angela: Der *Brigitte*-Talk vom 2. Mai 2013. In: www.brigitte.de/aktuell/brigitte-live/brigitte-live--angela-merkel--man-braucht-dasschweigen--um-klug-reden-zu-koennen-_10387212.html

Merkel, Angela: „Nicht vorstellbar, dass Deutschland betroffen ist" vom 12. März 2011. In: http://www.handelsblatt.com/politik/deutschland/merkel-rede-im-wortlaut-nicht-vorstellbar-dass-deutschland-betroffen-ist/3945076.html

Merkel, Angela: Regierungserklärung vom 9. Juni 2011 (17. Wahlperiode, 114. Sitzung, S. 12960). In: http://dipbt.bundestag.de/dip21.web/searchDocuments/plpr_search_result.do?selId=430&method=select&offset=0&anzahl=100&sort=4&direction=desc

Merseburger, Peter: Willy Brandt. 1913 – 1992. Visionär und Realist. München 2004

Meyer, Gerd: „Parteien, Wahlen und Wählerverhalten". In: Landeszentrale der politischen Bildung Baden-Württemberg (Hg.): Der Bürger im Staat: Russland unter Putin. Heft 2.3; 2001

Meyer, J. und Reichelt, J.: „Kunduz, Afghanistan: Das Video der Tankwagen-Bombardierung. Hat Minister Jung die Wahrheit verschwiegen?" vom 26. November 2009. In: http://www.bild.de/politik/2009/verschwieg-minister-jung-die-wahrheit-ueber-diebombardierung-10583034.bild.html

Meyer, Lutz: „Merkels Wahlkampfmanager: Die Menschen wollen Ruhe" (Interview von Anja Maier) vom 19. Dezember 2014. In: http://www.taz.de/1/archiv/digitaz/artikel/?ressort=tz&dig=2014%2F12%2F16%2Fa0129&cHash=c8f84d87b94a65e83d5919edcd2ccc09

Milz, Annette: „Journalisten sind nicht dazu da, sterbende Träume zu beatmen" (Interview mit Volker Zastrow anlässlich der Verleihung des 50. Theodor-Wolff-Preises an selbigen – der Preis wurde am 12. September 2012 verliehen). In: http://www.mediummagazin.de/aktuelles/journalisten-sind-nicht-dazu-da-sterbende-traume-zu-beatmen/

Morlok, Martin: „Durchsichtige Taschen oder schwarze Koffer? Die rechtliche Regulierung der Parteifinanzen und der Fall der CDU". In: *Aus Politik und Zeitgeschichte* B 16/2000, 1

Müller, Matthias: Die SPD und die Vertriebenenverbände 1949 – 1977: Eintracht, Entfremdung, Zwietracht. Gießen 2011

Müller, Konrad R.: „Dieser Blick galt Hannelore". Im Gespräch mit Christiane Florin. In: *Christ & Welt*, Ausgabe 27/2011. http://www.christundwelt.de/detail/artikel/dieser-blick-galt-hannelore/

Müller, Peter: „CDU-Parteitag: Die große Leere" vom 9. Dezember 2014. In: http://www.spiegel.de/politik/deutschland/cdu-parteitag-kommentar-merkel-nimmt-kurs-auf-die-absolute-mehrheit-a-1007453.html

Müntefering, Franz: „Das große bunte Staatstheater". In: *Frankfurter Allgemeine Zeitung* vom 21. Juni 2014

Nelms, Henning: Zauberei und Schauspielkunst. Ein Handbuch für Zauberkünstler. Dt. Übersetzung von Christian Scherer. Thun, 1994 [1969]

Neukirch, Ralf / Pfister, René: „Rache ist Weißwurst" (Titel: „Geht's noch? Die Kanzlerin und ihr Seehofer: Eine eitle Feindschaft wird zur Gefahr für das Land"). In: *Der Spiegel* Nr. 26 vom 4. Juni 2016

Niggemeier, Stefan: „Bild-Zeitung stürzte Wulff mit einer Falschmeldung. Das kümmert aber keinen" vom 15. Juni 2014. In: http://www.stefan-niggemeier.de/blog/18217/bild-stuerzte-wulff-mit-einer-falschmeldung-das-kuemmert-aber-keinen/

Noack, Hans-Joachim: „Der ewige Fremdling" vom 10. Mai 2004. In: *Der Spiegel* 20/2004

Ortiz, Darwin: Strong Magic. Creative Showmanship for the Close-up Magician. Silver Spring (Maryland) 1994

Pfister, René: „Das Wort Verräter muss rein". In: *Der Spiegel* vom 6. Oktober 2014 (Titelgeschichte: „Helmut Kohl: Die Abrechnung")

Pflüger, Friedbert: Ehrenwort. Das System Kohl und der Neubeginn. Stuttgart, München 2000

Poe, Edgar Allan: „Maetzel's Chess-Player". (Erstmals erschien Poes Aufsatz im April 1836 in dem literarischen Magazin Southern Literary Messenger.) Der komplette Essay findet sich hier: http://xroads.virginia.edu/~hyper/poe/maelzel.html

Prantl, Heribert: „Die Sehnsucht nach dem Gesalbten" vom 5. März 2011. In: http://www.sueddeutsche.de/politik/guttenberg-de-mazire-friedrich-und-die-magie-der-demokratie-die-sehnsucht-nach-dem-gesalbten-1.1068171

Presidential Grand Jury Testimony: Mitschnitt der Aufnahme am 17.08.1998, vertrieben durch C-Span. National Cable Satellite Corporation 2005. In: https://www.c-span.org/video/?111990-1/presidential-grand-jury-testimony

Protokoll Parteitag Hannover 1973. Band 1, hrsg. vom Vorstand der SPD. Bonn 1974

Pruys, Karl Hugo: Helmut Kohl. Die Biographie. Berlin 1995

Pruys, Karl Hugo: Helmut Kohl – der Mythos vom Kanzler der Einheit. Berlin 2004

Raschke, Joachim / Tils, Ralf: Politische Strategie: Eine Grundlegung. Wiesbaden 2013

Rath, Christian: „Im Gespräch mit Hans-Jürgen Papier“ vom 30. November 2011. In: http://www.badische-zeitung.de/wirtschaft-3/hans-juergen-papier-haelt-das-atom-moratorium-fuer-rechtlich-angreifbar--43503052.html

Rawert, Peter: „Immer auf der Suche nach Selbstbefreiung“. In: *Frankfurter Allgemeine Zeitung* vom 12. August 2014

Reitschuster, Boris: Putins Demokratur. Ein Machtmensch und sein System. 2. Aufl. Berlin 2014

Rheinische Post: „Joachim Gauck wettert gegen Bankenprotest: ‚Antikapitalismusdebatte unsäglich albern‘“ vom 17. Oktober 2011. In: http://www.rp-online.de/wirtschaft/unternehmen/antikapitalismusdebatte-unsaeglich-albern-aid-1.2515987

Riese, Eberhard: „Die zersägte Jungfrau. Die Geschichte einer bekannten Großillusion“. In: *Magie,* Heft 6/7, Juni/Juli 1996

Riese, Eberhard: Fundamente. Die Kunst Zauberei in Szene zu setzen. Coesfeld 2003.

Rodek, Hanns-Georg: „Hitlers Magier täuschte alle“. In: *Die Welt* vom 15. August 2016

Roll, Evelyn: Die Kanzlerin. Angela Merkels Weg zur Macht. 4. Aufl. Berlin 2013

Rosenbloom, Stephanie: „Magicians Ask: What's Up His Sleeve?“ vom 18. Mai 2008. In: http://www.nytimes.com/2008/05/18/fashion/18magic.html?_r=0

Roth, Thomas: Russland. Das wahre Gesicht einer Weltmacht. München 2008

Rückert, Sabine: „Wer ist Koch?“ vom 27. Februar 2009. In: http://www.zeit.de/2009/03/DOS-Koch/komplettansicht

Sardina, Maurice: Where Houdini was wrong. London 1950

Sasse, Stefan: „Warum Müntefering Recht hatte“ vom 18. Oktober 2013. In: http://www.deliberationdaily.de/2013/10/warum-der-begriff-wahlversprechen-abgeschafft-gehoert/

Schäfer, Antonia: „So trickreich verwirrte Varoufakis beim Jauch-Auftritt seine Kritiker“ vom 16. März 2015. In: http://www.focus.de/finanzen/news/staatsverschuldung/nach-auftritt-bei-guenther-jauch-varoufakis-im-faktencheck_id_4548515.html

Schäuble, Wolfgang: Mitten im Leben. München 2000

Schewzowa, Lilia: „Russische Föderation, Politisches System“. In: *Internationale Politik* 2, Februar 2008, S. 8 – 18

Schiffer, Franz: Schöner Schein. Die Zauberkunst des Wittus Witt. München 1995

Schlieben, Michael: „Böser Koch, guter Koch" vom 25. Mai 2010. In: http://www.zeit.de/politik/deutschland/2010-05/roland-koch-ruecktritt-2

Schlieben, Michael: „Ein Jahrzehnt Merkel-Putsch" vom 23. Dezember 2009. In: http://www.zeit.de/politik/deutschland/2009-12/merkel-kohl-faz-artikel-1999/komplettansicht

Schmidt, Helmut: „Freundschaft mit Frostperioden. Die Bonner Jahre mit Willy Brandt. Stationen eines komplizierten Verhältnisses" vom 13. September 1996. In: http://www.zeit.de/1996/38/helmuts.txt.19960913.xml

Schmidt, Helmut / di Lorenzo, Giovanni: Verstehen Sie das, Herr Schmidt? (Hörbuch). Berlin 2012

Schreiber, Hermann: Kanzlersturz – Warum Willy Brandt zurücktrat. München 2003

Schuster, Peter: „Zauberer und Politiker haben viel gemeinsam" (Interview von Anne Haeming) vom 28. Dezember 2013. In: http://www.taz.de/1/archiv/digitaz/artikel/?ressort=bl&dig=2013%2F12%2F28%2Fa0158&cHash=c927437c9caf05401a9d880f2d3d7b25

Schütz, Astrid: Selbstdarstellung von Politikern: Analyse von Wahlkampfauftritten. Weinheim 1992

Schütz, Hans Peter: „‚Wenn ich nicht fertig gedacht habe, kann ich nicht entscheiden'" vom 27. August 2014. In: http://www.stern.de/politik/deutschland/angela-merkel-im--cicero--streitgespraech--wenn-ich-nicht-fertig-gedacht-habe--kann-ich-nicht-entscheiden--3619804.html

Schütze, Richard: „Angela Merkel: Hippopotamus" vom 20. Dezember 2009. In: www.cicero.de. PDF unter: http://www.schuetze-consult.de/2007-2009.php?newln=EN&PHPSESSID=5dff9d70f07636b076181c829a21b818

Schwindlern, Elke: „Brennende Wälder. Wer führt Russland?" vom 15. August 2010. In: http://www.tagesspiegel.de/politik/brennende-waelder-wer-fuehrt-russland/1903498.html

Seebacher, Brigitte: Willy Brandt. München 2004

Seibt, Gustav: „Der seltene Gefühlsausbruch der Kanzlerin" vom 17. September 2015. In: http://www.sueddeutsche.de/politik/merkel-zur-fluechtlingsdebatte-der-gefuehlsausbruch-der-kanzlerin-1.2650051

Seils, Christoph: „Wahlversprechen. Der Wähler will betrogen sein" vom 24. Juni 2013. In: http://www.cicero.de/berliner-republik/wahlversprechen-der-waehler-will-betrogen-werden/54854

Seipel, Hubert: Putin. Innenansichten der Macht. Hamburg 2015

Shrader, Katherine: „Hobby-Zauberer rückt an die CIA-Spitze". In: *Frankfurter Neue Presse*, 9. Juli 2004

Siegfried & Roy: Meister der Illusion. Die Geschichte eines Welterfolgs (Mit Annette Tapert). München 1992

Spiegel, Hubert: „Kompromiss? Das ist hier unbekannt“ (Gespräch mit Petros Markaris) In: *Frankfurter Allgemeine Zeitung,* vom 10. Juli 2015, http://www.faz.net/aktuell/feuilleton/schriftsteller-petros-markaris-erklaert-griechenland-13694486.html
Spreng, Michael H.: „Wenn Wähler zu sehr lieben“ vom 26. Februar 2011 In: http://www.sprengsatz.de/?m=201207
Spreng, Michael H.: „Die Überlebensfrage der Demokratie“ vom 28. Juli 2012. In: https://www.sprengsatz.de/?p=3884
Starr-Report. Ins Deutsche übertragen von Joachim Honnef, Katharina und Lothar Woicke, Rainer Schumacher. Bergisch Gladbach 1998
Steinmeyer, Jim: Device and Illusion. Burbank (California) 1991
Steinmeyer, Jim: Hiding the Elephant – How Magicians Invented the Impossible. London 2004
Stauss, Frank: Höllenritt Wahlkampf. München 2013
Stern: „Was Schneiderhan dem Minister vorenthielt“ vom 17. Dezember 2009. In: http://www.stern.de/politik/deutschland/ruecktrittsgesuch-an-guttenberg-was-schneiderhan-dem-minister-vorenthielt-3331962.html
Stöckel, Konrad: Wie man mit AC/DC das Licht ausmacht. München 2013
Süddeutsche Zeitung: „Atompolitik und Landtagswahlen. Brüderle: AKW-Moratorium ist nur Wahlkampf-Taktik“ vom 24. März 2011. In: http://www.sueddeutsche.de/politik/atompolitik-und-landtagswahlen-bruederle-und-die-bosse-1.1076394
Süddeutsche Zeitung: „Schulz attackiert Tsipras: ‚Manipuliert die Menschen‘“ vom 3. Juli 2015. In: thhp://www.sueddeutsche.de/news/wirtschaft/finanzen-schulz-attackiert-tsipras-manipuliert-die-menschen-dpa.urn-newsml-dpa-com-20090101-150703-99-02915
Süddeutsche Zeitung: „Gabriel zieht rote Linie für TTIP-Abkommen“ vom 21. März 2015. In: http://www.sueddeutsche.de/politik/freihandel-gabriel-zieht-rote-linie-fuer-ttip-abkommen-1.2402684
Süddeutsche Zeitung Magazin: „Auf ein Wort, Frau Merkel“, Heft 32/2012. In: http://sz-magazin.sueddeutsche.de/texte/anzeigen/37939/2
Swiss, Jamy Ian: An Exclusive Interview with Penn & Teller. In: Genii, Mai 1995, S. 491 – 505
Tamariz, Juan: The Magic Way. Madrid 1988
Tarbell, Harlan: Course in Magic. 6. Aufl. New York 1975
Teltschik, Horst: 329 Tage. Innenansichten der Einigung. Berlin 1991
Thadeusz, Frank: „Ich gehöre zu den Säulen des Staatswesens“ vom 10. Dezember 2004. In: https://tsarchive.wordpress.com/2004/12/10/meldung208460/
Theiss, Christian: „Boscos Zauberkünste” erschien als Fortsetzungsserie in: *Magische Welt* 2015

Thiele, Alexander: Geisterfahrer Tsipras, oder: Ist der Euro noch zu retten? 2. Aufl. Leipzig 2015
Timtschenko, Viktor: Putin und das neue Russland. Kreuzlingen, München 2003
Timtschenko, Viktor: „Wie man lügt, wenn es um Russland geht" vom 8. Mai 2012. In: http://www.hintergrund.de/201205082052/hintergrund/medien/wie-man-luegt-wenn-es-um-russland-geht.html
Trankovits, Laszlo: Die Nachrichtenprofis. Warum Qualitätsjournalismus für unsere Demokratie unverzichtbar ist (dpa). Frankfurt a. M. 2015
Tsipras, Alexis: Fernsehansprache zum Referendum in der Nacht zum 27. Juni 2015. Die vollständige Rede findet sich hier übersetzt: http://www.focus.de/finanzen/news/staatsverschuldung/die-referendums-rede-im-wortlaut-so-dreist-hetzt-tsipras-seine-griechen-gegen-eine-einigung-auf_id_4779648.html
Tsipras, Alexis: Rede vor dem Europäischen Parlament am 8. Juli 2015. In: https://publikumskonferenz.de/wiki/wiki/Publikumskonferenz/Themenseite/Griechenland/Tsipras_EuRede1
Verheugen, Günther: „Ich hab die Troika erfunden" vom 26. April 2012. In: http://www.deutschlandfunk.de/ich-hab-die-troika-erfunden.1295.de.html?dram:article_id=193348
Vernon, Dai: Malini and his Magic. Tahoma, California 1999
Vitzthum, Thomas: „Wahlkämpfer Guttenberg rockt das Bierzelt" vom 7. September 2009. In: http://www.welt.de/politik/bundestagswahl/article4482468/Wahlkaempfer-Guttenberg-rockt-das-Bierzelt.html
Vitzthum. Thomas: „Britisches Magazin empfiehlt Wiederwahl Merkels" vom 12. September 2013. In: http://www.welt.de/politik/wahl/bundestagswahl/article119966030/Britisches-Magazin-empfiehlt-Wiederwahl-Merkels.html
Vorsamer, Barbara: „Das Geheimnis des Messias" vom 30. Januar 2009. In: http://www.sueddeutsche.de/politik/gestik-und-mimik-von-barack-obama-das-geheimnis-des-messias-1.490924-2
Von Hammerstein, Konstantin / Müller, Peter: „Ich habe Mitleid mit Steinbrück" vom 5. August 2013. In: http://www.spiegel.de/spiegel/print/d-105648244.html
Voswinkel, Johannes: „Die Rehaugen der Macht" vom 28. Februar 2008. In: http://www.zeit.de/2008/10/Medwedjew
Waldmann, Werner: Große Zauberschule. Stuttgart 1968
Walker, Barbara G.: Das geheime Wissen der Frauen. Ein Lexikon. München 1995
Weidenfeld, Werner / Korte, Karl Rudolf (Hg.): Handbuch zur deutschen Einheit 1949 – 1989 – 1999. Bonn 1999
Weizsäcker, Richard von: Ansprache des Bundespräsidenten Richard von Weizsäcker am 8. Mai 1985 im Plenarsaal des Deutschen Bundestages

zum 40. Jahrestag der Beendigung des Zweiten Weltkrieges. In: http://www.bundespraesident.de/SharedDocs/Reden/DE/Richard-von-Weizsaecker/Reden/1985/05/19850508_Rede.html

Weltspiegel (WDR): „Russland: Ende eines Hoffnungsträgers“ vom 4. Dezember 2011: http://www.verpasst.de/sendung/10191/Weltspiegel.html

Wesel, Uwe: Der Gang nach Karlsruhe. Das Bundesverfassungsgericht in der Geschichte der Bundesrepublik. München 2004

Wickert, Ulrich: „Kohl und Mitterrand in Verdun. Warum reichten sie sich die Hände?“ vom 25. September 2009. In: http://www.faz.net/aktuell/feuilleton/medien/kohl-und-mittelrrand-in-verdun-warum-reichten-sie-sich-die-haende-1857470.html

Willemsen, Roger: Das Hohe Haus. Ein Jahr im Parlament. Frankfurt a. M. 2014

Willemsen, Roger: „Endlich Frühling“ vom 29. April 2010. In: http://www.zeit.de/2010/18/Willemsen-Fruehling/komplettansicht

Wilsmann, Aloys Christof: Die zersägte Jungfrau. Von Magiern, Schwindeln und Scharlatanen. Berlin 1938

Wiseman, Richard: Quirkologie. Die wissenschaftliche Erforschung unseres Alltags. Frankfurt a. M. 2008

Wonder, Tommy: The Books of Wonder, Vol. I and II. Seattle 1996

Woodward, Bob: „A President's Isolation“ vom 13. Juni 1999. In: http://www.washingtonpost.com/wp-srv/politics/special/clinton/stories/shadow061399.htm

Wrixon, Fred B.: Codes, Chiffren & andere Geheimsprachen. Köln 2000

Wulff, Christian: „Vielfalt schätzen – Zusammenhalt fördern“. Rede zum 20. Jahrestag der Deutschen Einheit am 3. Oktober 2010 in Bremen. In: http://www.bundespraesident.de/SharedDocs/Reden/DE/Christian-Wulff/Reden/2010/10/20101003_Rede.html

Zach, Manfred: Die manipulierte Öffentlichkeit. Asendorf 1995

Zmeck, Jochen: Handbuch der Magie. Ostberlin 1978

Zastrow, Volker: „Guttenberg. Ein gefährlicher Mann“ vom 26. November 2011. In: http://www.faz.net/aktuell/politik/guttenberg-ein-gefaehrlicher-mann-11542304.html

Zastrow, Volker: „Wie Ken den Kopf verlor. Guttenbergs verschleppter Rücktritt“ vom 7. März 2011. In: http://www.faz.net/aktuell/politik/die-guttenberg-affaere/wie-ken-den-kopf-verlor-guttenbergs-verschleppter-ruecktritt-14058.html

Zips, Martin: „Interview mit Freya Barschel: ‚Mein Mann bewacht mich sehr gut‘“ vom 25. September 2010. In: http://www.sueddeutsche.de/medien/interview-mit-freya-barschel-mein-mann-bewacht-mich-sehr-gut-1.1004464

Bildnachweise

Winston Churchill: picture-alliance / Heritage Images
Richard Nixon: picture-alliance / ASSOCIATED PRESS
Gerhard Schröder: picture-alliance / dpa
Mitterand / Kohl: picture-alliance / dpa
Kohl / Merkel, Zeigefinger: picture-alliance / dpa
Steinbrück, Mittelfinger: picture-alliance / dpa
Guttenberg, Times Square: picture-alliance / dpa
Guttenberg, Festival „Bamberg zaubert": Harald Rieger
Siegfried und Roy: picture-alliance / dpa
Brandt: picture-alliance / ASSOCIATED PRESS
Keaton, Füllhorn: Foto Winfried Eberhardt, Graphik Sebastian Konopix
Keaton, Hypnosespirale: Bahman Börger
Keaton, brennendes Buch: Bahman Börger
Keaton, Flitter: Winfried Eberhardt
Charlie Hebdo, Regierungschefs: picture-alliance / abaca
Merkel-Raute: picture-alliance
Schachtürke / John Gaughan: The NewYorkTimes / Redux / laif
Foto Plakat Wahlvorhersage: Anirudh Krishnadas (Foto auf dem Plakat: Vera Friederich)

Sorry!

Mir war es sehr wichtig, für dieses Buch sorgfältig zu recherchieren: Das macht ja gerade den Reiz des Themas aus, die Tatsache, dass die Parallelen zwischen Zauberei und Politik nachprüfbar und valide sind. Das bin ich Ihnen als Autor schuldig. Trotzdem durfte das Lesevergnügen nicht zu kurz kommen. Das wiederum dürfen Sie von einem Entertainer erwarten. Ich hoffe sehr, dass der Balanceakt gelungen ist.

Wenn Sie einen Rechtschreibfehler finden, warten Sie einfach bis zur nächsten Rechtschreibreform: Dann ist alles wieder gut. Wenn mir aber große inhaltliche Schnitzer unterlaufen sind, ist der endgültige Beweis erbracht: Auch Magier sind nur Menschen. Über einen Hinweis würde ich mich freuen: minister@harrykeaton.de

Vielen Dank!

Freifahrschein ins Paradies: Auflösung des Rätsels

Anmerkungen

Anmerkungen zum 1. Kapitel

1 Zit. n. Klug, Thomas: „60 Jahre Merkel-Sprech: ‚Wenn Mutti früh zur Arbeit geht'" vom 14. Juli 2014. In: http://www.deutschlandradiokultur.de/60-jahre-merkel-sprech-wenn-mutti-frueh-zur-arbeit-geht.976.de.html?dram:article_id=291754
2 An anderer Stelle konstatiert Evelyn Roll eine Veränderung der Sprechweise Merkels: „Ich fand, dass sie früher, auch in öffentlichen Situationen, normales Deutsch gesprochen hat – mit starken Verben, mit Sätzen, die vielleicht auch gefährlich waren, also frech und lustig und unbekümmert und ein bisschen schnodderig, auch im leichten Berliner Dialekt. Und das ist ja ganz weg, dass sie die Augen nach oben drehen würde und sagen: ‚Weeß ick jetzt ooch nich', während fünf Mikrofone auf sie gerichtet sind. Das kommt, glaube ich, nicht mehr vor." (zit. in Klug).
3 Müntefering, Franz: „Das große bunte Staatstheater". In *Frankfurter Allgemeine Zeitung* vom 21. Juni 2014
4 Raschke, Joachim / Tils, Ralf: Politische Strategie. Eine Grundlegung. Wiesbaden 2013, S. 258

Anmerkungen zum 2. Kapitel

1 Gessen, Marsha: Der Mann ohne Gesicht. Wladimir Putin. Eine Enthüllung. München 2012
2 Reitschuster, Boris: Putins Demokratur. Ein Machtmensch und sein System. 2. Aufl. Berlin 2014, S. 71
3 Reitschuster, S. 334
4 Appenzeller, Gerd: „Ein Jahr Krim-Annexion. Zauberlehrling Putin" vom 14. April 2015. In: http://www.tagesspiegel.de/politik/ein-jahr-krim-annexion-zauberlehrling-putin/11635736.html
5 Gessen, S. 78.
6 Seipel, Hubert: Putin. Innenansichten der Macht. Hamburg 2015, S. 122
7 Gessen, S. 76
8 Albats, Jewgenia: „Der designierte russische Präsident Wladimir Putin lernte sein Handwerk beim berüchtigten KGB" vom 25. März 2000. In: http://www.berliner-zeitung.de/der-designierte-russische-praesident-wladimir-putin-lernte-sein-Handwerk-beim-beruechtigten-kgb-schild-und-schwert-16476430
9 Meyer, Gerd: „Parteien, Wahlen und Wählerverhalten". In: Landeszentrale der politischen Bildung Baden-Württemberg (Hg.): Der Bürger im Staat: Russland unter Putin. Heft 2.3, 2001, S. 103 ff. Meyer zeigt, dass die große Mehrheit der russischen Wähler keine dauerhafte Bindung an Parteien kennt. Die Mehrzahl der Wähler entscheidet sich erst kurz vor der Wahl. Massenmedien, vor allem das Fernsehen, spielen eine überragende Rolle für die politische Meinungsbildung.
10 Seipel, S. 38
11 Bidder, Benjamin: „Russlands Präsident im TV-Marathon: Putins Wahrheiten" vom 16. April 2015. In: http://www.spiegel.de/politik/ausland/in-der-tv-fragestunde-erzaehlt-kreml-chef-putin-nichts-neues-a-1029026.html
12 Jedes Kind weiß, dass wir Zauberer Geheimnisse lieben und sie vor Entdeckung schützen. Vor kurzem wurde ich von einer netten russischen Agentin engagiert. Ihr war bewusst, dass Zauberer bei ihren Vorbereitungen am liebsten ungestört sind.

Das deutsche Wort für Geheimnisse kannte sie nicht, wohl aber das englische Wort *secrets*. Also sagte sie: „Du kannst haben eigenes Kabine, wenn Du hast Sekrete."

13 Gessen, S. 323

14 Reitschuster, S. 71

15 Die Partei „Einiges Russland" wurde am 1. Dezember 2001 gegründet. Die Parteien in Russland haben einen erheblich kleineren Stellenwert bei der politischen Willensbildung als beispielsweise in Deutschland. Es sind keine dauerhaft etablierten Organisationen, sondern vielmehr „Wählervereinigungen". Die Machtelite und deren Führer schaffen sich Parteien, nicht umgekehrt: Folglich setzten diese Organisationen „ganz überwiegend nicht auf die Aktivierung vieler Mitglieder von unten, sondern auf die Beeinflussung oder Manipulation der Wählerschaft ‚von oben', vor allem über das Fernsehen" (Meyer 2001, S. 106).

16 Windisch, Elke: „Brennende Wälder. Wer führt Russland?" vom 15. August 2010. In: http://www.tagesspiegel.de/politik/brennende-waelder-wer-fuehrt-russland/1903498.html. Lilia Schewzowa spricht von einer pseudodemokratischen Regierung Russlands nach dem Motto „Lasst uns so tun, als ob" (Schewzowa, Lilia: „Russische Föderation, Politisches System". In: Internationale Politik 2, Februar 2008, S. 8 – 18).

17 So der Politologe Stanislaw Belkowskij, zit. n. Voswinkel, Johannes: „Die Rehaugen der Macht" vom 28. Februar 2008. In: http://www.zeit.de/2008/10/Medwedjew

18 Weltspiegel (WDR): „Russland: Ende eines Hoffnungsträgers" vom 4. Dezember 2011: http://www.verpasst.de/sendung/10191/Weltspiegel.html

Anmerkungen zum 3. Kapitel

1 Willemsen, Roger: Das Hohe Haus. Ein Jahr im Parlament. Frankfurt a. M. 2014, S. 124

2 Tommy Wonder: The Books of Wonder, Vol. 1. Seattle 1996, S. 9 ff.

3 Di Lorenzo, Giovanni: „Verstehen Sie das, Herr Schmidt?" vom 19. April 2012. In: http://www.zeit.de/2012/17/Gespraech-Schmidt-di-Lorenzo

4 *Der Spiegel:* „Bundestagswahl 2017: Steinbrück sieht kaum Siegchancen für die SPD" vom 26. Juli 2015. In: http://www.spiegel.de/politik/deutschland/steinbrueck-glaubt-nicht-an-wahlsieg-der-spd-a-1045363.html

5 *Der Spiegel:* „Beschluss im Bundestag: Deutschland bekommt den Mindestlohn" vom 3. Juli 2014. In: http://www.spiegel.de/politik/deutschland/mindestlohn-bundestag-beschliesst-lohnuntergrenze-a-978934.html

6 Müntefering, 2014

7 Kurbjuweit, Dirk: „Gier ist geil" vom 6. November 2006. In: http://www.spiegel.de/spiegel/print/d-49450817.html

8 Um ein Haar hätte Helmut Kohl kurz vor der deutschen Einheit den CDU-Vorsitz verloren. Der baden-württembergische Ministerpräsident Lothar Späth plante eine Verschwörung und Kohls Macht stand auf der Kippe. Allerdings konnte der Kanzler auf dem alles entscheidenden Parteitag ein bedeutendes Ereignis verkünden: Zehntausende DDR-Bürger würden die Chance erhalten, durch die Öffnung der ungarischen Grenze in den Westen zu reisen. Das Timing war kein Zufall: Kohl hatte sich dazu einige Tage zuvor heimlich mit dem ungarischen Ministerpräsidenten Miklós Németh getroffen. Er stellte diesem Milliardenhilfen in Aussicht und Németh revanchierte sich, indem er auf Bitten Kohls die Öffnung der Grenze vorverlegte. Am Ende konnte der deutsche Regierungschef die Aufmerksamkeit auf eine Weltsensation lenken und brachte seine internen Kritiker so zum Schweigen. Vgl. Pfister, René:

„Das Wort Verräter muss rein". In: *Der Spiegel* vom 6. Oktober 2014 (Titelgeschichte: „Helmut Kohl: Die Abrechnung").

9 Zit. n. De Thier, Peter: „Der beste Präsident aller Zeiten" vom 9. September 2015. In: http://www.swp.de/ulm/nachrichten/politik/Der-beste-Praesident-aller-Zeiten;art4306, 3417018

10 Berlepsch von, Thimon / Bachmann, Daniel Oliver: Der Magier in uns. Wie wir mit Neugier und Vorstellungskraft unsere Welt verändern können. München 2014, S. 14

11 US-Präsident Richard Nixon sagte es so: „Die Öffentlichkeit kauft Namen und Gesichter und keine Parteiprogramme, und ein Kandidat für ein öffentliches Amt muß auf fast die gleiche Weise in den Handel gebracht werden wie irgend ein anderes Produkt." Zit. nach Schütz, Astrid: Selbstdarstellung von Politikern: Analyse von Wahlkampfauftritten. Weinheim 1992, S. 103.

12 Zit. n. Koschnick, Wolfgang: Eine Demokratie haben wir schon lange nicht mehr: Abschied von einer Illusion. Frankfurt 2016

13 *Süddeutsche Zeitung:* „Gabriel zieht rote Linie für TTIP-Abkommen" vom 21. März 2015. In: http://www.sueddeutsche.de/politik/freihandel-gabriel-zieht-rote-linie-fuer-ttip-abkommen-1.2402684

14 Steinmeyer, Jim: Hiding the Elephant – How Magicians Invented the Impossible. London 2004, S. 12

15 Ganz im Sinne von Friedrich Schiller in seinem Drama *Wilhelm Tell:* „Es rast der See und will ein Opfer."

16 Gassmann, Michael: „Berggruen presst das Letzte aus Karstadt raus" vom 13. Juli 2014. In: http://www.welt.de/wirtschaft/article130102395/Berggruen-presst-das-Letzte-aus-Karstadt-raus.html

17 Ankenbrand, Nicolas: „Der schöne Blender" vom 29. Dezember 2013. In: http://www.faz.net/aktuell/wirtschaft/nicolas-berggruen-der-schoene-blender-12729568.html. Der Milliardär Nicolas Berggruen erhielt den Kaufhauskonzern Karstadt für den Preis von einem Euro. Er sieht laut Ankenbrand blendend aus und hatte eine gute Geschichte zu erzählen („kein Interesse an Materiellem", „emotionale Bindung an Berlin"), habe aber keinen Cent von seinem eigenen Geld in Karstadt investiert.

18 Christ, Sebastian: „So täuscht Angela Merkel die Öffentlichkeit: Die schmutzigen PR-Tricks der Kanzlerin" vom 11. Mai 2015. In: http://www.huffingtonpost.de/2015/05/11/tricks-merkel_n_7256864.html

19 Maser, Werner: Helmut Kohl. Der deutsche Kanzler. Frankfurt, Berlin 1993, S. 137. Altkanzler Helmut Schmidt meinte einmal zu Zauberkünstler Wittus Witt (Zauberkünstler und Herausgeber der Fachzeitschrift *Magische Welt*): „Zauberer und Politiker, das ist doch fast das gleiche." Selten gibt ein Politiker die Nähe zu den Illusionen so offen zu. In: Schiffer, Franz: Schöner Schein. Die Zauberkunst des Wittus Witt. München 1995, S. 97.

20 Der wunderbare schwedische Magier Tom Stone hat ähnliche Beobachtungen gemacht.

21 Willemsen 2014, S. 210

Anmerkungen zum 4. Kapitel

1 Zastrow, Volker: „Guttenberg. Ein gefährlicher Mann" vom 26. November 2011. In: http://www.faz.net/aktuell/politik/guttenberg-ein-gefaehrlicher-mann-11542304.html

2 Di Lorenzo, Giovanni: Vorerst gescheitert. Interview mit Karl-Theodor zu Guttenberg, Freiburg im Breisgau 2011, S. 18

3 Kalanags Täuschung wirkt nach; auch heute wird er von verschiedenen Autoren als Dr. Schreiber bezeichnet, so zum Beispiel in einem Artikel von Hanns-Georg Rodeks Artikel: „Hitlers Magier täuschte alle". In: *Die Welt* vom 15. August 2016.
4 Zit. n. Jay, Ricky: Sauschlau & Feuerfest. Menschen, Tiere, Sensationen des Showbusiness. Offenbach 1988, S. 162
5 Von Hammerstein, Konstantin / Müller, Peter: „Ich habe Mitleid mit Steinbrück" vom 5. August 2013
6 Lohse, Eckar / Wehner, Markus: Guttenberg. Biographie. München 2011, S. 118
7 Vitzthum, Thomas: „Wahlkämpfer Guttenberg rockt das Bierzelt" vom 7. September 2009. In: http://www.welt.de/politik/bundestagswahl/article4482468/Wahlkaempfer-Guttenberg-rockt-das-Bierzelt.html.
8 Das Foto auf dem New Yorker Times Square machte den Minister „über Nacht zum Star des Kabinetts". (Lohse / Wehner 2011 [Bildunterschrift im Mittelteil des Buches]).
9 Zit. n. Friederichs, Hauke: „Der Lügenbaron" vom 22. Februar 2011. In: http://www.zeit.de/politik/deutschland/2011-02/guttenberg-wahrheit
10 Die Begrifflichkeiten unserer Kunst zeigen eine verdächtige Nähe zu kriminellen Handlungen.
11 Diese Strategie ist beispielsweise beschrieben bei: Tamariz, Juan: The Magic Way. Madrid 1988, S. 183
12 Lohse / Wehner, S. 295
13 Zit. n. *Focus:* „Kundus-Ausschuss: Guttenberg schrieb Brief zu Kundus-Panne" vom 18. März 2010. In: http://www.focus.de/politik/deutschland/kundus-ausschuss-guttenberg-schrieb-brief-zu-kundus-panne_aid_490885.html
14 Lohse / Wehner, S. 168
15 Zit. n. Stern: „Was Schneiderhan dem Minister vorenthielt" vom 17. Dezember 2009. In: http://www.stern.de/politik/deutschland/ruecktrittsgesuch-an-guttenberg-was-schneiderhan-dem-minister-vorenthielt-3331962.html
16 Kuzmany, Stefan: „Guttenberg bei ‚Beckmann': Scheinfrager trifft Kriegserklärer" vom 15. Dezember 2009. In: http://www.spiegel.de/kultur/tv/guttenberg-bei-beckmann-scheinfrager-trifft-kriegserklaerer-a-667095.html
17 Lohse / Wehner, S. 292
18 Frage: „Waren Sie denn der Informant der ersten, Ihnen gegenüber wohlwollenden Darstellung der Ereignisse?" Antwort: „Über Informanten zu einem Bericht kann naturgemäß nur das Magazin selbst Auskunft geben. Im Übrigen war die erste Darstellung im Wesentlichen richtig, wenn auch vielleicht nicht bis ins allerletzte Detail. All dies ist meines Erachtens aber mittlerweile geklärt."
Frage: „Aber man konnte den Eindruck haben, dass Sie der Informant dieses *Spiegel*-Artikels waren." Antwort: „*Der Spiegel* selbst sprach vom ‚Umfeld des Ministers'." (Di Lorenzo 2011, S. 69 f.)
19 Waldmann, Werner: Grosse Zauberschule. Stuttgart 1968, S. 241
20 Blechschmidt, Peter: „Rechtsstreit: *Spiegel* versus Wichert. Gespräch mit Guttenberg" vom 18. März 2011. In: http://www.sueddeutsche.de/medien/rechtsstreit-spiegel-versus-wichert-gespraech-mit-guttenberg-1.1074178
21 Zastrow, Volker: „Wie Ken den Kopf verlor. Guttenbergs verschleppter Rücktritt" vom 7. März 2011. In: http://www.faz.net/aktuell/politik/die-guttenberg-affaere/wie-ken-den-kopf-verlor-guttenbergs-verschleppter-ruecktritt-14058.html
22 *Der Spiegel:* „Fußnoten-Streit: Dr. Guttenberg nennt Plagiatsvorwürfe abstrus" vom 16. Februar 2011. In: http://www.spiegel.de/politik/deutschland/fussnoten-streit-dr-guttenberg-nennt-plagiatsvorwuerfe-abstrus-a-745919.html

Anmerkungen zum 5. Kapitel

1 Yanis Varoufakis, zit. n. Schäfer, Antonia: „So trickreich verwirrte Varoufakis beim Jauch-Auftritt seine Kritiker“ vom 16. März 2015. In: http://www.focus.de/finanzen/news/staatsverschuldung/nach-auftritt-bei-guenther-jauch-varoufakis-im-fakten-check_id_4548515.html
2 Müntefering 2014
3 Herzog, Roman: „Ansprache von Bundespräsident Roman Herzog zur Verabschiedung von Bundeskanzler Helmut Kohl und der Mitglieder seines Kabinetts in der Villa Hammerschmidt in Bonn“ am 26. Oktober 1998. In: www.kas.de (Konrad-Adenauer-Stiftung e. V.)
4 Kurtz, Gary: Leading With Your Head. Montreal 1992, S. 5
5 Friedmann wurde wegen seiner eindringlichen Hinweise auf die „Einheits-Signale in Moskau“ unfreiwillig zum Gespött seiner Kollegen. Er schrieb auch Angela Merkel einen ausführlichen Brief über seine Kontroversen mit Helmut Kohl. Der Brief findet sich auszugsweise bei Pruys, Helmut Kohl, S. 25f.
6 Berbalk, Ottmar: „Stur und unbestechlich“ vom 21. Dezember 2001. In: http://www.focus.de/politik/deutschland/deutsche-einheit-stur-und-unbestechlich_aid_191164.html
7 Hier haben wir nur über Fotos besprochen, aber natürlich gilt der Inszenierungswille erst recht für die elektronischen Medien: „Heute wetteifern Politiker und Parteien vor allem in der Kunst, sich selbst und ihre Lebenswelt auf der elektronischen Bühne wirkungsvoll in Szene zu setzen.“ (Leinemann, Jürgen: Höhenrausch. Die wirklichkeitsleere Welt der Politiker. 3. Auflage. München 2004, S. 333).
8 Leinemann 2004, S. 463. Manfred Zach geht noch einen Schritt weiter: „In der Tat hat das Geschehen, das Politiker, Pressestellen und Medienvertreter häufig inszenieren, mit den Aufführungen von Artisten und Gauklern manches gemein. Neben unbestreitbarem Können stehen Illusionserzeugung und Unterhaltungswert an vorderster Stelle.“ (Zach, Manfred: Die manipulierte Öffentlichkeit. Asendorf 1995, S. 12)
9 Roll, Evelyn: Die Kanzlerin. Angela Merkels Weg zur Macht. 4. Aufl. Berlin 2013, S. 235
10 Carroll, Lewis: Alice hinter den Spiegeln, 1871

Anmerkungen zum 6. Kapitel

1 Merseburger, Peter: Willy Brandt. 1913 – 1992. Visionär und Realist. München 2004, S. 33
2 Merseburger 2004, S. 651, 690, 695. Für die Sicht des Kanzleramtspions Guillaume: Guillaume, Günter: Die Aussage. Wie es wirklich war. Frankfurt 1993, S. 222ff.
3 Seebacher, Brigitte: Willy Brandt. München 2004. Die Titelgeschichte des *Spiegels* hätte dem Staatsmann demzufolge vermutlich gefallen: „Das Rätsel W. B.“. Siehe: Noack, Hans-Joachim: „Der ewige Fremdling“ vom 10. Mai 2004. In: *Der Spiegel* 20/2004.
4 Maser 1993, S. 239
5 Brandt, Peter: Mit anderen Augen. Bonn 2013, S. 20
6 Brandt, Lars: Andenken. München, Wien 2006, S. 36
7 Brandt zog auch bildende Künstler geradezu magisch an; er gehört zu den am häufigsten porträtierten Staatsmännern der Bundesrepublik. Es „ging etwas Besonderes von diesem Mann aus, er faszinierte Maler und Bildhauer in einzigartiger Weise,

war eines ihrer begehrtesten Modelle“ (Langhans, Kai: Willy Brandt und die bildende Kunst. Bonn 2002, S. 9). Das Treffen zwischen Willy Brandt und Andy Warhol (Warhol erstellte fünf Porträts von dem Staatsmann) wurde zum Medienereignis. Umgekehrt stellt der Regierungschef im Jahr 1970 Fördermittel für eine Bundeskunstsammlung bereit. Das hatte vor ihm noch kein deutscher Kanzler getan.

8 Brandt, Willy: Erinnerungen, S. 102, 112. Auch bei Merseburger 2004, S. 63 f.

9 Merseburger 2004, S. 79

10 Merseburger 2004, S. 329 f. Und in Anspielung auf das gut aussehende und elegante Ehepaar Brandt konstatiert der Autor: „Es ist gewiß kein Zufall, daß Brandts Aufstieg mit dem Beginn der Mediendemokratie und ihrer Bilderflut zusammenfällt.“ (S. 340)

11 Merseburger 2004, S. 207 f. Weitere Hintergrundinformationen zur Broschüre der beiden Genossen finden sich beispielsweise bei: Langkau-Alex, Ursula: Der 20. Juli 1944, Willy Brandt und das sozialistische Exil in Stockholm. Ein Workshop der Hellen Panke in Verbindung mit der Internationalen wissenschaftlichen Korrespondenz zur Geschichte der sozialen und Arbeiterbewegungen, 16./17. April 2010, Berlin.

12 Hugard, Jean: Houdini's „Unmasking“. Fact vs. Fiction. York (Pennsylvania) 1989, S. 76 (Ergänzung von Milbourne Christopher). Der Entfesselungskünstler Harry Houdini attackiert in seinem Buch „The Unmasking Of Robert-Houdin“ wütend sein einstiges Idol und will ihn vom Podest stoßen. Robert-Houdins überragende Fähigkeit zur Täuschung zeigt sich schon allein daran, dass Houdini eine zentrale Finte in Robert-Houdins Autobiografie nicht bemerkt: Den Lehrmeister Torrini hat Robert-Houdin schlicht erfunden. Die gleiche Erkenntnis findet sich bei Sardina, Maurice: Where Houdini was wrong. London 1950, S. 74.

13 Adrion, Alexander (Hg.): Die Memoiren des Zauberers Robert-Houdin, S. 26

14 Zi. n. Müller, Matthias: Die SPD und die Vertriebenenverbände 1949 – 1977: Eintracht, Entfremdung, Zwietracht. Gießen 2011, S. 267

15 Merseburger 2004, S. 580 f.

16 Müntefering 2014

17 Adrion, 1981, S. 147 f.

18 Brandt, Rut: Freundesland. Erinnerungen. Düsseldorf, Wien 1996, S. 97 f.

19 Merseburger 2004, S. 153

20 Brandt, Peter 2013, S. 213. Der Redenschreiber von Willy Brandt, Klaus Harpprecht, beschreibt, wie sorgfältig der Kanzler seine Reden redigierte und verwendet einen für Brandt bezeichnenden Satz: „Reden über Sprache: das ist ihm ernst.“ (Harpprecht, Klaus: Im Kanzleramt. Tagebuch der Jahre mit Willy Brandt. 2000 [o. O.], S. 62)

21 Schmidt, Helmut: „Freundschaft mit Frostperioden. Die Bonner Jahre mit Willy Brandt. Stationen eines komplizierten Verhältnisses“ vom 13. September 1996. In: http://www.zeit.de/1996/38/helmuts.txt.19960913.xml

22 Brandt, Peter 2013, S. 270

23 Merseburger 2004, S. 708. Egon Bahr äußert sich negativ über Herbert Wehner: „Wehner manipulierte in gigantischer Selbstüberschätzung, um seine Position zu festigen und das durchzusetzen, was er für nötig befand“ (Bahr, Egon: „Das musst du erzählen“. Erinnerungen an Willy Brandt. Berlin 2013, S. 151). Klaus Harpprecht nennt Wehner „die eigentliche Gegenfigur des Kanzlers“. Er empfahl Brandt, seinen Fraktionsführer wegen dessen zynischer Äußerungen in Moskau – „der Herr badet gern lau“ – zum Rücktritt zu zwingen. Dazu sollte es nicht kommen: Wehner entschuldigte sich mit einem Brief beim Kanzler und Brandt nahm die Entschuldigung an. Für Harpprecht war das ein großer Fehler und vergiftete das Klima in der Parteiführung weiter (Harpprecht 2000, S. 15).

24 Görtemaker, Manfred: Geschichte der Bundesrepublik Deutschland. Von der Gründung bis zur Gegenwart. München 1999, S. 553f. Einen Überblick über die Affäre findet sich beispielsweise in: Baring, Arnulf: Machtwechsel. Die Ära Brandt-Scheel. Stuttgart 1982, S. 580ff. Es gilt heute als gesichert, dass der CDU-Abgeordnete Julius Steiner vom SPD-Fraktionsvorsitzenden Karl Wienand mit 50.000 Mark bestochen wurde, um Rainer Barzel die Stimme zu versagen. Trotz der Vorwürfe hielt SPD-Fraktionschef Herbert Wehner weiter zu seinem Geschäftsführer. Beim Prozess gegen den DDR-Spionagechef Markus Wolf Anfang der 90er Jahre kam heraus, dass Wienand das Geld von der Stasi erhalten hatte.

25 Brandt selbst hat sich Zeit seines Lebens immer wieder von „Illusionen“ distanziert. Am deutlichsten ist mir das bei seiner Rede auf dem SPD-Parteitag in Hannover aufgefallen: Er spricht davon, dass „Illusionen zu verabschieden“ waren, prangert die „illusionäre Unbekümmertheit“ einiger Redner an, spricht von der „illusionären Ignoranz“ des Unionslagers und warnt vor der „Illusion einer konfliktlosen Entwicklung“. In: Protokoll Parteitag Hannover 1973. Band 1, hrsg. vom Vorstand der SPD. Bonn 1974, S. 69 – 112. Klaus Harpprecht beschreibt, wie der Parteitag von der Rede fasziniert war; am Ende erhält der Kanzler eine stehende Ovation (Harpprecht 2000, S. 85). Einige Seiten weiter schreibt er: „WB [Brandt; Anm. d. Autors] hat die divergierenden Stimmungen in einem ungeheuerlichen Energieakt integriert. (…) Er hielt die Partei in Wirklichkeit während dieser Tage in einer Hypnose“ (S. 94).

26 Brandt, Willy: Erinnerungen, 2003, S. 153

27 Adrion 1981, S. 381

Anmerkungen zum 7. Kapitel

1 Stöckel, Konrad: Wie man mit AC/DC das Licht ausmacht. München 2013, S. 255f.

2 Zit. n. Steinmeyer 2004, S. 233f.

3 Zit. n. Junk, Wiebke: „Spaßvogel Ronald Reagan: Fünf Minuten bis zum dritten Weltkrieg“ vom 10. August 2009. In: http://www.spiegel.de/einestages/spassvogel-ronald-reagan-a-948428.html

4 Der klassische Satz von Nixon, z. B. zit. n. Apple jr, R.W: „Nixon Declares He Didn't Profit From Public Life“. In: *The New York Times* vom 17. November 1973

5 Giobbi, Roberto: Große Kartenschule. Band 2. Reinach (Schweiz) 1993, S. 419

6 Eine Beschreibung des Unglücks findet sich z. B. bei Roth, Thomas: Das wahre Gesicht einer Weltmacht. München 2008, S. 238ff. oder bei Seipel 2015, S. 175ff.

7 *Der Spiegel:* „Herr der Flut“ vom 7. März 1962. In: http://www.spiegel.de/spiegel/print/d-32655070.html

8 Wulff, Christian: „Vielfalt schätzen – Zusammenhalt fördern“. Rede zum 20. Jahrestag der Deutschen Einheit am 3. Oktober 2010 in Bremen. In: http://www.bundespraesident.de/SharedDocs/Reden/DE/Christian-Wulff/Reden/2010/10/20101003_Rede.html

9 Von einer witzigen Begebenheit weiß Zauberkünstler Boretti zu berichten: Als er einen Zuschauer zersägen wollte, brach der Tisch mit dem daraufliegenden Gast zusammen. Die Zuschauer hielten sich die Bäuche vor Lachen wie auch Boretti selber, in: Boretti (Hammann, Erich): Vorhang. Neustadt/Wstr. 2013, S. 287.

10 Das Magic Castle wurde 1963 von Bill, Irene und Milt Larsen in Hollywood eröffnet. In dem privaten, eleganten Club sind nur Mitglieder und deren Gäste zugelassen. Jeden Abend finden mehrere Magie-Shows statt: Die Gäste erleben Wunder ganz nah sowie große Bühnen-Illusionen. Das Schloss beherbergt seltene Magie-Requisi-

ten und Plakate bedeutender Magier. Der Club verleiht regelmäßig Preise, wie zum Beispiel den Titel „Magier des Jahres".

11 Clinton, Bill: Testimony. Washington 1998 (auch bekannt als Starr Report, benannt nach Kenneth Starr). In: http://www.washingtonpost.com/wp-srv/politics/special/clinton/icreport/icreport.htm

12 Neben der schriftlichen Darstellung von Clintons Zeugenaussage zur Affäre finden sich auch zahlreiche Mitschnitte im Internet. Wenn Sie bei Youtube nach „Clinton Testimony" suchen, werden Sie schnell fündig.

13 Immerhin hat Lewinsky fast zwei Jahrzehnte später einen bemerkenswert souveränen Umgang mit der damaligen Erniedrigung entwickelt. Sie hält Reden zum Thema, wie z.B. als TED-Talk 2015: „Der Preis der Scham". TED-Talks sind einflussreiche Videos von Experten jeglicher Art unter dem Motto „Ideas Worth Spreading" (Persönlichkeiten wie die Affen-Forscherin Jane Goodall, Microsoft-Gründer Bill Gates, zahlreiche Nobelpreisträger und viele mehr nutzen diese Plattform für Vorträge).

Anmerkungen zum 8. Kapitel

1 Hofmann, Klaus: Helmut Kohl. Eine politische Biographie. Bonn 1991, S. 154

2 Gauland, Alexander: Helmut Kohl. Ein Prinzip. Berlin 1994, S. 11

3 Helmut Kohl wurde oft abfällig als „der Mann aus Oggersheim" bezeichnet. Er selbst hält dieses Etikett für eine Erfindung der SPD-Wahlkampfmanager. Als Gegenkandidat von Helmut Schmidt, einem welterfahrenen und international angesehenen Kanzler, sei er so als Provinzler aus der Pfalz abgestempelt worden. Dabei ist Oggersheim nur ein Stadtteil von Ludwigshafen, seinem eigentlichen Wohnort (Kohl, Helmut: Erinnerungen 1930 – 1982. München 2004, S. 440f.).

4 Hans Klein bezeichnet sie als „die eindrucksvollste Rede", die er je von Kohl gehört habe. Zwischen ihm und dem Publikum sei „eine Art Unio mystica" entstanden. In: Klein, Hans: Es begann im Kaukasus. Berlin, Frankfurt 1991, S. 163.

5 Zit. n. Gauland 1994, S. 58

6 Zit. n. ebd.

7 Ebd., S. 25

8 Teltschik, Horst: 329 Tage. Innenansichten der Einigung. Berlin 1991

9 Weizsäcker, Richard von: Ansprache des Bundespräsidenten Richard von Weizsäcker am 8. Mai 1985 im Plenarsaal des Deutschen Bundestages zum 40. Jahrestag der Beendigung des Zweiten Weltkrieges. In: http://www.bundespraesident.de/SharedDocs/Reden/DE/Richard-von-Weizsaecker/Reden/1985/05/19850508_Rede.html

10 Und René Pfister schreibt im *Spiegel*: „Auch als die Mauer fiel, kam Kohl sein Image als Biedermann zugute. Wer muss sich fürchten vor einem Politiker, der die Führer der Welt zum Saumagenessen in den Deidesheimer Hof lädt und sich nicht scheut, politische Gespräche in der Sauna zu führen" (Pfister 2014).

11 Zit. n. Hofmann 1991, S. 41

12 Wesel, Uwe: Der Gang nach Karlsruhe. Das Bundesverfassungsgericht in der Geschichte der Bundesrepublik. München 2004: Wesel legt dar, dass sich die neue Koalition aus Union und FDP den Regierungswechsel durch ein Wählervotum absegnen lassen wollte. Allerdings ist Artikel 68 für einen Kanzler das äußerste Mittel, die Abgeordneten in einer Krise zu zwingen, ihm das Vertrauen auszusprechen, damit er seine Politik fortsetzen kann – mit der Drohung im Hintergrund, dass sonst der Bundestag aufgelöst wird und Neuwahlen stattfinden.

13 Der Magische Zirkel von Deutschland (MZvD) ist eine internationale Vereinigung der Zauberkünstler. Das gemeinsame Ziel ist die Pflege und Förderung der magischen

Kunst. Jeden Monat gibt der Verein die Fachzeitschrift *Magie* heraus, den Mitgliedern stehen eine umfangreiche Fachbücherei und aktuelle Informationen zur Verfügung. Missständen und Auswüchsen in der Zauberkunst wirken die Mitglieder entgegen.

14 Ehrenordnung des MZvD, § 22, Abs. 2, S. 258. In: Magischer Zirkel von Deutschland e.V. (Hg.): Mitgliederverzeichnis 2015, Frankfurt

15 Pruys, Karl Hugo: Helmut Kohl, S. 156

16 Siehe Zach 1995, S. 87

17 Müller, Konrad R.: „Dieser Blick galt Hannelore". Im Gespräch mit Christiane Florin. In: Christ & Welt, Ausgabe 27/2011. http://www.christundwelt.de/detail/artikel/dieser-blick-galt-hannelore/

18 Pruys, Helmut Kohl, S. 222

19 Zit. n. Adrion, Alexander: Die Kunst zu zaubern. Köln 1978, S. 46. Louis-Philippe liebte die Zauberkunst. Viele zeitgenössische Zauberer mit großen Namen sind für ihn aufgetreten: An erster Stelle ist Robert-Houdin zu nennen, aber auch Carl Herrmann oder Bartholomeo Bosco.

20 Zit. n. Gauland 1994, S. 22

21 Pruys, Helmut Kohl, 2003, S. 233

22 Ebd., S. 234 ff.

23 Ebd., S. 238 f.

24 Ebd., S. 273 ff.

25 Kohl, Walter: Leben oder gelebt werden: Schritte auf dem Weg zur Versöhnung. München 2011

Anmerkungen zum 9. Kapitel

1 Zit. n. Leinemann 2004, S. 26

2 Roll 2013, S. 416

3 Zit. n. Bauer, Patrick: „Was kratzt es einen Kretschmann, wenn sich Beck berauscht" vom 4. März 2016. In: http://www.stern.de/politik/deutschland/ministerpraesident-winfried-kretschmann-ist-optimistisch-6732278.html

4 Stauss, Frank: Höllenritt Wahlkampf. München 2013, S. 23

5 Zach 1995, S. 16 f.

6 Fehlt es nur an Mut oder müssen wir uns gar von der Illusion verabschieden, Politiker verstünden die Welt? Egon Bahr wartet mit einer amüsanten, aber auch erschreckenden Anekdote auf: „Die erste Ölpreisexplosion überraschte. Im Kabinett war Willy (Brandt; Anm. d. Autors) so unvorsichtig, den Wirtschaftsminister Hans Friderichs zu fragen, wie eigentlich der Ölpreis zustande komme. Der wiederum war so unvorsichtig zu antworten, das wisse er nicht, aber er werde in der nächsten Sitzung berichten. Dann gestand er, das sei Sache der Ölmultis und undurchsichtig. Ich war so unvorsichtig anzukündigen, das sei kein Problem, ich würde Kissinger anrufen. Der antwortete, er werde in wenigen Tagen Bescheid sagen. Das Ergebnis entsprach der Erkenntnis unseres Wirtschaftsministers. Nicht einmal die amerikanische Regierung hatte bei der globalen Verwaltung eines globalen Rohstoffs durch global agierende Konzerne den Durchblick" (Bahr 2013, S. 157).
Die Ahnungslosigkeit von Politikern wird auch von Guttenberg im Gespräch mit di Lorenzo thematisiert: Ihn fasziniere „aus meiner eigenen politischen Erfahrung heraus, die erschütternde Unkenntnis bis in die politischen Spitzen hinein, was die Mechanismen, Regeln und Abläufe internationaler Kapitalströme anbelangt (...) auch in den USA hat man leider immer wieder das Problem, dass der Bevölkerung in Krisenzeiten das Gefühl vermittelt wird, als wisse die Politik Bescheid. Und ich kann

aus meinen Erfahrungen heraus nur sagen, sie wusste ebenfalls nicht hinreichend Bescheid." (In: Di Lorenzo, Vorerst gescheitert 2011, S. 151 f.)

7 König, Jürgen: „Hollande scheitert an den Parteigrenzen", 30. März 2016. In: http://www.deutschlandfunk.de/verfassungsaenderung-hollande-scheitert-an-den-parteigrenzen.1783.de.html?dram:article_id=349783

8 Pruys bemängelt, dass es für die Wiedervereinigung nicht „die Spur eines Konzeptes gegeben habe" (Pruys, Helmut Kohl, 2004, S. 16).

9 Spreng, Michael H.: „Die Überlebensfrage der Demokratie" vom 28. Juli 2012. In: https://www.sprengsatz.de/?p=3884. Helmut Schmidt wundert sich über die Vorsicht der damaligen Regierung in 2010: „Die Regierung Merkel/Westerwelle ist erstaunlich vorsichtig und zurückhaltend auf dem Feld der Finanzaufsicht, die eigentlich im deutschen Interesse gestrafft werden müsste." In: Di Lorenzo, Giovanni: „Verstehen Sie das, Herr Schmidt?" vom 9. Januar 2014.

10 Über die Kürzel verschiedener europäischer Organisationen herrscht oft Unsicherheit: Die Europäische Wirtschaftsgemeinschaft (EWG) wurde 1958 als Zollunion gegründet. 1967 fusionierte die EWG mit der Europäischen Atomgemeinschaft (EURATOM) und der Europäischen Gemeinschaft für Kohle und Stahl (EGKS) zu den Europäischen Gemeinschaften. Nach dem Inkrafttreten des Vertrags von Maastricht 1993 wurde daraus ein Singular: Die Europäische Gemeinschaft, kurz die EG. Deren Rechtsnachfolgerin ist seit 2009 die Europäische Union (EU).

11 Verheugen, Günther: „Ich hab die Troika erfunden" vom 26. April 2012. In: http://www.deutschlandfunk.de/ich-hab-die-troika-erfunden.1295.de.html?dram:article_id=193348

12 Zit. n. Spiegel, Hubert: „Kompromiss? Das ist hier unbekannt" (Gespräch mit Petros Markaris). In: *Frankfurter Allgemeine Zeitung* vom 10. Juli 2015, http://www.faz.net/aktuell/feuilleton/schriftsteller-petros-markaris-erklaert-griechenland-13694486.html

13 In punkto Griechenland-Aufnahme geht Helmut Schmidt durchaus flexibel mit der Wahrheit um, siehe Di Lorenzo, Giovanni: „Verstehen Sie das, Herr Schmidt?" vom 9. Januar 2014. In: http://www.zeit.de/2014/03/helmut-schmidt-deutsche-aussenpolitik/komplettansicht.

14 Johann Legner bezweifelt die Äußerungen Helmut Schmidts, wonach jener immer gegen Griechenlands Aufnahme in die EG gewesen sei (Legner 2015, S. 88).

Anmerkungen zum 10. Kapitel

1 Petros Markaris, in: *Der Spiegel*, Hubert 2015

2 *Der Spiegel* 6/2015 vom 31. Januar 2015: Europas Albtraum Alexis Tsipras: Der Geisterfahrer (Titelbild)

3 In: Legner, Johann: Grexit. Was uns die Griechenland-Lüge kostet. München 2015, S. 10

4 Giobbi, Band 2, S. 245

5 Mehr über die Bedeutung des Selbstvertrauens lesen Sie im Kapitel „Con yourself into belief".

6 Der Original-Stimmzettel des Referendums findet sich auf Wikipedia (https://de.wikipedia.org/wiki/Griechisches_Referendum_2015). Die Übersetzung vom Griechischen ins Deutsche übernahm Frau Skoulariotis, Germanistin und Übersetzerin in Griechenland.

7 *Süddeutsche Zeitung:* „Schulz attackiert Tsipras: ‚Manipuliert die Menschen'" vom 3. Juli 2015. In: thhp://www.sueddeutsche.de/news/wirtschaft/finanzen-schulz-attackiert-tsipras-manipuliert-die-menschen-dpa.urn-newsml-dpa-com-20090101-150703-99-02915
8 Zit. n. Hecht, Judith: „‚Oxi' – ein Wort mit tiefer Bedeutung" vom 11. Juli 2015. In: DiePresse.com, www.diepresse.com/home/politik/eu/4774888/Oxi-ein-Wort-mit-tiefer-Bedeutung
9 Die gesamte Rede findet sich hier ins Deutsche übersetzt: http://www.focus.de/finanzen/news/staatsverschuldung/die-referendums-rede-im-wortlaut-so-dreist-hetzt-tsipras-seine-griechen-gegen-eine-einigung-auf_id_4779648.html
10 Spiegel, Hubert 2015
11 *Der Spiegel:* „Wirtschaftsnobelpreisträger Krugmann: ‚Habe die Kompetenz der griechischen Regierung überschätzt'" vom 20. Juli 2015. In: http://www.spiegel.de/wirtschaft/soziales/griechenland-krugman-enttaeuscht-von-syriza-a-1044411.html
12 Tsipras, Alexis: Rede vor dem Europäischen Parlament am 8. Juli 2015. In: https://publikumskonferenz.de/wiki/wiki/Publikumskonferenz/Themenseite/Griechenland/Tsipras_EuRede1

Anmerkungen zum 11. Kapitel

1 Tarbell, Harlan: Course in Magic. 6. Aufl. Band 2. New York 1975, S. 34f. Die ersten Lektionen des Illustrators, Autors und Zauberers Dr. Tarbell erschienen bereits 1927. Im Jahr 1941 kaufte der Zauberer Louis Tannen die Rechte an dem Kurs. Die losen Blätter wurden unter Mitwirkung von Tarbell in Buchform zusammengefasst. Inzwischen existieren acht Bände. Es handelt sich um das weltweit umfangreichste Lehrbuch der Zauberkunst.
2 Stauss 2013, S. 41
3 Mausfeld, Rainer: „Warum schweigen die Lämmer? Demokratie, Psychologie und Empörungsmanagement." Vortrag an der Christian Albrechts Universität Kiel am 22. Juni 2015. In: https://www.youtube.com/watch?v=Rx5SZrOsb6M
4 Kompa, Markus: „Enten und U-Boote" vom 20. Juni 2016. In: http://www.heise.de/tp/artikel/48/48582/1.html
5 John Mulholland war 23 Jahre lang der Herausgeber von Amerikas ältestem und einflussreichstem Zaubermagazin *The Sphinx*. Er schrieb einen Brief am 29. Juni 1953 an alle Abonnenten, wonach es ab sofort keine weiteren Publikationen geben würde – wegen seiner Gesundheit. Der radikale Schnitt zeigte, wie wichtig ihm die künftige Tätigkeit im Bereich Spionage und verdeckte Operationen war. Zwar stand es um seine Gesundheit tatsächlich nicht gut, aber Mullholland wollte sich ganz und gar nicht auf seine Zauberauftritte konzentrieren, wie er seinen Lesern mitteilte. Bis 1958 sollte Mulholland auf der Gehaltsliste des Geheimdienstes stehen (Edwards, Michael: „The Sphinx and the Spy. The Clandestine World of John Mulholland". In: Genii. The Conjuror's Magazine, April 2001).
6 Zeitweilig verantwortete auch ein Hobby-Zauberer den Geheimdienstapparat der USA: John McLaughlin, der stellvertretende Direktor, rückte nach dem Rücktritt von George Tenet 2004 vorübergehend an die Spitze des Geheimdienstes. McLaughlin tritt unter dem Spitznamen „Merlin" auf und überrascht sein Umfeld immer wieder gerne mit Zaubertricks. In: Shrader, Katherine: „Hobby-Zauberer rückt an die CIA-Spitze". In: *Frankfurter Neue Presse,* 9. Juli 2004.
7 Pfluger, Friedbert: Ehrenwort. Das System Kohl und der Neubeginn. Stuttgart, München 2000, S. 200f.

Trutz Graf Kerssenbrock sagte Vergleichbares: „Zur Stabilisierung und Beherrschung dieses Systems hat er sich ein Feindbild gebastelt, das unsere Spitzenpolitiker der sechziger und siebziger Jahre bis zur Psychose gepflegt haben: Die Sozen sind gegen uns. Die Presse ist gegen uns. Das Böse siegt, wenn es jemals einen Regierungswechsel gibt. Deswegen ist Krieg." Zit. n. Leinemann, Jürgen: Helmut Kohl. Ein Mann bleibt sich treu. Berlin 2001, S. 22.

8 Mit „Soz" ist „Sozi" bzw. „Sozialdemokrat" gemeint. Diese Anekdote findet sich bei Henscheid, Eduard: Helmut Kohl. Biographie einer Jugend. Zürich 1985, S. 88.

9 Swiss, Jamy Ian: An Exclusive Interview with Penn & Teller. In: Genii, Mai 1995, S. 491 – 505

Anmerkungen zum 12. Kapitel

1 Wiseman, Richard: Quirkologie. Die wissenschaftliche Erforschung unseres Alltags. Frankfurt a. M. 2008, S. 96

2 Pflüger, Friedbert; Ehrenwort. Das System Kohl und der Neubeginn. Stuttgart, München 2000, S. 27

3 Kohl, Walter 2011

4 Stauss 2013, S. 42

5 Wonder 1996, Band 1, S. 13

6 Zit. nach Adrion, Alexander 1981, S. 13.

7 Wonder 1996, Band 1, S. 294f.

8 Monika Matschnig, zit. n. Vorsamer, Barbara: „Das Geheimnis des Messias" vom 30. Januar 2009. In: http://www.sueddeutsche.de/politik/gestik-und-mimik-von-barack-obama-das-geheimnis-des-messias-1.490924-2

Anmerkungen zum 13. Kapitel

1 Roll 2013, S. 15

2 Lang, Jutta: Die Verwandlung. Angela Merkels Weg nach oben. Spiegel-TV vom 12. September 2005

3 Roll 2013, S. 328

4 Kurbjuweit, Dirk: „Die halbe Kanzlerin" vom 28. Novembver 2011. In: http://www.spiegel.de/spiegel/print/d-82244893.html

5 Blome, Nikolaus: Angela Merkel. Die Zauder-Künstlerin. München 2013, S. 21

6 Die Angaben der Einnahmen des Bundes stammen aus dem Handelsblatt vom 16. Juni 2006. Weitere vergnügte (magische) Zahlenspiele finden Sie hier: www.youtube.com/watch?v=3nTBQdIDWR4

7 Kurbjuweit 2011

8 Neukirch, Ralf / Pfister, René: „Rache ist Weißwurst" (Titel: „Geht's noch? Die Kanzlerin und ihr Seehofer: Eine eitle Feindschaft wird zur Gefahr für das Land"). In: *Der Spiegel* Nr. 26 vom 4. Juni 2016

9 Über Robert-Houdin können Sie auch an anderer Stelle in diesem Buch lesen, z. B. in den Kapiteln „Der Geheimnisvolle: Willy Brandt" oder „Vorsicht Feind. Groß, böse, mächtig!"

10 Bannas, Günter: „Angela Merkel wird 60: Ganz gut durchgekommen" vom 17. Juli 2014. In: http://www.faz.net/aktuell/politik/inland/angela-merkel-wird-60-ganz-gut-durchgekommen-13049265.html?printPagedArticle=true#pageIndex_2

11 Zit. n. Höhler, Gertrud: Die Patin. Wie Angela Merkel Deutschland umbaut. 3. Aufl. Zürich 2012, S. 41

12 *Süddeutsche Zeitung Magazin:* „Auf ein Wort, Frau Merkel", Heft 32/2012. In: http://sz-magazin.sueddeutsche.de/texte/anzeigen/37939/2

13 Schütz, Hans Peter: „‚Wenn ich nicht fertig gedacht habe, kann ich nicht entscheiden'" vom 27. August 2014. In: http://www.stern.de/politik/deutschland/angela-merkel-im--cicero--streitgespraech--wenn-ich-nicht-fertig-gedacht-habe--kann-ich-nicht-entscheiden--3619804.html

14 Vernon, Dai: Malini and his Magic. Tahoma, California 1999, S. 11

15 Blome 2013, S. 104

16 Corinda, Tony: Thirteen Steps to Mentalism. New York 1968, S. 404

17 Merkel, Angela: „Die von Helmut Kohl eingeräumten Vorgänge haben der Partei Schaden zugefügt" vom 22. Dezember 1999. In: *Frankfurter Allgemeine Zeitung* (germanhistorydocs.ghi-dc.org/pdf/deu/Chapter10_doc_7.pdf)

18 Über die immense Bedeutung dieses Artikels siehe auch: Roll 2013, S. 259ff.

19 Ebd., S. 299

20 Ebd., S. 311

21 Ebd.

22 Ebd., S. 314

23 Stauss 2013, S. 25

24 Merkel, Angela: „Nicht vorstellbar, dass Deutschland betroffen ist" vom 12. März 2011. In: http://www.handelsblatt.com/politik/deutschland/merkel-rede-im-wortlaut-nicht-vorstellbar-dass-deutschland-betroffen-ist/3945076.html

25 Hans Jürgen Papier, in: Rath, Christian: „Im Gespräch mit Hans-Jürgen Papier" vom 30. November 2011. In: http://www.badische-zeitung.de/wirtschaft-3/hans-juergen-papier-haelt-das-atom-moratorium-fuer-rechtlich-angreifbar--43503052.html

26 Schmidt, Helmut / di Lorenzo, Giovanni: Verstehen Sie das, Herr Schmidt? (Hörbuch). Berlin 2012

27 Kohl, Helmut: „Warum wir die Kern-Energie (noch) brauchen" vom 25. März 2011. In: http://www.bild.de/politik/2011/helmut-kohl/schreibt-ueber-die-atom-krise-17072266.bild.html

28 *Rheinische Post:* „Joachim Gauck wettert gegen Bankenprotest: ‚Antikapitalismusdebatte unsäglich albern'" vom 17. Oktober 2011. In: http://www.rp-online.de/wirtschaft/unternehmen/antikapitalismusdebatte-unsaeglich-albern-aid-1.2515987

29 Zit. n. Willemsen, Roger: „Endlich Frühling" vom 29. April 2010. In: http://www.zeit.de/2010/18/Willemsen-Fruehling/komplettansicht

30 Müller, Peter: „CDU-Parteitag: Die große Leere" vom 9. Dezember 2014. In: http://www.spiegel.de/politik/deutschland/cdu-parteitag-kommentar-merkel-nimmt-kurs-auf-die-absolute-mehrheit-a-1007453.html

31 Lachmann, Günther / Reuth, Ralf Georg: Das erste Leben der Angela M. 2. Aufl. München 2013, S. 14

32 Blome 2013, S. 10

33 Schütze, Richard: „Angela Merkel: Hippopotamus" vom 20. Dezember 2009. In: www.cicero.de. PDF unter: http://www.schuetze-consult.de/2007-2009.php?newln=EN&PHPSESSID=5dff9d70f07636b076181c829a21b818

34 Kohler, Berthold: „Das unbekannte Wesen" vom 22. November 2015. In: http://www.faz.net/aktuell/politik/jubilaeum-in-krisenzeiten-das-unbekannte-wesen-13923316.html

35 *Rheinische Post* 2011

36 Neukirch / Pfister 2016

37 Höhler 2012, S. 62
38 Müller 2011
39 Ein Bonmot von Samuel Henry Sharpe, Autor vieler Bücher über die Theorie der Zauberkunst.
40 Zit. n. Seibt, Gustav: „Der seltene Gefühlsausbruch der Kanzlerin“ vom 17. September 2015. In: http://www.sueddeutsche.de/politik/merkel-zur-fluechtlingsdebatte-der-gefuehlsausbruch-der-kanzlerin-1.2650051
41 Die Zeit: „CDU-Parteitag: ‚Zur Identität unseres Landes gehört es, Großes zu leisten‘“ vom 14. Dezember 2015. In: http://www.zeit.de/politik/deutschland/2015-12/angela-merkel-karlsruhe-cdu-parteitag-rede
42 Steinmeyer 2013, S. 329 („The real art is only complete in the mysterious pact between a performer and the audience.“)

Anmerkungen zum 14. Kapitel

1 Spreng, Michael H.: „Wenn Wähler zu sehr lieben“ vom 26. Februar 2011. In: http://www.sprengsatz.de/?m=201207
2 Brown, Derren: Tricks of the Mind. London 2007
3 Seils, Christoph: „Wahlversprechen. Der Wähler will betrogen sein“ vom 24. Juni 2013. In: http://www.cicero.de/berliner-republik/wahlversprechen-der-waehler-will-betrogen-werden/54854
4 Pflüger 2000, S. 99
5 Legner 2015, S. 147
6 Sasse, Stefan: „Warum Müntefering Recht hatte“ vom 18. Oktober 2013. In: http://www.deliberationdaily.de/2013/10/warum-der-begriff-wahlversprechen-abgeschafft-gehoert/
7 Zit. n. Adrion 1978, S. 60
8 Bahr, Egon: „Aus einem Vortrag vor Schülern in der Ebert-Gedenkstätte Heidelberg“ vom 4. Dezember 2013. In: http://www.rnz.de/nachrichten/heidelberg_artikel,-Egon-Bahr-schockt-die-Schueler-Es-kann-Krieg-geben-_arid,18921.html
9 Hoang, Kim Son: „Usbekistan: Das verschwiegene Blutban von Andischan“ vom 13. Mai 2013.

Anmerkungen zum 15. Kapitel

1 „(…) probably one of the most recognisable hand gestures in the world“. Siehe Connolly, Kate: „‚Merkel diamond‘ takes centre stage in German election campaign“ vom 3. September 2013. In: https://www.theguardian.com/world/german-elections-blog-2013/2013/sep/03/angela-merkel-diamond-german-election-campaign
2 Zit. n. Dewitz, Anne: „Die geheimen Zeichen der Kanzlerin“ vom 31. Oktober 2009. In: http://www.abendblatt.de/vermischtes/article107582070/Die-geheimen-Zeichen-der-Kanzlerin.html
3 Ein Bild mit Merkel auf dem Titel (einschließlich des Zitats) findet sich bei Vitzthum, Thomas: „Britisches Magazin empfiehlt Wiederwahl Merkels“ vom 12. September 2013. In: http://www.welt.de/politik/wahl/bundestagswahl/article119966030/Britisches-Magazin-empfiehlt-Wiederwahl-Merkels.html. Vitzthum schreibt mit Bezug auf die Titelgeschichte von *The Economist*: „‚One woman to rule them all‘, so lautet der Titel. Das heißt nicht etwa ‚Eine Frau, die über alle herrscht‘. Vielmehr handelt es sich um eine literarische Anspielung auf Tolkiens *Herr der Ringe.* Dort ist von dem

magischen – und gefährlichen – Ring als ‚One ring to rule them all' die Rede. Das wird gemeinhin übersetzt als ‚Ein Ring, sie alle zu knechten'".

4 Das Gespräch mit *Brigitte*-Chefredakteurin Brigitte(!) Huber fand am 2. Mai 2013 statt. Bei dieser Gelegenheit äußerte sich eine humorvolle Merkel zu ihrer Handhaltung. Siehe Merkel, Angela. In: *Brigitte*-Talk vom 2. Mai 2013

5 Meyer, Lutz: „Merkels Wahlkampfmanager: Die Menschen wollen Ruhe" (Interview von Anja Maier) vom 19. Dezember 2014. In: http://www.taz.de/1/archiv/digitaz/artikel/?ressort=tz&dig=2014%2F12%2F16%2Fa0129&cHash=c8f84d87b94a65e83d5919edcd2ccc09

6 Bei den Fantasy-Romanen um Harry Potter und vielen Kinderzauberern ist der Zauberstab natürlich noch gebräuchlich. Die Mehrheit der professionellen Zauberkünstler in Deutschland setzt den Zauberstab aber nur noch selten ein.

7 Die wohl berühmteste Rede Churchills findet sich im Original-Wortlaut hier: http://www.winstonchurchill.org/resources/speeches/1940-the-finest-hour/blood-toil-tears-and-sweat
Hintergründe zu dieser und anderen Reden Churchills finden Sie beispielsweise hier: http://www.nzz.ch/das-wort-als-wirksame-waffe-1.18099167

8 Das V-Zeichen wurde nach dem Vietnam-Krieg von den Hippies zum „Friedenszeichen" umgemünzt, oft in Verbindung mit dem Wort „Peace". Nixon hat die Geste jedoch nie in diesem Sinn verwendet; auch bei seinem letzten Gruß anlässlich seines Rücktritts nicht. Siehe auch Leinemann 2004, S. 14.

9 Wickert, Ulrich: „Kohl und Mitterrand in Verdun. Warum reichten sie sich die Hände?" vom 25. September 2009. In: http://www.faz.net/aktuell/feuilleton/medien/kohl-und-mitterrand-in-verdun-warum-reichten-sie-sich-die-haende-1857470.html

10 Matzig, Gerhard: „Bild von Kundgebung in Paris – Ein gestelltes Foto darf Geschichte schreiben" vom 13. Januar 2015. In: http://www.sueddeutsche.de/politik/bild-von-kundgebung-in-paris-ein-gestelltes-foto-darf-geschichte-schreiben-1.2302160

Anmerkungen zum 16. Kapitel

1 Nicht immer benötigt man für diese Erkenntnis einen Regisseur. Andere Magier fanden das von selbst heraus – nach vielen tausend Shows und langen Jahren: Albert Goshman war einer der bedeutendsten Close-up-Zauberer seiner Zeit. Er beschreibt das Glücksgefühl als ihm Folgendes klar wurde: „(...) YOU ARE THE MAGIC. The props only come along for the ride. If you are a strong enough performer it doesn't matter what you do. You're selling ‚you'. That was the greatest discovery I ever made." (Goshman, Albert / Page, Patrick: Magic By Gosh. The Life and Times of Albert Goshman. 1985 [o. O.], S. 26)

2 Burger, Eugene / Neale, Robert E.: Magic & Meaning. Seattle 1995, S. 10

3 Zit. n. Rückert, Sabine: „Wer ist Koch?" vom 27. Februar 2009. In: http://www.zeit.de/2009/03/DOS-Koch/komplettansicht

4 *Bunte:* „Sigmar Gabriel. Er lässt ungewöhnlich tief blicken" vom 4. Juli 2016. In: http://www.bunte.de/panorama/politik/sigmar-gabriel-er-laesst-ungwoehnlich-tief-blicken-333551.html

5 Leinemann 2004, S. 73 f.

6 Ebd., S. 30

7 Stauss 2013, S. 189

8 *Der Spiegel:* „Tavor entzieht der Angst den Boden" vom 14. Dezember 1987. In: http://www.spiegel.de/spiegel/print/d-13525739.html

9 Siegfried & Roy: Meister der Illusion. Die Geschichte eines Welterfolgs (mit Annette Tapert). München 1992, S. 18
10 Merkel beschreibt, wie unangenehm es ihr war, wenn die Lehrer sie nach dem Beruf des Vaters fragten: „Das habe ich gehasst wie die Pest, weil ich ja wusste, dass die Lehrer auf die Pfarrerskinder besonders achteten." Zit. n. Lachmann / Reuth 2013, S. 33.
11 Ebd., S. 38
12 Merseburger 2004, S. 16
13 Brandt, Willy: Erinnerungen, S. 85 ff.
14 Bahr 2013, S. 197 ff. Die gleiche Kapitelüberschrift – Erkenne Dich selbst! – findet sich in dem wegweisenden Regie-Buch für Zauberkünstler von Eberhard „Ebs" Riese (Riese, Eberhard: Fundamente. Die Kunst der Zauberei in Szene gesetzt. Coesfeld 2003, S. 57).
15 Bahr 2013, S. 201

Anmerkungen zum 18. Kapitel

1 Zit. n. Thadeusz, Frank: „Ich gehöre zu den Säulen des Staatswesens" vom 10. Dezember 2004. In: https://tsarchive.wordpress.com/2004/12/10/meldung208460/
2 Mai, Dominik: „Jakob Mierscheid. Ein phänomenales Phantom" vom 25. Juli 2012. In: http://www.augsburger-allgemeine.de/politik/Jakob-Mierscheid-Ein-phaenomenales-Phantom-id21187341.html
3 Rawert, Peter: „Immer auf der Suche nach Selbstbefreiung". In: *Frankfurter Allgemeine Zeitung* vom 12. August 2014
4 Zit. n. Eckermann, Johann Peter: Gespräche mit Goethe in den letzten Jahren seines Lebens. Bd. 3. Leipzig 1948, S. 348
5 Das Bonmot von Adenauer findet sich häufig in der Literatur, z. B. bei Forkmann, Daniela / Saskia, Richter (Hg.): Gescheiterte Kanzlerkandidaten: Von Kurt Schumacher bis Edmund Stoiber. Wiesbaden 2007, S. 56.
6 Sitzung des Deutschen Bundestag, siehe Deutscher Bundestag, 7. Wahlperiode, 96. Sitzung, 26. April 1974. Aktuelle Stunde betr. Spionageverdacht gegen einen leitenden Mitarbeiter beim Bundeskanzleramt. Stenographischer Bericht, S. 6463 ff. Bonn 1974.

Anmerkungen zum Anhang

1 Mit John habe ich einmal in Los Angeles an einer neuen Illusion gearbeitet – die Zusammenarbeit mit diesem großartigen Menschen und Fachmann war ein faszinierendes Erlebnis. Wer sich für die Arbeit von John interessiert, dem sei der Artikel von Stephanie Rosenbloom empfohlen (Rosenbloom, Stephanie: „Magicians Ask: What's Up His Sleeve?" vom 18. Mai 2008. In: http://www.nytimes.com/2008/05/18/fashion/18magic.html?_r=0).
2 Poe, Edgar Allan: „Maetzel's Chess-Player". (Erstmals erschien Poes Aufsatz im April 1836 in dem literarischen Magazin *Southern Literary Messenger*. Der komplette Essay findet sich hier: http://xroads.virginia.edu/~hyper/poe/maelzel.html)

Der Autor

© Bahman Börger

Harry Keaton
Dr., ist professioneller Zauberer und Moderator. Vor seiner Laufbahn als Entertainer arbeitete er als Journalist und promovierte über die Sprache der Politik.

Im Fernsehen sagte er das Ergebnis einer Bundestagswahl exakt vorher. Keaton tritt für Unternehmen in ganz Europa auf. Mit seinem Theaterprogramm – einer Mischung aus Magie und Kabarett – ist er in Deutschland auf Tour. Seine Hände hat der Künstler für je eine Million Euro versichern lassen. Zu seinen Zuschauern zählen viele Prominente, darunter ein Prinz, zwei Bundeskanzler, mehrere Ministerpräsidenten und natürlich zahlreiche Fans aus dem Showbusiness. Der Pazifikstaat Mikronesien würdigte Keaton mit einer offiziellen Briefmarke.